LIDERANÇA
& PROPÓSITO

LIDERANÇA & PROPÓSITO

O NOVO LÍDER E O REAL SIGNIFICADO DO SUCESSO

FRED KOFMAN

Tradução
William Zeytounlian

Rio de Janeiro, 2025

Copyright © 2018 by Fred Kofman
Título original: *The Meaning Revolution*

Direitos de edição da obra em língua portuguesa no Brasil adquiridos pela Casa dos Livros Editora LTDA. Todos os direitos reservados. Nenhuma parte desta obra pode ser apropriada e estocada em sistema de banco de dados ou processo similar, em qualquer forma ou meio, seja eletrônico, de fotocópia, gravação, etc., sem a permissão do detentor do copyright.

Contato:
Rua da Quitanda, 86, sala 601A – Centro – 20091-005
Rio de Janeiro – RJ – Brasil
Telefone: (21) 3175-1030
www.harpercollins.com.br

Diretora editorial: *Raquel Cozer*
Gerente editorial: *Alice Mello*
Copidesque: *Thaís Lima*
Revisão: *Ulisses Teixeira*
Adaptação de Capa: *Túlio Cerquize*
Diagramação: *Abreu's System*

CIP-Brasil. Catalogação na Publicação
Sindicato Nacional dos Editores de Livros, RJ

K84L

Kofman, Fred, 1960-
    Liderança & propósito / Fred Kofman ; tradução William Zeytounlian. – 1. ed. – Rio de Janeiro : Harper Collins, 2018.
    352 p. : il. ; 23 cm.

    Tradução de: The meaning revolution
    ISBN 978-85-9508-359-2

    1. Motivação no trabalho. 2. Sucesso nos negócios. 3. Liderança. I. Zeytounlian, William. II. Título.

18-50497   CDD: 658.4092
                         CDU: 005.322:316.46

Meri Gleice Rodrigues de Souza – Bibliotecária CRB-7/6439

A VOCÊ QUE ESTÁ ALÉM DE VOCÊ MESMO
AO VOCÊ QUE VOCÊ JULGA SER

SUMÁRIO

PREFÁCIO, POR REID HOFFMAN — 9

Capítulo 1: Um workshop quente — 13

PARTE 1: PROBLEMAS DIFÍCEIS

Capítulo 2: Descomprometimento — 45

Capítulo 3: Desorganização — 64

Capítulo 4: Desinformação — 85

Capítulo 5: Desilusão — 102

PARTE 2: SOLUÇÕES SUAVES

Capítulo 6: Motivação — 129

Capítulo 7: Cultura — 155

Capítulo 8: Resposta-Habilidade — 180

Capítulo 9: Colaboração — 203

Capítulo 10: Integridade — 222

PARTE 3: AUTOTRANSCENDÊNCIA

Capítulo 11: Supere a si mesmo — 249

Capítulo 12: Morra antes de morrer — 266

Capítulo 13: Seja um herói — 284

Capítulo 14: Capitalismo superconsciente — 302

EPÍLOGO — 319

AGRADECIMENTOS — 329

NOTAS — 331

PREFÁCIO,
POR REID HOFFMAN

O líder mais competente não tem seguidores.

Benevolência, serviço e amor são as maiores fontes do valor econômico.

Se você trata seus funcionários como recursos a serem otimizados, nunca evoluirá de gestor a líder. Para dar esse salto, deve reconhecer seus funcionários como seres conscientes que desejam transcender suas existências limitadas com projetos nobres de imortalidade.

Bem-vindo à rigorosamente fundamentada, bastante sincera e sempre esclarecedora mente de Fred Kofman.

Treinado como economista, com escalas no caminho como professor de administração e consultor, o cargo oficial de Fred no LinkedIn — onde trabalha desde 2012 — é de vice-presidente de desenvolvimento executivo. Tenho, porém, um nome mais abreviado para o que ele faz. Eu o chamo de Sumo Sacerdote do Capitalismo.

Seguindo a tradição de Adam Smith, Fred reconhece o capitalismo como uma espécie de busca espiritual com poder moral alquímico. Para atingir sucesso a longo prazo no livre mercado, onde os indivíduos se empenham em trocas voluntárias de acordo com suas preferências, empresas e empreendedores devem entender as necessidades e os desejos reais de seus clientes para, então, servi-los de forma eficaz e justa.

O capitalismo, dessa forma, pode ser um caldeirão para a empatia, a compaixão e a justiça. E o lugar em que isso acontece é o ambiente de trabalho.

Enquanto, porém, muitas pessoas meditam sobre o sentido da vida, poucas tendem a refletir de maneira profunda sobre o sentido do trabalho. Além disso, com frequência o capitalismo é retratado como o campo em que a ética pode esperar diante da busca oportunista por lucro. "São apenas negócios", ouvimos as pessoas dizer muitas vezes quando querem justificar atalhos éticos ou comportamentos descaradamente sociopáticos.

Esta, no entanto, é uma mentalidade tóxica e restrita. Identificando o conceito de serviço que jaz no âmago do capitalismo, Fred nos encoraja a ver o ambiente de trabalho não como uma esfera abstrata de indicadores-chave de desempenho e de declarações sobre perdas e lucros, mas como um lugar extremamente humanizado, um lugar onde a maior parte das pessoas organiza a vida, obtém senso de individualidade, busca propósito e influência.

Uma vez que aceitemos essa verdade fundamental com consciência, poderemos trocar a mentalidade de "são apenas negócios (e nada mais)" para outra de "são apenas negócios (e justiça)", através da qual reconhecemos integralmente como compaixão, integridade, receptividade e serviço são o coração de qualquer organização de bom funcionamento.

Essa mentalidade de "negócios e justiça" se aplica não somente a como a empresa serve seus clientes, mas também a como ela serve seus funcionários. Como Fred explica nas páginas a seguir, grandes líderes definem e articulam os propósitos nobres e os valores de uma empresa. Em seguida, colocam esses valores em prática na busca por estes propósitos e inspiram todos os demais funcionários a fazer o mesmo.

Eis como Fred formulou isso na Wisdom 2.0 Conference em 2015, descrevendo o estilo de liderança de Jeff Weiner no LinkedIn: "Muitos líderes estão remando um barco. Trazem todos consigo e dizem 'sigam-me'. Mas a forma como vi Jeff e outros grandes líderes conduzirem as coisas é diferente. Eles vão e pegam uma prancha de surfe. Não dizem 'sigam-me', mas: 'Juntem-se a nós nessa onda enorme.'"

Na primeira versão, todos estão literalmente no mesmo barco, fazendo apenas o que o líder permite que façam. Na outra, todos estão na

PREFÁCIO, POR REID HOFFMAN

mesma onda, indo na mesma direção, mas têm muito mais liberdade para improvisar, para agir com ousadia e criatividade e definir seu próprio curso de ação.

Note, também, que se trata de uma "onda enorme".

No Vale do Silício, vemos muitas vezes como as empresas que crescem mais rápido, que executam com mais consistência e que se tornam agentes dominantes em suas indústrias — as empresas que fazem o que chamo de "ascensão relâmpago" ou crescimento na velocidade da luz — são aquelas que definem suas missões corporativas em termos grandiosos, nobres e incrivelmente ambiciosos.

O Google quer organizar toda a informação do mundo. O Facebook quer conectar o planeta. A Microsoft quer tornar pessoas e empresas mais produtivas. O Airbnb quer ajudar seus clientes a se sentirem em casa em qualquer lugar. O LinkedIn quer permitir que todos tenham as melhores oportunidades econômicas.

Essas empresas realizam serviços em escala global. Suas missões grandiosas e definidas com clareza atraem profissionais de talento em busca de realização pessoal por meio de trabalho que tenha impacto e propósito reais.

Porém, um objetivo grandioso e nobre não basta. Você também precisa do tipo certo de cultura.

O empreendedorismo, costumo dizer, é como pular de um precipício e construir um avião enquanto cai. Você tem um plano, mas seus recursos são limitados e o tempo está acabando. Nos primeiros e caóticos meses depois de começar um negócio, levando em consideração seu estado na partida, você está morto. Para escapar deste destino, você deve reverter a trajetória de queda. E rápido.

E essa é a questão. O sucesso — e, em especial, um sucesso astronômico — não elimina o risco de uma colisão destruidora. Quando uma startup sai da queda mortal para o modo de "ascensão relâmpago", ganhando clientes, melhorando a receita e aumentando sua força de trabalho com rapidez vertiginosa, as funções de seu fundador ficam ainda mais difíceis e complexas.

Nessa fase do desenvolvimento de uma empresa, o empreendedor com uma ideia inovadora deve se tornar também um líder inspirador. Afinal de contas, microgerência não é um método para crescimento rápido. Para ascender logo, uma empresa deve dar a seus funcionários liberdade para executar com rapidez, criatividade e risco.

O que significa, em última análise, que as empresas mais produtivas — que geram os maiores retornos para a sociedade e os maiores retornos para os investidores — são aquelas com bases fundadas na verdade e na integridade.

Por isso, leia este livro profundo... mas não pare por aqui. Da mesma forma que os melhores líderes não têm seguidores e os melhores professores não têm pupilos, os melhores livros não são apenas lidos. Eles viram ação.

Nas páginas a seguir, você poderá encontrar grande inspiração nas ideias e atitudes de Fred. Mas será em seus próprios valores, em sua própria vocação para o serviço, que você enfim encontrará o sentido de propósito que o impulsionará a trabalhar — e viver — de maneira mais consciente e produtiva, gerando o maior impacto possível.

Liderança & propósito não é um chamado para seguidores, mas para colegas de surfe.

Você está pronto para pegar a onda?

Capítulo 1
UM WORKSHOP QUENTE
SEU TRABALHO NÃO É SEU TRABALHO

> O sucesso, como a felicidade, não pode ser buscado: ele deve ser um resultado, e isso só ocorre como o efeito colateral da dedicação de alguém a uma causa maior que si mesmo.
>
> —Viktor Frankl

Era um dia escaldante de julho em Las Vegas, por isso, é claro, a sala de reunião estava congelante. Os participantes de meu workshop de "Empresas conscientes" apertaram firme seus paletós e fizeram uma careta. Eles não estavam só com frio: estavam bravos. Todos me olharam com frieza. Eu sabia o que estavam pensando.

Estive em situações como aquela muitas vezes. A maior parte dos administradores me recebe de forma tão calorosa quanto receberia uma epidemia de gripe. É como se estivéssemos todos presos em uma tirinha do Dilbert e eu pudesse ler os balõezinhos sobre a cabeça deles.

O que estou fazendo aqui?, pensava um cara. *Tenho trabalho para fazer!*

Mais um workshop idiota, pensou outro. *Eu odeio esses negócios.*

Decidi brincar com seus piores medos.

— Vamos começar quebrando o gelo! — exclamei com minha voz mais animada de workshop. — Ache alguém que você não conhece e se apresente. Não se esqueça de dizer a essa pessoa qual é seu trabalho. — Eu era capaz de ouvir os grunhidos mentais no momento em que se voltavam a seus vizinhos.

Depois de três dolorosos minutos, pedi atenção a todos.

— Quem gostaria de começar? — perguntei gentilmente, como se não tivesse ideia do quanto os estava irritando. Ninguém respondeu, é claro. — Vocês dois, por favor — interpelei um par. — Contem para a gente o nome e o trabalho de seu parceiro.

— Ele se chama John. Ele é do jurídico — disse a mulher.

— Ela se chama Sandra — falou John. — Ela promove campanhas de marketing.

— Errado — respondi. Sandra e John ficaram confusos, assim como todos os demais.

Então, no melhor estilo Las Vegas, desafiei todo mundo na sala para uma aposta:

— Aposto cem dólares com cada um de vocês que não sabem com que trabalham. E vou precisar de menos de um minuto para provar isso.

Ninguém disse nada.

— Ah, vamos lá — falei —, vocês não sabem mesmo com que trabalham? — Puxei um bolo de notas, com a de cem em cima. — Façam suas apostas. Dou cem contos para quem vencer. Se perder, doarei o dinheiro para a instituição de caridade de sua escolha. Levante a mão, a não ser que você realmente não saiba com que trabalha.

Algumas pessoas levantaram a mão, mas a maioria fez cara feia, suspeitando de uma armadilha.

— Vamos deixar as coisas mais fáceis — falei. — Não vamos apostar dinheiro, e sim tempo e energia. Se eu vencer, vocês ficam no workshop e participam dele até o fim. Se eu perder para mais da metade, encerramos o workshop, e eu vou tomar bronca dos gerentes de vocês. Vou dizer que não estava em condições. Eles nunca vão saber o que rolou: o que acontece aqui, fica aqui. E para chegarmos a um acordo, vocês vão decidir se perco ou ganho.

As pessoas fizeram caretas. Alguns balançaram a cabeça, determinados a não jogar comigo.

— Vamos lá — pedi. — Vocês estão presos aqui comigo. O que têm a perder, além da própria confusão? Se vencerem, vão se livrar imediatamente de mim. Vão poder contar para todo mundo a história do idiota que estragou o próprio workshop nos cinco primeiros minutos.

UM WORKSHOP QUENTE

Enfim conquistei a atenção deles. A maioria levantou a mão. Escolhi uma mulher sentada na frente. Espiei o nome em seu crachá e lhe agradeci.

— Obrigado por brincar, Karen. Qual é seu trabalho?
— Eu sou da auditoria interna.
— Qual é seu trabalho como auditora interna?
— É garantir que os processos organizacionais sejam confiáveis.
— Perfeito, Karen, vamos começar. Todo mundo, por favor, olhe para o relógio. Karen, você praticava algum esporte na escola?
— Sim — respondeu ela. — Eu jogava futebol.
— Ótimo! Como argentino, sou louco por futebol. Em que posição jogava?
— Na defesa.
— Qual era o seu trabalho?
— Impedir que o outro time fizesse gol — disse ela.

Voltei-me para os demais:

— O trabalho de um zagueiro é impedir que o outro time faça gol. Alguém discorda? Se sim, por favor, levante a mão.

Ninguém se mexeu.

— Então agora, outra pessoa, por favor, me responda. Qual é o trabalho de um atacante?
— Marcar gols — responderam várias pessoas em uníssono.
— Ótimo, acho que estamos entrando em sintonia. Minha próxima pergunta é: qual é o trabalho de um time?
— Cooperar — disse alguém.
— Cooperar para quê?
— Para jogar bem — disse outra pessoa.
— E por que um time gostaria de jogar bem?
— Para vencer! — ressoou um grito do fundo da sala.
— Isso! — respondi. — O trabalho de um time é vencer o jogo. Alguém discorda?

Eles balançaram a cabeça e reviraram os olhos, irritados com a futilidade do exercício. Percebi uma pessoa fingindo um bocejo. Seu balãozinho dizia: *Que porcaria é essa?*

— Se o trabalho de um time é vencer — falei, incansável —, qual é o principal trabalho de cada um dos membros da equipe?

— Ajudar a equipe a vencer — disse alguém.
— Certo de novo! Todos concordam?

Eles confirmaram com a cabeça.

— Eis minha última pergunta: se o principal trabalho de cada um dos membros da equipe é ajudar o time a vencer, e o zagueiro é parte da equipe, qual é o principal trabalho do zagueiro?

— Ajudar o time a vencer — murmurou uma terceira pessoa, intuindo claramente para onde a coisa estava caminhando.

— Sim! — exclamei e apontei para a pessoa que respondeu. — Por favor, diga mais alto.

— Ajudar o time a vencer — repetiu.

— Está bem. Por favor, vejam as horas. Faz 52 segundos desde que começamos essa discussão.

A plateia pareceu intrigada, por isso expliquei:

— Qual é o principal trabalho de um zagueiro? É impedir que o outro time faça gol ou ajudar a equipe a vencer? Vocês todos concordaram com Karen há um minuto que era impedir que a outra equipe marcasse gol. Espero que todos concordem comigo agora que é ajudar a equipe a vencer.

— Qual é a diferença? — perguntou um contrariador.

— Imagine que você é o técnico de uma equipe que está perdendo de um a zero, e faltam cinco minutos para o fim do jogo. O que você diria aos zagueiros?

— Para que fossem para o ataque e tentassem empatar o jogo — afirmou alguém.

— Exatamente! Então como você reagiria se eles retrucassem assim "Foi mal, técnico, mas esse não é o nosso trabalho"?

— Eu os demitiria na hora.

— Por quê? Isso não aumentaria a chance da outra equipe marcar um segundo gol no contra-ataque? Se o trabalho do zagueiro é ajudar o time a vencer, então ir para o ataque é a coisa certa a fazer. Se seu trabalho é minimizar a quantidade de gols contra sua equipe, então é a coisa errada.

As pessoas estavam sorrindo. Eu sentia a maré virar. Fui um pouco mais longe.

— Então qual é o trabalho de um atacante?

— Ajudar a equipe a vencer.
— E qual é o trabalho do menino que leva água para os jogadores?
— Ajudar a equipe a vencer.
Algumas pessoas riam, mas não todas.
— Ainda não entendi como isso tem a ver com os nossos trabalhos — disse alguém.
— Em 1961, o presidente John Kennedy foi visitar a sede da Nasa pela primeira vez — respondi. — Enquanto andava pelo lugar, ele se apresentou para um cara que estava esfregando o chão e perguntou-lhe o que ele fazia na NASA. O zelador respondeu todo orgulhoso: "Estou ajudando a levar o homem à lua!"
Deixei todo mundo absorver a história por um instante. Depois, perguntei:
— Quantos de vocês disseram a seus companheiros "meu trabalho é ajudar a empresa a vencer" no primeiro exercício? Quantos de vocês percebem que seu trabalho principal é ajudar a empresa a atingir sua missão com ética e lucro? Quantos de vocês ouviram seus parceiros descreverem seus trabalhos como "contribuir para aumentar o valor (e os valores) de minha empresa"?
No silêncio não tão glacial de agora, pude ouvir a famosa ficha cair.

BATENDO SEUS RECORDES, ARRUINANDO SUA EQUIPE

Em 2014, Veronica Block ligou para a Comcast para cancelar a internet de sua família. Ela foi transferida na hora para um representante de "retenção de clientes" que discutiu com ela por dez minutos sobre o porquê de ela querer cortar o serviço. Sempre que Veronica pedia para encerrar o serviço de uma vez, ele retrucava. O representante insistia que era apenas uma questão de melhorar os serviços da Comcast. "Diga por que a senhora não quer uma internet mais rápida", repetia em sua fala veloz.
Frustrada, Veronica passou o telefone para o marido, Ryan, que teve a presença de espírito de gravar seu diálogo de oito minutos.[1]
A conversa foi dolorosa, enroladora, circular e irracional.
— Meu trabalho é entender por que os senhores não desejam os serviços da Comcast — discutia o representante, aumentando o tom de voz.

— Não entendo por que você não pode simplesmente cancelar a internet — disse Ryan.

— Parece que você não quer ter essa conversa comigo — choramingou o representante. — Estou apenas tentando lhe dar uma informação. — Escutando a gravação, você praticamente consegue ouvir o gerente do pobre rapaz respirando do lado. — Estou tentando ajudar minha empresa a ser melhor — disse ele já um pouco desesperado. — É meu trabalho.

— Neste momento, posso garantir que você está fazendo um excelente trabalho para ajudar sua empresa a ser pior — respondeu Block.

O áudio do SoundCloud que Ryan gravou e postou em sua página foi reproduzido um milhão de vezes. Resultou em matérias no *Washington Post*, no *Los Angeles Times*, no *Good Morning America* e no *Huffington Post*. Com certeza não era o tipo de publicidade que a Comcast estava procurando, sobretudo enquanto tentava executar uma fusão amplamente contestada com a Time Warner Cable. Mais adiante, a Comcast pediu desculpas pelo comportamento peculiar de seu funcionário em estado de pânico, mas só depois de o estrago ser feito.

De qualquer forma, seu comportamento não tem nada de assustador ou peculiar: ele é sistêmico e racional. Como na maioria das empresas, o grupo de retenção de clientes da Comcast vive em seu próprio mundo: todos são avaliados segundo uma lista de itens de indicadores-chave de desempenho (ou KPIs). Aposto que o bônus e a carreira desse desafortunado representante dependiam do número de cancelamentos registrados em seu turno, independente de como seria ou não melhor para a empresa impedir que seus clientes a deixassem. Ele tinha um roteiro para seguir à risca; caso contrário, sofreria reprimendas. (Muito provavelmente, seu supervisor de desempenho seria afetado também.)

Era contra isso que, sem entender, o representante lutava. Para fazer o melhor para a empresa (de modo a otimizar o sistema), você deve, de vez em quando, fazer algo que não é o melhor para você ou para sua área em particular (subotimizar o subsistema). Por exemplo: para fazer o melhor para a Comcast, o representante da retenção de clientes devia ter encerrado de maneira cordial o serviço da cliente, mesmo não sendo o padrão pelo qual o desempenho de sua área é medido. Enquanto ele otimizou para seu subsistema (tentando reter agressivamente o cliente), ele subotimizou o sistema (irritando o cliente e desgastando a marca da Comcast). Fazendo "seu trabalho", o representante de retenção de clientes acabou prestando um grande desserviço para a empresa, em um dos maiores fiascos de relações públicas do ano.

Em uma empresa normal, você não é pago para fazer seu trabalho: você é pago para fazer seu papel. Seu trabalho de verdade é fazer a empresa vencer, isto é, ajudá-la a cumprir sua missão com lucro e ética. Às vezes, seu trabalho contradiz o seu papel, exigindo que você sacrifique seus objetivos, suas prioridades ou seus indicadores-chave de desempenho pessoais. Você, porém, não é premiado por ajudar a empresa a vencer. Na verdade, pode acabar sendo punido por isso, o que é revoltante. *Como eles conseguem ser tão estúpidos?*, você pode pensar. *Eles estão me empregando de um jeito que, quando faço o que é melhor, acabo pior.*

O ponto é que, frequentemente, uma pessoa — e cada parte da empresa — busca atingir seus próprios interesses à custa do todo. Como o pai fundador do movimento de gestão de qualidade total, W. Edwards Deming, observou: "Pessoas com metas e trabalhos que dependem de atingi-los provavelmente o farão, mesmo que tenham que destruir a empresa para tanto."[2]

Se eles ao menos melhorassem esse maldito sistema de incentivos, tornando-o mais racional, você poderia pensar. Mas acontece que o sistema de incentivos perfeito é uma entidade mítica, como o carro perfeito. Você deve escolher entre conforto e performance, entre resistência a colisões e consumo de combustível, entre qualidade e economia. Você não pode ter um sedã familiar espaçoso, seguro, confiável e econômico com a performance de um esportivo veloz, de resposta rápida, ágil e potente. Líderes de empresa devem tomar algumas decisões difíceis: responsabilização ou cooperação, excelência ou sintonia, autonomia ou coordenação. Infelizmente, colaboração entra em conflito com responsabilização, e performance coletiva entra em conflito com excelência individual.

Assim, muitas empresas acabam enfrentando um dilema insolúvel. É como um cobertor curto demais. Se cobrir o peito, seus pés ficam gelados; se cobrir os pés, seu peito esfria. Por um lado, incentivos individuais geram isolamento; por outro, incentivos coletivos destroem a produtividade. A maioria das empresas fica com o demônio que já conhece — indicadores individuais de desempenho — e aceita os eventuais impactos disso na colaboração.

A boa notícia é que há um jeito melhor de enfrentar esse problema. É por meio do propósito — o maior incentivo não material que existe. A má notícia é que o tipo de liderança capaz de envolver as pessoas com um trabalho que tenha propósito é bem mais difícil do que você imagina.

O LÍDER INSPIRADOR

Defino *liderança* como o processo pelo qual uma pessoa (o líder) suscita o comprometimento íntimo dos outros (seguidores) a cumprir uma missão em sintonia com os valores do grupo.

Liderança é conseguir o impossível e merecer o que é de graça. O compromisso íntimo dos seguidores não pode ser extraído por meio de prêmios e punições. Ele pode ser inspirado apenas pela crença de que, dando o que têm de melhor, a empresa vai melhorar suas vidas.

Em uma empresa, você é parte de uma equipe... apesar de seus conflitos internos. Como parte da equipe, não há como vencer sem que o time todo vença. Você pode ser contador, engenheiro ou vendedor. Pode trabalhar como colaborador autônomo, gerente ou executivo. Para além de todas as profissões, papéis e níveis, para além de suas metas e seus objetivos pessoais, você é parte de um time e precisa canalizar seus esforços para o sucesso coletivo da empresa como um todo. É necessário cooperar com seus colegas para que vençam como um time.

Líderes tradicionais que mandam e controlam acham que podem obter isso das pessoas dando os incentivos certos. Eles fazem perguntas do tipo: Como posso motivar meus subordinados a alcançarem metas individuais e coletivas? Como posso combinar prêmios e punições para maximizar os resultados? Como atiçar sua cobiça e seu medo na medida certa? Esses gerentes podem até suspeitar que não é possível comprar ou obter uma performance inspirada por intimidação, mas, ainda assim, acreditam que é possível induzir funcionários a esforços extraordinários na base do "morde e assopra".

Isso, porém, é absurdo. Imagine um ladrão com a arma apontada para você pedindo: "Me dê seu respeito! Seu apoio! Sua amizade!"

Grandes líderes, independente do posto que ocupam na empresa, perguntam a si mesmos: Como inspirar meu time ou empresa a trabalhar em sincronia? Como encorajar cada pessoa a assumir total responsabilidade por sua performance pessoal enquanto, ao mesmo tempo, faz os sacrifícios certos para atingir a meta da empresa? Como integrar responsabilidade e cooperação? Como inspirar minha equipe ou empresa a conquistas grandiosas, duradouras e incríveis? Como posso ir além de questões operacionais, além de lucros e perdas, rumo a algo melhor e mais belo, algo que nossos investidores não vão apenas apoiar, mas também amar de coração aberto? Como a minha vida e a das pessoas à minha volta poderiam ter um propósito real?

Infelizmente, as técnicas típicas de gestão fracassam em formular essas perguntas de forma eficiente, mesmo quando aplicadas pelos melhores líderes. Técnicas comuns de gestão não ajudam bons líderes a prevenir mundinhos fechados, feudos e conflitos interfuncionais que aniquilam o trabalho em equipe. Na verdade, essas técnicas *prejudicam* o trabalho em equipe.

Se você espera se tornar um líder inspirador, a primeira coisa que deve entender é que tal liderança não tem nada a ver com autoridade formal: ela tem a ver com autoridade *moral*. Corações e mentes não podem ser comprados ou coagidos; devem ser merecidos e conquistados. Eles se dedicam apenas a missões que valem a pena e a líderes confiáveis. Isso se aplica não apenas às empresas, mas a muitos outros campos de atividade humana.

Considere o caso da liderança parental. Como pai-gestor, quero que meus filhos façam a lição de casa antes de brincar. Eu os incentivo com ameaças de tirar seus iPhones caso os veja no celular antes da lição ter sido feita. Para motivar, prometo que, se terminarem o dever de casa, vão ganhar sorvete de sobremesa.

Em oposição, como pai-líder, não quero que meus filhos apenas façam a lição de casa. Quero que meus filhos *queiram* fazê-la. Quero que a façam pois *eles* querem isso, não porque quero e posso impor consequências. Quero que eles adquiram hábitos saudáveis, pois os amo e sei que uma disciplina de trabalho vai melhorar suas vidas. Mas eu saber disso não basta. Preciso *ajudá-los* a saber disso de modo tão profundo que vão se comprometer internamente, tomando as decisões difíceis necessárias por vontade própria.

Como pai-líder, quero integrar autonomia e controle em função de um princípio maior: o amor. (Repare que escrevi "integrar", não "equilibrar". Você não "equilibra" as curvas para a direita e para a esquerda no caminho de casa para o trabalho. Você vira para a direita ou para a esquerda em determinados pontos em função de um princípio maior: seu destino.) Somente quando meus filhos me acharem digno de confiança, alguém que está totalmente ao lado deles, eles me ouvirão. Somente quando meus filhos me acharem um exemplo, alguém que pratica o que ensina, acreditarão em mim.

Como líder, você não quer que seus seguidores façam o que você falou. Isso porque você não sabe o que terão que fazer para ajudar a equipe a vencer. E mesmo que quisesse que eles obedecessem, ainda assim ia querer que empregassem seus esforços voluntários e experiências para vencer. Você quer que eles tenham iniciativa, que ajam com inteligência e entusiasmo, que revelem, verdadeiramente, oportunidades e desafios que veem ao redor, que deem o melhor à empresa, em consonância com os demais. Esse comportamento não pode ser extraído por coerção. Ele deve ser inspirado pelo entusiasmo e pelo amor.

Para suscitar esse comprometimento interno em seus seguidores, é necessário ir além de questões operacionais, além de lucros e perdas. Você precisa engatar em algo melhor e mais belo: algo que todos os investidores não apenas apoiariam, como também amariam e acolheriam de coração aberto. Você precisa que sua vida e as vidas das pessoas ao seu redor tenham, de verdade, um propósito.

Para ser um grande líder, você precisa compreender que procurar o sucesso é, paradoxalmente, o caminho errado para alcançá-lo. O sucesso é como a felicidade: não pode ser buscado de forma direta. Quanto mais diretamente você busca a felicidade, menos provável que a encontre. Buscar a felicidade diretamente pode resultar em prazeres hedonistas a curto prazo, mas não leva a uma felicidade autêntica e satisfatória. Para alcançar o sucesso, você precisa viver uma vida de sentido e propósito. Precisa buscar significado, autoatualização e autotranscendência... não só para si mesmo, mas para todos que trabalham com você.

Um grande líder faz a seguinte oferta: "Além de compensações e benefícios, darei a você a oportunidade de infundir sentido à sua vida. Darei uma base para edificar um senso de valor pessoal e social. Essa base permitirá que você prospere não só no aspecto material, mas emocional, mental e espiritual também: emocional, pois identificaremos você como um de nós; mental, pois respeitaremos sua inteligência; espiritual, pois nos engajaremos em um projeto que transcende nossos pequenos egos e nos conecta a um propósito maior."

"Em troca", propõe tal líder, "quero seu entusiasmo mais selvagem. Peço que coloque sua energia máxima a serviço de nosso grande projeto. Peço que exemplifique nossos valores e nossa cultura e mantenha os demais responsáveis pelo mesmo, tratando seus companheiros com bondade, compaixão e solidariedade. Quero que subordine suas metas pessoais e colabore com seus companheiros de equipe, fazendo o que for preciso para ajudar o time a vencer. Peço que coloque seu coração, sua mente e sua alma na realização da nobre visão que anima a nós todos, alinhando seus esforços com o restante da empresa."

MEU ARGUMENTO

Se você quer liderar uma empresa verdadeiramente bem-sucedida e duradoura, tenho a seguinte mensagem: uma inspiração bem aproveitada, nascida de um profundo entendimento e compaixão pela natureza humana, não é apenas um pozinho mágico que você joga em cima dos outros para que se sintam bem. É a solução para os problemas mais árduos nos negócios e nas sociedades atuais. Ela responde às perguntas mais difíceis: como conciliar o interesse pessoal dos indivíduos na busca de uma meta comum? Como fazer pessoas fundamentalmente interessadas em seus próprios objetivos (*minhas* questões, *minha* lista de tarefas, *meus* objetivos, *meus* indicadores-chave de desempenho, *minhas* compensações) cooperarem umas com as outras na busca de um propósito partilhado (*nossos* filhos, *nossos* clientes, *nosso* futuro coletivo)? Como faço para que deem o que têm de melhor na realização de suas missões individuais, mas também subordinem essas missões a outra maior, a da empresa, de modo que todo o time vença? Como incentivá-las de forma que se envolvam mais? O que eu ou a empresa podemos oferecer que satisfaça suas necessidades emocionais mais profundas e lhes dê um senso ampliado de comprometimento e propósito?

Neste livro, mostrarei como tornar pautas conflitantes de interesse pessoal e missões corporativas em algo muito mais rico, satisfatório e sólido. Revelarei como mobilizar uma empresa de modo a torná-la uma fonte duradoura de bondade para o mundo, criando um senso enorme de realização, serviço e alegria em todos associados a ela. Para isso, demonstrarei como confrontar suas próprias questões e assumir o verdadeiro manto responsável da liderança de forma prática, passo a passo. E irei mais fundo: apresentarei como superar seus medos e suas angústias mais profundos para viver uma vida heroica de verdade. É somente tornando-se um herói moral que você ganhará autoridade para inspirar grandeza naqueles à sua volta e sob seu comando.

Liderança & propósito coloca duas questões fundamentais: por que as empresas perdem e como elas podem vencer?

1. POR QUE AS EMPRESAS PERDEM?

O problema organizacional mais difícil que existe é alinhar membros com interesses pessoais na busca de uma meta comum. Meu argumento é que isso não pode ser feito com incentivos econômicos. Se uma empresa incentivar excelência e responsabilidade, vai desencorajar sintonia e cooperação. Se incentivar sintonia e cooperação, vai desencorajar excelência e responsabilidade. Incentivos por responsabilidade geram isolamento. Incentivos por cooperação premiam desinteressados que não contribuem de forma integral.

O segundo problema organizacional mais difícil é dar a informação certa para as pessoas certas na hora e no formato certos, de modo a tomarem as decisões corretas. Isso não pode ser feito por meio de comunicações formais, pois cada membro tem um conhecimento privado, detalhado e local dos recursos, custos, oportunidades e ameaças. Mesmo que uma empresa estivesse apta a convencer todos os membros a se absterem de seus interesses pessoais e a revelarem por completo o que sabem em prol do todo, esse conhecimento seria complexo e desestruturado demais para ser útil. Ele não poderia ser comunicado aos tomadores de decisão em um formato que os permitiria comparar alternativas e tomar a decisão certa.

Esses problemas não podem ser resolvidos em definitivo. Contudo, *podem* ser geridos. Na verdade, é só isso o que a maioria das técnicas de liderança e gestão busca fazer. Fazem-no, porém, de forma pobre. Vão até a metade do caminho e fracassam em usar as ferramentas que podem ter uma enorme diferença. Entretanto, mesmo que a situação com que os líderes de hoje se defrontam pareça desesperadora, não é grave. Ela me faz lembrar da piada dos dois andarilhos na floresta que veem um urso vindo em sua direção. O primeiro tira as botas e coloca o tênis de corrida. O segundo, desanimado, pergunta: "Por que você se dá ao trabalho de trocar de sapatos? Não vai conseguir correr mais que o urso." E o primeiro andarilho responde: "Eu não preciso correr mais que o urso. Só preciso correr mais que você."

A boa notícia é que, para vencer no mercado, você não precisa ser perfeito: precisa apenas ser melhor do que seus concorrentes. Garanto que qualquer concorrente que você enfrentar estará atormentado exatamente pelos mesmos problemas em aberto. Assim, o objetivo não é resolvê-los, mas geri-los de forma mais eficiente. Como reza o dito popular: "Em terra de cego (materialista), quem tem olho (quem vê outras dimensões da existência humana) é rei."

2. POR QUE AS EMPRESAS, E AS PESSOAS NELAS, VENCEM?

É impossível andar cem metros em um segundo. Também é impossível alinhar perfeitamente todos os membros de uma empresa na busca de uma meta comum e de aproveitar por completo seus saberes locais. Vencer a corrida exige acrescentar um novo jogo de ferramentas ao seu conjunto, algo que leve você e sua empresa até onde os outros não podem ir.

Tornando-se um líder transcendente, você pode tratar os problemas fundamentais dos incentivos e da informação de forma muito, muito melhor que a maioria dos líderes atuais. A liderança transcendente repousa no poder inspirador de incentivos não materiais: no senso pessoal que os funcionários têm de propósito, conquista e autoestima, bem como em valores e ética compartilhados e seu desejo de integrar uma comunidade. O líder transcendente convida as pessoas a se juntarem a um projeto que infunde propósito e significado às suas vidas. Tal projeto promete deixar no mundo uma marca que vai em muito transcender a vida dos que a imprimiram.

Os bens não materiais que são os pilares da liderança transcendente têm a combinação rara de duas propriedades que permitem aos líderes enfrentar dilemas corporativos de formas que dinheiro e vantagens não conseguem.

Em primeiro lugar, bens morais e éticos são, nas palavras dos economistas, não exclusivos. Isso significa que, se trabalhamos na mesma empresa, minha satisfação com nossos propósitos nobres, valores éticos e comunidade circunscrita não subtrai nada (a talvez até acrescente) à sua satisfação com esses bens. Compare isso, por exemplo, a um sistema de bonificações em que a alocação de certo montante para você significa que tal montante deixa de estar disponível para mim. Enquanto bens materiais estão sempre sob retenção e geram rivalidade dada sua escassez, bens morais e éticos não são racionados e criam coesão, pois fundam-se em normas culturais compartilhadas. Nesse sentido, são como aquilo que os economistas chamam de "bens públicos" como a defesa nacional, um farol ou fogos de artifício.

Em segundo lugar, diferente de bens públicos, bens morais e éticos são "exclusíveis". Isso quer dizer que, se você não é parte da empresa, tanto formal quanto emocionalmente, esses bens estão indisponíveis para você. Compare isso, por exemplo, com a defesa nacional ou a internet, das quais todos dependemos. A "exclusibilidade" gera um senso de vínculo que define a comunidade de membros com pensamentos afins, que partilham um propósito e um conjunto de valores éticos. Esse propósito partilhado promove maior coesão dos membros da empresa do que qualquer benefício material. Nesse sentido, bens morais são como aquilo que os economistas chamam de "bens privados", como as coisas que compramos e vendemos no mercado.

Os economistas chamam os bens "exclusíveis" e não exclusivos de "bens de clube". Isso porque, uma vez que você é membro do "clube", pode usufruí-los sem tirar nada da satisfação dos demais membros. Mas você precisa se tornar membro do clube para ter acesso a eles.

Bens morais permitem aos líderes discernir entre funcionários movidos por uma missão (missionários) e por dinheiro (mercenários). Oferecendo a mistura certa entre incentivos materiais e não materiais é possível dispor de diferentes grupos de potenciais funcionários.

Uma compensação é sempre um "pacote de acordo". Como um iceberg, salário e benefícios são a parte visível. Eles, porém, compreendem menos de 15% de nossa motivação. Mais de 85% dos motivos pelos quais as pessoas se empenham em seus trabalhos estão ocultos. E essa parte é composta de respeito, cuidado, integridade, sentimento de pertencimento, senso de realização, um propósito nobre e princípios éticos.

Abraham Maslow, o aclamado psicólogo que descreveu a hierarquia humana das necessidades, disse que, uma vez satisfeitas nossas necessidades básicas de sobrevivência e segurança, como comida e teto, nosso maior desejo é sentir que nossas vidas têm importância, que podemos fazer diferença, que podemos contribuir para tornar o mundo um lugar melhor para aqueles à nossa volta e para os que virão. Todos queremos viver, amar e deixar um legado. Uma empresa motivadora abarca os três. É o clube supremo da felicidade e do entusiasmo.

TATEANDO A MORTE

Em 18 de fevereiro de 2004, Mark Bertolini, executivo sênior na gigante de seguros de saúde Aetna, estava esquiando com sua família em Killington, no estado de Vermont, quando perdeu o controle, bateu em uma árvore, caiu de um barranco e quebrou o pescoço.

Antes do acidente, Bertolini estava em boa forma; portanto, tinha uma resiliência boa que o ajudou a se recuperar supreendentemente rápido. Depois disso, porém, ele passou a ter dores constantes. Seu médico prescreveu os analgésicos tradicionais que, ele sabia, poderiam deixá-lo viciado, por isso Mark preferiu intervenções menos convencionais como ioga, alongamento e meditação. Ele melhorou, voltou ao trabalho e foi nomeado presidente da empresa.

Bertolini passou a usar um amuleto de metal brilhante no pescoço em vez da gravata. O amuleto trazia gravada a inscrição em sânscrito "soham", que significa "eu sou Isso", o mantra usado para controlar a respiração durante a meditação. Significa uma conexão espiritual com o universo. Para onde vá na empresa, as pessoas notam o amuleto e admiram a força de seu líder.

O novo CEO achou que aquilo que o ajudou a se curar tão bem seria igualmente proveitoso para seus funcionários e clientes, por isso passou a usar sua empresa como laboratório. Duzentos e trinta e nove funcionários se voluntariaram para um experimento: um terço praticou ioga, um terço teve aulas de atenção plena e o restante ficou no grupo de controle. Ao cabo de três meses, os funcionários nas aulas de ioga e na turma de atenção plena reportaram uma redução considerável em estresse e dificuldades de dormir; seus exames de sangue mostraram também uma queda nos hormônios de estresse. "Os bioestatísticos estavam ao lado deles", disse o sr. Bertolini.

Algum tempo depois, quando o sr. Bertolini revisou a performance financeira da Aetna para 2012, percebeu algo surpreendente: os pedidos de atendimento médico por funcionário caíram 7,3%, poupando quase nove milhões de dólares em gastos. Como a produtividade aumentou, a empresa aumentou o salário mínimo de seus trabalhadores de 12 para 16 dólares por hora e reduziu gastos do próprio bolso com planos de saúde.

"Se podemos criar pessoas mais saudáveis, podemos criar um mundo e uma empresa mais saudáveis", disse Bertolini aos empregados, que levaram suas palavras a sério. Sentindo-se mais felizes e satisfeitos no trabalho, mergulharam com força redobrada em suas missões, pois seu líder, tocado pela morte, atingiu um entendimento aprofundado que vai além de incentivos materiais.[3]

Esse entendimento foi direto ao cerne do propósito transcendente: o "eu sou Isso". Meu palpite é que Bertolini é capaz de estender *ágape* (a antiga palavra grega para "amor compassivo") a todos à sua volta, adotando o mandamento de "amar o próximo como a si mesmo", pois sente, no âmago, que seus funcionários e ele mesmo são uno, como se cada um também fosse "Isso".

Imagine-se trabalhando para alguém como Bertolini: um símbolo vivo e ativo desse tipo de entendimento de quem viu a morte de perto, usando aquele amuleto no pescoço. É possível compará-lo com a liderança da empresa em que você trabalha nesse momento? Como seria estar na presença de alguém tão inspirador? (Uma empresa de seguros de saúde tem grande vantagem em termos de visão: sua *raison d'être* é manter a vida e a saúde.) A pergunta é: as pessoas em sua empresa, seu setor ou sua equipe acreditam nisso? Ou muitos estão somente trabalhando para receber o salário?

Bertolini tem um entendimento de liderança muito mais amplo do que a maioria dos líderes, pois viu a morte de perto. Não está mais isolado ou aficionado apenas por dados financeiros. Está pensando em coisas maiores... muito, muito maiores.

"Eu sou Isso" significa que nós — todos nós, do CEO ao zelador — somos expressões do "Isso": uma força vital, animadora e enorme. Quando você aprender a acessar essa descoberta, como Bertolini conseguiu, se tornará o que chamo de líder transcendente. No entanto, como é ser tal líder, respirando esse entendimento rico do propósito do mundo, traduzindo-o de forma que funcionários, gerentes e clientes possam compreender?

O LÍDER TRANSCENDENTE

Acredito que a angústia mais arraigada, indizível e universal que nos habita é o medo de que nossa vida esteja sendo desperdiçada. Que a morte nos surpreenda antes que a canção chegue ao fim. Não nos preocupamos apenas como nossa morte física, mas também, talvez de forma mais significante, com a morte simbólica. Tememos que nossas vidas não tenham importância, que não tenhamos feito diferença, que não deixemos traço nesse mundo quando formos embora.

Se você é jovem e saudável, provavelmente ainda não deu muita atenção a esse tipo de angústia. Ela é como um ruminar, um ruído de fundo; como o zumbido baixo das luzes florescentes de um escritório. Vez ou outra, se você se esquivou de uma bala como Mark Bertolini o fez, vai refletir *para que* serve esse dom incrível da vida. Você poderá se perguntar: Por que estou aqui? ou Que diferença eu faço? Qual será meu legado?

Se tiver sorte o bastante para confrontar essas perguntas, perceberá que cada segundo que passa, cada oportunidade de fazer o bem no tempo que lhe sobra, terá mais sentido. Você quer fazer o máximo com seu tempo precioso, aproveitando a beleza e criando alegria. O que não quer é passar seus dias fazendo um trabalho que pareça trivial ou sem propósito. Quer despertar a cada manhã e sentir que está fazendo diferença no mundo. Uma vez que se dá conta disso sua verdadeira natureza consegue brilhar. Você passa a ter a habilidade e a razão para se tornar um líder transcendente. Passa a respirar esse entendimento rico de qual é a sensação de uma vida bem vivida no mundo. Começa a inspirar as pessoas à sua volta a trabalhar com um novo sentido de possibilidade. Adquire a habilidade de iluminar a empresa de forma que revele seu principal dom: o propósito.

A liderança transcendente dissolve os problemas corporativos mais difíceis em uma mistura líquida de significado, nobreza, virtude e solidariedade. Ela oferece um meio aos que seguem seus princípios de fazer face às angústias cruciais da existência de cada ser humano. É por isso que um líder que propõe um "projeto de imortalidade" simbólico, como o humanista Ernest Becker o chamou — um projeto de perenizar valores para além da vida de uma pessoa —, tem formas incríveis de tirar o que há de melhor em nós.

No passado, esses projetos de imortalidade tomavam forma em campanhas militares e culturais baseadas na atitude de que "nós somos melhores que vocês, pois podemos derrotá-los e escravizá-los". No livre mercado, porém, nossa meta não é eliminar a concorrência; queremos, na verdade, oferecer tanto valor às partes interessadas que clientes nos escolham em vez de os concorrentes. Ou os concorrentes seguem o passo, ou perigam ficar para trás. Graças à natureza voluntária das transações, o livre mercado permite a cada parte "se autoexcluir" caso ele ou ela sinta que ele ou ela está se valorizando. A única forma de lucrar é fazer outras pessoas lucrarem ou melhorarem. Isso transforma interesse pessoal em serviço e imperialismo em comércio.

É preciso uma pessoa especial para ser um líder transcendente. Quem abraça esse pensamento não necessariamente precisa ver a morte de perto, mas precisa ter olhado fundo dentro de si mesmo para entender a angústia existencial no âmago de cada um de nós. Precisa encarar seu próprio medo da morte de modo a criar um projeto de imortalidade significante e benéfico: uma missão empresarial motivada por serviço e à qual os funcionários possam aderir de coração aberto. Líderes devem encontrar seu verdadeiro eu através da "jornada do herói" e, com humildade, sabedoria e compaixão, compartilhar com os demais sua consciência adquira a duras penas.

Líderes transcendentes trabalham para coordenar os propósitos individuais daqueles a seu serviço em um propósito maior, coletivo, que torna cada pessoa também maior. Eles entendem que, se alguém quer conciliar responsabilidade e cooperação, é preciso inspirar as pessoas e criar uma cultura de comprometimento e conexão com um propósito maior. Quando isso acontece, as pessoas olham para fora de seus mundinhos fechados e pequenos impasses de tomada de decisão. Elas alinham seus melhores esforços com os da empresa de forma natural, como outros sistemas não podem levar a cabo. É a diferença entre remar e velejar. Um barco movido pelo vento flui em harmonia com as forças naturais. Uma empresa que avança via autoridade formal é como um barco a remo. Já aquela que é movida por um propósito transcendente é como um veleiro com vento às costas inflando suas velas.

Líderes transcendentes são raros. Eles existem, porém (e retrato vários deles neste livro). Inspiram seguidores não por meio do morde e assopra (oferecendo bons salários, bônus e vantagens materiais ou ameaçando-os com rebaixamento ou demissão), mas fazendo apelo à crença de que usaram seu dia fazendo bem ao mundo.

Líderes transcendentes tendem a ser modestos. Eles adotam a lição de Lao-tsé: "O mau líder é aquele que o povo despreza. O bom líder é aquele que o povo venera. O grande líder é aquele de quem o povo diz: 'Nós mesmos fizemos tudo'." Eles encorajam e empoderam seu povo a seguir a missão, não a eles. Na verdade, eu diria que *o verdadeiro líder transcendente não tem seguidores* — ponto ao qual voltarei mais tarde.

Empresas e outras organizações podem se tornar sedes de propósito construídas sobre fundações de benevolência, serviço e amor. Acredito que esta é a principal fonte de valor econômico. Conectar pessoas aos seus mais altos propósitos no trabalho resolve os maiores e mais difíceis problemas enfrentados por quem trabalha para organizações (como alcançar imortalidade simbólica), para empresas (como alinhar os interesses próprios dos funcionários na busca de uma meta compartilhada), para sociedades (como engendrar paz, prosperidade e progresso) e para a humanidade (como coexistir em tolerância e respeito mútuo, evitando conflitos e autodestruição).

A liderança transcendente exige a habilidade de olhar fundo dentro de nós mesmos — começando por reconhecer nossa própria e inevitável mortalidade — e a autodisciplina para personificar os princípios capazes de inspirar um comprometimento apaixonado nos outros. (Ofereço também um alerta sóbrio neste livro: se você planeja motivar pessoas dizendo coisas elevadas sem se tornar de fato um exemplo vivo, seus seguidores vão acabar se tornando cínicos, descomprometidos e raivosos.) Peço que inspire os outros com um propósito comum, um conjunto firme de princípios éticos, uma comunidade de pessoas com ideias afins, um sentimento de empoderamento incondicional e uma motivação apaixonada por realizações. Não são tarefas fáceis, mas propósito não tem nada a ver com facilidade.

FELICIDADE OU PROPÓSITO?

A busca por felicidade e a busca por propósito são duas motivações centrais na vida de uma pessoa. Ambas são essenciais para o bem-estar e o crescimento pessoal, ainda que somente a última seja distintivamente humana. Como aponta o psicólogo Roy Baumeister, "(nós) nos parecemos com muitas outras criaturas na luta pela felicidade, mas a busca por propósito é o fator-chave do que nos torna humanos e, assim, únicos".[4]

Felicidade e propósito muitas vezes são construídos um sobre o outro, mas não sempre. Viver uma vida dotada de propósito é diferente — e pode até ser oposto — de ser feliz. Tomemos como exemplo o "paradoxo da paternidade". Pais de crianças que já cresceram podem dizer que se sentem felizes por tê-los *tido*, mas pais que ainda estão vivendo com suas crianças não são tão felizes. Parece que criar filhos diminui a felicidade, mas aumenta o propósito.[5] Ou considere os voluntários de emergência, que com frequência passam por grandes provações e experiências traumáticas para poderem ajudar vítimas de acidentes e catástrofes naturais. Sofrer emoções negativas em prol de uma causa nobre traz propósito às suas vidas, mas não os torna felizes.

Qual é a diferença? Felicidade, entendida como prazer e sentimentos positivos, tem mais a ver com satisfazer suas necessidades e conseguir o que se quer. Propósito, entendido como significado e impactos positivos, relaciona-se com o desenvolvimento de uma identidade pessoal e com agir segundo objetivos e princípios. Você pode achar que se sente feliz se descobrir que sua vida é fácil e que alcançou certa medida de sucesso, mas pode não achar que sua vida tem tanto propósito. Por outro lado, refletir sobre o passado e o futuro, confrontar adversidades e começar uma família aumenta o senso de propósito, mas não necessariamente a felicidade. Níveis mais altos de propósito têm a ver com pensamento em profundidade, que está relacionado com níveis mais altos de preocupação, estresse e angústia. O propósito, entretanto, está associado a capacidades de adaptação como a perseverança, a gratidão e a expressão emocional.[6]

O propósito tem dois componentes principais: dar sentido à vida (cognição) e ter um senso de finalidade (motivação). O componente cognitivo envolve integrar experiências em uma narrativa coerente como se fosse uma história, assumindo a perspectiva de terceira pessoa na vida de alguém. O componente motivacional envolve buscar ativamente metas de longo prazo que reflitam a identidade de alguém e transcendam interesses pessoais tacanhos. Ficamos mais satisfeitos quando nos envolvemos em buscas com propósito e atividades virtuosas em sintonia com o que há de melhor em nós.[7]

"Felicidade sem propósito caracteriza uma vida relativamente superficial, egocêntrica e até egoísta, em que as coisas vão bem, necessidades de desejos são facilmente satisfeitas e dificuldades ou penas muito grandes são evitadas", escreveu Baumeister. "Quando muito, a felicidade pura tem ligação com não ajudar os necessitados."[8] Enquanto a felicidade tem a ver com se sentir bem, o propósito vem de ajudar os outros ou contribuir com a sociedade. O que você preferiria que estivesse escrito em sua lápide: "Aqui jaz (seu nome), que lutou para fazer a própria vida feliz indo atrás do que queria" ou "Aqui jaz (seu nome), que lutou para tornar o mundo um lugar melhor, dando aquilo que as pessoas à sua volta necessitavam"?

Segundo Gallup,[9] quase 60% de todos os norte-americanos se sentiram felizes, sem muito estresse ou preocupação, em 2012. Por outro lado, de acordo com o Centro de Controle de Doenças dos Estados Unidos,[10] cerca de 40% dos norte-americanos não descobriram um propósito de vida satisfatório ou têm um senso do que poderia dar mais sentido às suas vidas. Metade deles (isto é, 20% dos norte-americanos adultos) sofrem de ansiedade e transtornos depressivos. Uma pesquisa mostrou que ter um propósito e sentido na vida aumenta de forma geral o bem-estar e a satisfação com a vida, melhora a saúde mental e física, fortalece a resiliência e a autoestima, e diminui as chances de depressão. Em contraste, a busca resoluta da felicidade torna as pessoas menos felizes.[11]

Como as empresas competem por talento, tentam dar aos seus funcionários o que eles querem para deixá-los felizes: salários maiores, menos estresse, mais benefícios e menos dificuldades. Essa estratégia, porém, costuma se mostrar um tiro pela culatra. Como escreveu o psiquiatra Viktor Frankl: "A maior tarefa de qualquer pessoa é encontrar propósito para sua vida." A maioria das pessoas direciona suas energias à tentativa de ser felizes, mas "é a própria busca da felicidade que entrava a felicidade".[12] O que as pessoas de fato querem, o que nos faz verdadeiramente felizes a longo prazo não é o prazer, mas o propósito. E propósito é o que um líder transcendente oferece.

QUEM É FRED KOFMAN?

Trinta anos atrás, depois de me graduar e de me tornar professor de desenvolvimento econômico na Universidade de Buenos Aires, vim aos Estados Unidos para uma pós-graduação. Na Universidade da Califórnia, em Berkeley, foquei em teoria econômica dos incentivos como campo de especialização. Ao cabo de meus estudos, comecei a trabalhar como professor assistente de responsabilidade administrativa e controle na Sloan School of Management do MIT. Lá, minha docência e pesquisa focaram-se na criação e implementação de sistemas de avaliação e premiação. Graças aos fortes laços do MIT com a indústria, tive oportunidades extraordinárias para colaborar com algumas das empresas mais inovadoras do mundo.

UM WORKSHOP QUENTE

Nos meus anos na academia, tentei resolver o problema fundamental de toda empresa: como integrar responsabilidade individual com cooperação em grupo através de incentivos financeiros. Cumpri os requisitos para meu doutorado e fui premiado como "professor excepcional" no departamento da Faculdade de Economia de Berkeley e como "professor do ano" no MIT. Também recebi muitos pedidos de empresas para prestar-lhes consultoria na área. Com o passar dos anos, porém, acabei entendendo que tal integração não tinha como ser apenas matemática. A solução para o mais difícil dos problemas organizacionais deve ser, também, espiritual: ela precisa envolver a "força animadora" que dá propósito e sentido à vida humana. Assim, falhei como matemático... mas falhei de forma esplêndida. Meu fracasso me trouxe ao caminho pouco convencional que deu à minha vida um sentido mais profundo e que me levou a escrever este livro.

Graças ao meu mentor, Peter Senge, autor do livro revolucionário *A quinta disciplina*, comecei a dar workshops de liderança para corporações como General Motors, Chrysler, Shell e Citibank. Meu trabalho teve boa recepção e descobri que eu gostava de interagir com líderes de negócios mais do que com estudantes de MBA: a realidade tornou os primeiros, os líderes, mais humildes, enquanto os últimos, os estudantes, pensavam que a sabedoria em matéria de gestão vinha de livros e estudos de caso. Assim, depois de seis anos, saí do MIT e fundei a Axialent, uma firma de consultoria que, àquela altura, empregava 150 pessoas em sete escritórios ao redor do mundo.

Há dez anos, publiquei um livro chamado *Consciência nos negócios: como construir valor através de valores*. Minha intenção era compilar o que havia aprendido sobre o que qualquer pessoa que trabalha em uma empresa precisa saber. Esse livro, traduzido para dezenas de línguas, vendeu mais de cem mil cópias, e disseram-me que inspirou líderes ao redor do mundo. Desde então, pensei muito mais a fundo sobre o que é preciso para criar e liderar um negócio consciente. Como consultor, conversei com diversos gestores, executivos sêniores e CEOs de empresas de todo o planeta sobre como é ser um líder consciente e sobre como resolver os problemas mais difíceis de uma empresa.

Deixei minha firma de consultoria em 2013 para me unir ao LinkedIn como vice-presidente de desenvolvimento executivo e filósofo de liderança. Meu trabalho é ajudar a empresa a cumprir sua missão de "conectar os profissionais do mundo inteiro para torná-los mais produtivos e bem-sucedidos". Faço isso ajudando funcionários em todos os níveis na hierarquia administrativa a desenvolver líderes "transcendentes": líderes éticos que despertam para sua própria ideia de propósito e convidam os demais a seguir um fim maior e mais nobre. Então, ajudo esses líderes a inspirar outras pessoas a trabalhar de forma cooperativa na busca deste propósito e a permanecer sintonizados face a compromissos de concorrência. É um trabalho incomum, mesmo em um lugar estranho como o Vale do Silício.

Minha forma de abordar o tema da liderança tem muito pouco a ver com os conteúdos-padrão ensinados nas faculdades de administração... ou em qualquer outra, aliás. Ao contrário, interpelo cada um de nós a dar uma olhada bem longa, dura e honesta em um espelho existencial. Minha abordagem é, em parte, teoria econômica e dos negócios, em parte comunicação e resolução de conflitos, em parte aconselhamento familiar e terapia de sistemas e em parte atenção plena e meditação.

Muitas pessoas acham que um trabalho com propósito faz parte do domínio de instituições sem fins lucrativos. Eu discordo. Enquanto é possível ajudar os demais e amenizar o sofrimento por meio de voluntariado e trabalho filantrópico, acredito que nada se compara ao desenvolvimento econômico como uma forma de erradicar a pobreza e levar a humanidade a um nível mais elevado de prosperidade, paz e felicidade. Empresários que se portam de maneira ética são os motores que propulsionam o crescimento da humanidade, criando valores para todas as partes interessadas. É disso que se tratam as empresas conscientes e a liderança transcendente.

QUAL É A "REVOLUÇÃO DO PROPÓSITO"?

Em *A estrutura das revoluções científicas*, o físico, historiador e filósofo Thomas Kuhn argumentou que a ciência normal acontece em períodos em que há um paradigma aceito que organiza a pesquisa. No curso deste período, problemas insolúveis ou anomalias surgem. A ciência então entra em um período revolucionário em que cientistas formulam novas perguntas, avançam para além de meramente resolver os problemas do paradigma anterior e mudam seus modelos mentais para apontar uma nova direção às pesquisas.

Na economia, há um problema que envolve duas abordagens sobre incentivos. De uma "perspectiva dos sistemas", as pessoas devem subordinar seus objetivos locais para cooperar com um objetivo global. Assim, um gestor deve usar incentivos *globais*. Um gerente de vendas, por exemplo, deve compensar cada vendedor em função das vendas de todos, não apenas das suas. Isso evitará a criação de barreiras artificiais entre "meus" clientes e "seus" clientes, uma vez que todos são "clientes da empresa".

De uma "perspectiva do principal-agente", indivíduos devem ter os créditos pelos resultados de seu trabalho. Um gestor, assim, deve usar incentivos *locais*. Um gerente de vendas, por exemplo, deve compensar cada vendedor em função de suas vendas pessoais. Isso vai encorajar cada vendedor a colocar seu esforço máximo sem tentar "tirar onda" no esforço dos outros.

Economistas testaram matematicamente tanto a teoria dos sistemas quanto a teoria do principal-agente. O problema é que as implicações práticas de ambas são mutuamente incompatíveis. As duas não podem ser implementadas ao mesmo tempo e tentar combinar metade de uma com metade da outra é pior ainda.

Minha proposta é resolver esse dilema por meio de incentivos não materiais. *Liderança & propósito* explora a mudança de paradigma do material para o sentido; da compensação, do comando e do controle para o propósito, o princípio e as pessoas; do gerenciamento para a liderança. Proponho que, em vez de ver os funcionários como entidades mecânicas movidas a incentivos materiais, você precisa vê-los como seres conscientes que querem atingir significância e transcender suas existências limitadas por meio de projetos que deem propósito às suas vidas.

Este livro trata do esforço de ir além do que chamei de líder "consciente" em *Consciência nos negócios*, para tornar-se um líder "transcendente". Mesmo dando alguns conselhos bem práticos ao longo dele, sugiro que a liderança transcendente dispensa prescrições administrativas comuns, pois não é apenas uma forma de *praticar* liderança ou uma forma de *saber* como liderar, mas uma forma de *ser* um líder que inspire seguidores a descobrir o que há de mais precioso em suas vidas e se comprometer em manifestá-lo.

Não faltam livros de negócios dizendo a líderes em todos os níveis como fazer as coisas: como organizar mudanças, contratar as pessoas certas, executar estratégias e assim por diante. Todos dão bons conselhos. Eles, porém, deixam de lado o que é fundamental à condição humana, o que torna estes livros mais adequados para gestores operacionais do que para líderes genuínos. A própria pergunta "como você faz...?" é gerencial. A pergunta de um grande líder é: "Quem é você?"

A liderança surge de nossa necessidade humana de dotar a vida de propósito. Ninguém quer que suas conquistas sejam apenas "fogo de palha". Todos desejamos nos ampliar, tocar a vida dos outros e causar impacto no mundo; queremos transpor nossas limitações físicas, mesmo a morte, tomando parte em um projeto transcendente. No entanto, os livros sobre a importância de encontrar um propósito costumam ficar na seção de autoajuda ou de espiritualidade da livraria — nenhuma das mais populares entre líderes de negócios. Além disso, esses livros não lidam com os problemas mais fundamentais e insolúveis de responsabilidade ética pessoal ou sintonização organizacional em empresas. Eles não formulam as questões básicas sobre o que o trabalho interno e externo têm de fato a ver com se tornar o tipo de líder que as pessoas desejariam apaixonadamente seguir ou sobre o que é preciso para construir um lugar de trabalho inspirador. Como podemos lançar uma fundação real, honesta e humana para uma empresa, tão confiável que as pessoas dariam tudo apenas para fazer parte dela? E então, quando todos estiverem comprometidos com ela, como trabalharmos juntos para efetivamente vencermos como uma equipe?

Na **Parte 1**, apresento os problemas mais difíceis que qualquer líder deve resolver em sua empresa ou equipe para sobreviver e prosperar. Estas são as anomalias de Kuhn que suscitam a revolução do propósito.

No **Capítulo 2, "Descomprometimento"**, discuto por que as pessoas perdem suas almas no mundo dos negócios. Explico como uma visão materialista do trabalho, produza-receba-consuma, deixa de lado as dimensões mais importantes da existência humana. Argumento que os piores problemas corporativos não podem ser resolvidos por meio do mundo unidimensional do materialismo.

No **Capítulo 3**, "**Desorganização**", pergunto: por que as empresas não conseguem alinhar seus colaboradores na busca de uma meta comum? Descrevo aqui três problemas: (1) a maioria das pessoas se sente confusa sobre qual é seu trabalho "real"; (2) quando todos dão seu melhor, a empresa não tem a performance mais satisfatória; e (3) incentivos econômicos criados para estimular a cooperação trabalham para desencorajar a responsabilidade e vice-versa.

No **Capítulo 4**, "**Desinformação**", argumento que ninguém realmente sabe a forma certa de agir. Mostro como a maioria das pessoas avalia de forma falsa custos e benefícios a partir de suas perspectivas limitadas. Isso os leva a tomar decisões que ferem o desempenho da empresa. No entanto, mesmo superando esse obstáculo e tentando avaliar o impacto global de vias alternativas de ação, ainda assim lhes falta a informação mais importante: a oportunidade tem um custo.

No **Capítulo 5**, "**Desilusão**", lanço uma advertência em três partes para quem está embarcando no caminho da liderança transcendente: (1) o que você faz fala tão alto que as pessoas em sua empresa não vão ouvir o que você diz; (2) as pessoas ficarão supersensíveis e supercríticas: não importa o quanto tente agir conforme o que prega, sempre vão achá-lo deficiente; (3) o poder corrompe: quanto mais você inspira as pessoas, mais provavelmente as trairá. Se cair em alguma dessas três armadilhas, vai envenenar a própria cultura que está tentando fomentar.

Na **Parte 2**, ofereço soluções "suaves" e centradas em pessoas para os complicados problemas organizacionais que apresento na Parte 1.

No **Capítulo 6**, "**Motivação**", argumento que os problemas mais difíceis têm solução espiritual. Como inspirar responsabilidade e cooperação ao mesmo tempo? Demonstro que, enquanto é impossível incentivar responsabilidade ética e cooperação ao mesmo tempo, é possível inspirá-las por meios não materiais.

No **Capítulo 7**, "**Cultura**", descrevo forças que líderes em todos os níveis devem dominar para coordenar sua equipe para a vitória. Mostro como líderes podem moldar suas empresas definindo, demonstrando, demandando e delegando normas éticas. Uma cultura forte é erigida sobre virtudes como sabedoria, compaixão, coragem, justiça e amor. Tais virtudes dão aos líderes em todos níveis, bem como aos seus seguidores e às suas equipes, a capacidade de transcender suas visões egocêntricas e integrar múltiplas perspectivas em uma visão de mundo abrangente.

No **Capítulo 8**, **"Resposta-Habilidade"**, mostro como o que chamo de "resposta-habilidade" absoluta e responsabilidade ética compõem uma filosofia eficiente para os negócios e para a vida. Assumir a responsabilidade como líder e manter as pessoas responsáveis por suas próprias escolhas permite a você transformar comportamentos defensivos em criativos e sentimentos de resignação e ressentimento em entusiasmo e comprometimento.

No **Capítulo 9**, **"Colaboração"**, mostro como os conflitos mais espinhosos podem ser resolvidos por meio do "acirramento colaborativo". Este é um processo de alinhamento que possibilita a discussão inteligente de compromissos e tomadas racionais de decisão. Em um sistema baseado em princípios semelhantes àqueles do direito comum britânico, líderes em uma empresa podem deixar suas decisões estabelecerem precedentes sobre sua perspectiva que guiarão as decisões futuras em todos os níveis da empresa.

No **Capítulo 10**, **"Integridade"**, mostro que honrar sua palavra é, para boas relações, tão fundamental quanto a honestidade, tanto nos negócios quanto na vida em geral. Uma pessoa íntegra mantém suas promessas sempre que possível e continua a honrá-las mesmo quando impedida de cumpri-las. Você faz uma promessa embasada quando se compromete a oferecer apenas o que acredita ser capaz de oferecer. Você mantém sua promessa oferecendo-a. E ainda pode honrá-la quando não a mantém, permitindo que a pessoa a quem prometeu conheça a situação e cuidando das consequências.

Na **Parte 3**, explico por que um líder que deseja ser transcendente deve ir além do que descrevo na Parte 2. Para comandar seguidores fervorosos, um líder deve levar a cabo o que o mitólogo Joseph Campbell chamou de "jornada do herói".

No **Capítulo 11**, **"Supere a si mesmo"**, inverto a ideia tradicional de que líderes empoderam seus seguidores. Afirmo que os seguidores empoderam o líder, comprometendo-se com a missão por ele proposta. Talvez a decisão mais importante que todo humano deve tomar seja sobre onde investir seu precioso tempo, sua preciosa vida. Seguidores "energizam" líderes com sua força vital da mesma forma que investidores energizam a empresa com seu capital.

No **Capítulo 12**, **"Morra antes de morrer"**, mergulho fundo no medo universal da morte. Mostro por que confrontar a angústia em si mesmo e nos outros é a ferramenta de liderança mais útil e importante que existe. Parafraseando a sabedoria Zen, defendo que você deve "morrer antes de morrer para poder viver de verdade"... e *liderar de verdade*. Você deve descobrir o que ainda não nasceu e é imortal em você e oferecer isso como um espelho de propósito àqueles ao seu redor. Mostro também como desejar ser parte de um projeto de imortalidade é um segredo aberto da liderança que historiadores, poetas e filósofos lavraram desde tempos imemoriais.

No **Capítulo 13**, **"Seja um herói"**, exploro a trilha de desenvolvimento de líderes. A jornada do líder é repleta de provações que revelam, testam e apuram seu espírito. Há um padrão natural para o crescimento humano. É uma trajetória da inconsciência à consciência e à superconsciência. É um processo que o compele a encarar seus maiores medos, encontrar suas maiores forças com a ajuda de aliados e a vencer a batalha para moldar seu destino e tornar-se senhor de sua vida. Somente depois de trilhar o caminho do herói e derrotar suas sombras, você poderá trazer o dom da verdadeira sabedoria à sua comunidade. Somente quando tiver encontrado sua verdade mais profunda poderá tornar-se um modelo para os demais e inspirar confiança.

No **Capítulo 14**, **"Capitalismo superconsciente"**, explico que o mercado é um caldeirão que transforma interesse próprio em serviço, agressão em competição. Este caldeirão é feito de respeito pela vida, liberdade e da prosperidade de outrem. Se as pessoas respeitarem umas às outras, se as transações forem voluntárias e pacíficas, então cada participante deve acreditar que ele ou ela ganha mais do que ele ou ela renuncia. Adam Smith argumentava que mesmo quando um bem social não faz parte dos planos de uma pessoa, as forças do mercado agem "como a mão invisível" que conduz as pessoas a tal meta. Meu argumento é que, em vez de alcançar isso por acidente, líderes transcendentes o fazem de propósito. Por meio de respeito, liberdade e serviço, eles promovem um tipo novo e mais consciente de capitalismo. Esse sistema econômico esclarecido promove a cooperação social e apoia o desenvolvimento da humanidade como nunca antes. Além de suprir as necessidades materiais dos seres humanos, ele atende às nossas necessidades espirituais de transcendência e conexão com algo mais permanente do que nós mesmos.

No **Epílogo**, **"O que fazer na segunda de manhã"**, retomo todos os pontos, resumindo as lições essenciais do livro e aconselhando líderes em todos os níveis sobre o que fazer em uma segunda-feira de manhã e além. Minha maior esperança é que os leitores terminem o livro inspirados e empoderados para deixarem uma marca duradoura no mundo: não apenas para si mesmo, mas para aqueles que os seguem, para suas empresas e para o restante do mundo.

E agora, convido você a juntar-se à revolução.

PARTE 1
PROBLEMAS DIFÍCEIS

Capítulo 2
DESCOMPROMETIMENTO
QUAL É O PROPÓSITO DE TRABALHAR?

> Se a administração não vê os trabalhadores como indivíduos únicos e valiosos, mas como ferramentas a serem descartadas quando não forem mais necessárias, então os funcionários olharão para a firma como nada além de uma máquina de emissão de salários, sem outro valor ou sentido.
>
> — Mihaly Csikszentmihalyi

Marissa Mayer era uma executiva bem-sucedida do Google antes de se tornar CEO do Yahoo no verão de 2012. Mesmo tendo sido recrutada para revigorar uma marca digital moribunda, ainda tinha muita coisa interessante acontecendo no Yahoo quando ela chegou: o mercado de propaganda digital estava em alta, a diretoria acolheu sua chegada com uma atitude alegre e solidária, a empresa tinha muito dinheiro e um bilhão de visitantes por mês.

A tarefa, porém, estava além das capacidades de Mayer. Em quatro anos, as finanças do Yahoo diminuíram sem parar e a empresa finalmente foi vendida para a Verizon, no que a *Forbes* chamou de "o negócio de 5 bilhões de dólares mais triste da história da tecnologia".[1] (No final das contas, o acordo foi fechado a US$ 4,48 bilhões, cerca de 350 milhões a menos que a oferta original.)[2] Observadores atribuem o fracasso à estratégia incoerente de Mayer e seu estilo caprichoso de microgestão. "O legado de Mayer no Yahoo será o da CEO que levou a empresa à liquidação", declarou a *Variety*.[3]

Miguel Helft, colunista da *Forbes*, descreveu um encontro externo de 120 grandes executivos do Yahoo em outubro de 2015 que foi "ladeira abaixo rápido" quando o tema passou para comprometimento dos funcionários. "Enquanto Mayer entrava e saía da sala, Bryan Power, chefe de RH do Yahoo, apresentou resultados de uma pesquisa recente que mostrava quedas dramáticas de dois dígitos percentuais em quesitos como moral e confiança na liderança executiva da empresa. Vários vice-presidentes começaram a desabafar uns com os outros, levando a uma balbúrdia generalizada quando a sessão — tida como uma oportunidade para melhorar a comunicação — acabou virando um sermão dos caciques do Yahoo, o que muitos acharam condescendente. Os vice-presidentes começaram acusar seus superiores de 'não ouvirem', 'não entenderem' e 'não quererem mudar'. Alguns soltaram palavrões. 'Foi a reunião de trabalho mais estressante e azeda a que compareci na vida', disse um dos participantes."[4]

O maior erro de Mayer como CEO talvez tenha sido o que Mike Mayatt, articulista da *Forbes*, identificou como fracasso em entender a cultura do Yahoo, que, argumenta ele, ficou tóxica sob sua liderança. "O que Mayer não conseguiu captar é que é impossível mudar uma cultura que você não entende", escreveu. "Uma cultura corporativa é um ecossistema frágil com muitos mecanismos interdependentes que precisam ser cuidados para florescerem. Uma cultura forte é um acelerador de performance capaz de criar mudanças imensas de ímpeto."[5]

O problema com líderes descomprometidos como Mayer é que eles não prejudicam apenas suas empresas. Além disso, todos ficam um pouco mais céticos com nossas instituições e seus líderes, erodindo a confiança social — sem a qual uma economia não consegue funcionar.

Conheci Marissa Mayer quando ela estava no Google, antes de ir para o Yahoo. Naquela época, eu dava consultoria para Sheryl Sandberg, que era chefe de vendas on-line e operações para o Google. Conversar com Mayer era uma experiência assustadora: durante nosso papo de uma hora, ela não fez contato visual comigo uma única vez. A interação era tão fria que meu cérebro chegou a congelar. Ainda assim, lembro-me do que pensei no final: *Eu nunca trabalharia para essa senhora*. Eu não teria como me comprometer com Mayer — ou com uma empresa liderada por ela. Sua desconexão emocional me impossibilitaria de dar o meu melhor. (Era um contraste absoluto com meus sentimentos por Sheryl, que era minha amiga e uma das melhores líderes que conheci. Admiro como Sheryl combina calor pessoal e sagacidade profissional. Enquanto o brilho de Mayer era como uma estrela fria em uma galáxia distante, Sheryl era como um sol laranja e próximo.)

Não é que líderes como Mayer não sejam inteligentes e comprometidos ou que não queriam fazer a coisa certa. (Lembro-me de ficar bastante impressionado com sua inteligência e determinação.) É que eles têm bloqueios emocionais e concepções intelectuais equivocadas sobre qual é seu trabalho mais importante: estimular o comprometimento interno das pessoas para a realização de uma missão empresarial com eficiência e integridade, de modo a fazer a equipe vencer. Como Teresa Amabile, professora da Escola de Administração da Harvard, alertou executivos sêniores: "Vocês podem achar que o trabalho de vocês é desenvolver uma estratégia inabalável. Tenho, porém, uma segunda tarefa, tão importante quanto: permitir o comprometimento contínuo (...) das pessoas que lutam para executar esta estratégia."[6]

Liderança não é uma posição: é um processo. Qualquer um que gerencie uma equipe, do supervisor na linha de frente ao CEO, e até qualquer um que coordene pessoas de maneira informal, precisa liderar para ter sucesso. Pessoas não são "recursos" que podem ser geridos como outros objetos inanimados, são seres conscientes que precisam ser inspirados de modo a contribuírem com seu melhor para as metas da empresa. Seres humanos exigem uma forma própria de gestão.

Eu estava explicando isso em um seminário de liderança para uma empresa química, quando um participante (que depois descobri ter doutorado em física, química e engenharia química) levantou a mão. "Eu amo moléculas!", exclamou Boris (não é o nome real dele), em tom nervoso e engraçado. Todos ficaram confusos. Boris continuou: "Moléculas se comportam tão bem. Você aplica certa quantidade de calor e certa quantidade de pressão a elas e sabe exatamente o que vão fazer." Todos riram.

"O problema", continuou ele, "é que me dei tão bem administrando moléculas que fui promovido para administrar pessoas. Não entendo pessoas: elas não se comportam bem. Você aplica certa quantidade de calor e certa quantidade de pressão e nunca saberá o que elas vão fazer". Boris queria lidar com pessoas da mesma forma que lidava com moléculas. Não funciona. Ao contrário das moléculas, pessoas têm mente própria.

Como Boris, há muitos gestores com treinamento científico que não levam esse fato em conta. Segundo o economista Murray Rothbard, muitos líderes não praticam ciência, mas "cientismo". O "cientismo", escreveu Rothbard, "é a tentativa profundamente não científica de transpor a metodologia das ciências físicas para o estudo da ação humana." Quando adotamos a premissa de que seres humanos conscientes podem ser determinados como moléculas e outras coisas sem consciência, cometemos um erro terrível. "Ignorar esse fato primordial da natureza humana — sua vontade, seu livre-arbítrio —", insistiu Rothbard, "é interpretar de forma equivocada os fatos e, assim, ser profunda e radicalmente não científico."[7]

Mesmo aqueles gestores que entendem alguma coisa da natureza humana e têm as melhores intenções não são líderes tão bons. O que é compreensível: enquanto estão bem treinados na dimensão técnica da administração, estão mal treinados na dimensão humana da mesma. Eles não sabem como lidar com esses seres dotados de mente própria. Apesar de seus MBAs e cursos de educação executiva, não entendem como conquistar corações e mentes. Por isso acabam ficando com a visão limitada e narcisista. Eles confiam em diretivas de ordem e controle voltadas para a execução de tarefas, sobretudo em momentos de estresse. Acreditam que habilidades mais suaves têm menos serventia que suas técnicas cognitivas duras, as quais usam como um baluarte contra formas de trabalho mais profundas e introspectivas.

Este não é um fenômeno exclusivo dos negócios. Organizações sem fins lucrativos com propósitos nobres, como hospitais, escolas e instituições de caridade, também estão cheias de administradores que focam no trivial e no mesquinho. Eles tratam mal as pessoas; fracassam em ouvi-las. Fazem politicagem, arrastando as pessoas na lama, culpam em vez de ouvir e assumir a responsabilidade por seu comportamento. Economizam seus salários e esperam até a aposentadoria. Com esse tipo de gente no poder, uma empresa murcha. Todos percebem, do zelador aos executivos. Os funcionários dão de ombros e dizem: "Se o chefe pode agir como um babaca, por que eu me importaria?" Cinismo e apatia instalam-se como um vírus. A organização, infectada, morre aos poucos, graças à ignorância e o egoísmo de seus líderes.

Tais líderes não teriam como inspirar os outros, pois não se deram ao trabalho de olhar profundamente para si mesmos, desenvolvendo respeito e compaixão por terceiros. Eles perderam suas almas. Pior ainda, tornaram-se zumbis comedores de alma que prejudicam as pessoas que trabalham na empresa. A única proteção contra eles é o descomprometimento.

A TRAGÉDIA DO DESCOMPROMETIMENTO

Segundo a Gallup Organization, as notícias da frente de trabalho são sérias. Em mais de trinta anos, a Gallup realizou pesquisas de comportamento econômico aprofundadas com mais de 25 milhões de funcionários em centenas de empresas pelos Estados Unidos. Desde 2000, todos os anos, a porcentagem de pessoas que se sentem "ativamente comprometidas" — aquelas com as ideias mais inovadoras, que geram a maior parte dos novos clientes de uma empresa e nas quais brilha com mais força a energia empreendedora — gira em torno de menos de 30%. Outros 50% são formados de funcionários "descomprometidos".

Funcionários dedicados estão emocionalmente comprometidos com a empresa e suas metas. Importam-se bastante com seu trabalho e com a firma. Estão dispostos a pôr seu esforço voluntário a serviço dos objetivos da empresa. Não trabalham apenas pelo salário, pela promoção, mas pelo propósito da empresa — propósito que tornaram seu.

Uma anedota sobre Christopher Wren, o grande arquiteto que projetou a Catedral de São Paulo em Londres, ilustra a diferença entre trabalhadores comprometidos e descomprometidos. Certo dia, Wren estava caminhando entre os operários que trabalhavam na catedral. Ninguém o reconheceu. Quando Wren perguntou a um dos homens o que estava fazendo, este respondeu: "Estou cortando um pedaço de pedra." Perguntando o mesmo a outro operário, o homem respondeu: "Estou ganhando cinco xelins e dois pences por dia." Quando Wren perguntou a um terceiro o que estava fazendo, este respondeu: "Estou ajudando Sir Christopher Wren a construir esta linda catedral."[8]

Existe, ainda, um grupo de funcionários mais perigoso em termos de saúde da empresa: os ativamente descomprometidos, que compõem 20% da pesquisa anual da Gallup. Essas pessoas não estão apenas infelizes com o trabalho: estão ocupadas em externar sua infelicidade, prejudicando os colegas e criticando a empresa. Esses trabalhadores são tão hostis que desejam sabotar a empresa, seja de forma consciente ou inconsciente. Tornam-se "detratores" que espalham suas visões negativas pela firma e para além dela.[9] Nos Estados Unidos, é estimado que o descomprometimento ativo custe de 450 a 550 bilhões de dólares por ano.

A Gallup descobriu que ambientes de trabalho em que os funcionários se sentem descomprometidos têm 50% mais acidentes, são responsáveis por quase 60% dos defeitos de qualidade e incorrem em muitos mais gastos com assistência médica.[10] Além disso, 60% dos jovens *millennials* — a parcela da força de trabalho dos Estados Unidos que você poderia considerar a mais repleta de ideias e energias para oferecer — são, também, descomprometidos. A Gallup descobriu que 14% dos *millennials* entrevistados "concorda veementemente" que a missão ou propósito de suas empresas fazem-nos sentir que seu trabalho é importante.[11] Imagine-se tentando cozinhar em um forno rachado que perde 85% do calor e terá o retrato do estado atual da maior parte das empresas.

No sentido contrário, percebeu a Gallup Organization, grupos de trabalho que formam o quartil superior na escala de comprometimento laboral têm performance muito melhor do que os grupos que compõem o quartil inferior. Seus índices de clientela são 10% maiores.[12] Sua lucratividade e produtividade enquanto grupo são, respectivamente, 22% e 21% mais altas. Eles apresentam pelo menos 25% menos de rotatividade de pessoal (em empresas onde há pouca rotatividade inicial, grupos comprometidos de trabalho têm redução de até 65% no mesmo índice). Grupos bastante comprometidos têm menos absentismo, além de menos defeitos e incidentes no trabalho.[13]

Considerando o mundo inteiro, as perdas por essa brecha no comprometimento estão na escala dos trilhões. Segundo o relatório mais recente de Estado do Ambiente de Trabalho Global da Gallup, somente 13% dos funcionários ao redor do planeta estão comprometidos com seu trabalho:[14] o restante está pouco se lixando. Some tudo isso e você terá um desperdício astronômico de recursos. Por outro lado, o comprometimento representa uma oportunidade gigante de melhorar o valor econômico para todas as partes interessadas por meio de maiores produtividade, eficiência e serviço.

Não impressiona, assim, que empresas de toda parte estejam tentando aumentar o comprometimento por meio de "programas de comprometimento". A questão é que a maioria dessas iniciativas é superficial, charlatã, hipócrita e baseada na manipulação grosseira da sensibilidade dos funcionários de modo a extrair mais deles.

A maioria desses programas está centrada em pesquisas levadas a cabo pelo departamento de recursos humanos. Essas pesquisas levam a uma enxurrada de atividades compostas, em grande parte, por apresentações bem elaboradas. Escrevendo para a *Inc.*, um consultor chamado Les McKeown notou que "os assim chamados programas de comprometimento são um monte de apresentações de PowerPoint infames, desajeitadas, nada práticas e destinadas a não serem implementadas, em geral criadas por exercícios igualmente falidos de supostos *benchmarking* ou 'análises comparativas' com o que alegam ser 'as melhores práticas' de outras empresas".[15] Às vezes, essas apresentações acabam virando programas de treinamento avaliados por quantas "cabeças" passaram por eles (sem levar em conta se os donos dessas cabeças estavam presentes de verdade e se aprenderam alguma coisa para pôr em prática e aumentar o comprometimento).

Para piorar ainda mais, quando uma empresa de fato implementa mudanças baseadas em pesquisas de comprometimento, os resultados costumam ser contraproducentes. Os funcionários se comprometem quando sentem que seus gerentes se preocupam de verdade com eles e quando acreditam que esses gerentes querem criar um ambiente de trabalho que promoverá não apenas a produtividade, mas também conexões com os outros e bem-estar pessoal.

Em contraste, se os funcionários suspeitam que as mudanças têm como meta melhorar a posição da empresa na pesquisa da Gallup ou a nota de algum dos gerentes na empresa, vão se descomprometer ainda mais. Quando gestores que passaram anos tratando as pessoas como "recursos menos que humanos" de repente adotam comportamentos afetados que — assim pensam — os farão parecer mais cuidadosos, as pessoas se sentem ainda mais manipuladas. Funcionários veem as alegações de "nos importamos mesmo com vocês" de seus gerentes como tentativas de angariar favores por meio de ameaças emocionais, como um adestrador de cachorros com seus animais.

Imagine que seu cônjuge lhe deu, sem qualquer explicação, um presente pela primeira vez em dez anos de casamento. Na outra semana, chega pelo correio uma pesquisa de "comprometimento conjugal" com a seguinte pergunta: "Você recebeu algum presente de seu cônjuge no último mês?" Pessoalmente, eu suspeitaria que meu cônjuge estava fazendo tudo isso apenas para melhorar a nota dele ou dela na pesquisa.

Pior ainda, qualquer comprometimento administrativo dissimulado tem a mesma resistência de uma promessa de ano-novo que é deixada de lado no meio de janeiro. Logo que o novo e brilhoso programa perde seu lustro, o comportamento dos gestores volta ao estado anterior. A saúde da empresa e o comprometimento dos funcionários, porém, tendem a cair abaixo do que eram antes desse ioiô. Quando um líder é tomado por um charlatão que faz tentativas hipócritas para manipular a sensibilidade alheia, tal conduta não é somente descomprometida: é revoltante.

Não há como abrir o futuro sem fechar o passado. A não ser que a liderança de uma empresa faça um exame sério de seus comportamentos descomprometidos de antes e convença sua força de trabalho de que tem o compromisso de mudar seriamente sua atitude, qualquer programa de comprometimento é natimorto. É por isso que, apesar de todo tempo, energia e dinheiro gastos nesse tipo de iniciativa, os resultados continuam péssimos. Os programas de comprometimento geram resultados opostos aos que pretendiam: no mundo inteiro, a força de trabalho fica mais descomprometida a cada ano.

O LÍDER DESCOMPROMETEDOR

Um dos clientes para quem presto serviço de *coaching* — vou chamá-lo de "Bill" — me contou a triste história de como ficou descomprometido com sua empresa. Bill cruzava o planeta direto para liderar um projeto no Extremo Oriente. "Antes desse projeto", contou-me, "eu tinha uma relação boa com meu chefe, o vice-presidente de operações internacionais. Algo, no entanto, mudou quando assumi essa tarefa. O CEO começou a me dar atenção especial, ligava todos os dias, muitas vezes passando por cima do meu chefe." Bill suspeita que seu chefe tenha ficado ressentido por ter sido deixado de lado.

Em uma de suas viagens, Bill teve sérios problemas de estômago. Ele conduziu suas reuniões de negócios como um ator: ninguém percebeu a dor que estava sentindo. Ao final de um dia, porém, teve que pedir dispensa do jantar para poder ir ao hospital. Lá, foi consultado por um médico que, depois de alguns testes, diagnosticou-o com infecção bacteriana. O médico lhe prescreveu antibióticos e, obstinado como é, Bill voltou no dia seguinte ao trabalho.

Depois de sua visita ao hospital, Bill enviou a fatura ao seu assistente para que o atendimento de emergência fosse reembolsado. A conta era de menos de quinhentos dólares, quantia que ele julgou ser razoável. Pouco tempo depois, Bill recebeu um e-mail de seu chefe (que tinha que aprovar a despesa) pedindo ao seu assistente (com cópia para Bill e para a pessoa encarregada dos auxílios) para que encaminhasse a despesa à companhia de seguro. A resposta havia sido glacialmente correta. O que chocava Bill não era o que dizia, mas o que não dizia: não havia nenhum "Olá, Bill", nenhum "Você está bem?", nada.

Depois de tomar os antibióticos por uma semana, a infecção passou e Bill voltou à sua velha forma física. Sua velha forma emocional, porém, nunca se recuperou. "O que me derrubou", disse-me Bill, "é que ninguém na cadeia de e-mails escreveu para me perguntar por que fui ao pronto-socorro em um país estrangeiro e se eu estava bem, sem mencionar votos de melhora. Houve apenas aquela mensagem concisa e profissional sobre processar o pedido de seguro."

"Meu sangue não ferveu de raiva; fiquei frio e distante", refletiu Bill. "Pensei o seguinte: 'Essas pessoas estão mortas para mim como eu estou morto para elas.' No começo, fiquei muito atordoado, depois extremamente bravo. Não acredito que essa empresa se orgulhe de 'tratar as pessoas maravilhosamente bem', como gritam de forma estridente aos quatro ventos em suas campanhas de marketing, e quando estou com um problema de saúde, tratam-me como uma engrenagem que precisa de reparos pela garantia."

Bill me lembrou de um filme que mostrei em um de meus workshops. No filme *Tempos modernos*, Charlie Chaplin é operário em uma linha de montagem cujo único trabalho é apertar parafusos com uma chave inglesa em cada mão. Pressionado pela velocidade intensa da linha de montagem (aumentada toda hora pelo "chefe"), ele tem um colapso mental e é, literalmente, "processado" pelas máquinas.[16]

"Eles não demonstraram sentimentos por mim", afirmou Bill. "Queriam dar entrada no pedido de seguro e seguir em frente. Senti-me uma engrenagem no maquinário, apenas mais um tijolo no muro."

Contra meus conselhos, Bill desistiu. Ele estava tão descomprometido que não queria nem tocar no assunto. "Não quero falar sobre isso", disse-me. "Qual é o sentido de contar a eles que estou decepcionado quando sequer perguntaram sobre minha saúde depois de terem sido informados que estive em um hospital fora do país? Eles iam dar alguma desculpa esfarrapada e fingiriam preocupação. Mas agora é tarde demais. Há algumas decências comuns que espero receber de meu gerente sem ter que pedir por elas."

Mesmo que nada tivesse afetado Bill no campo material, seu comprometimento virou descomprometimento ativo, e ele foi de promotor a detrator. "Se alguém me perguntasse hoje se eu recomendaria a empresa a algum amigo como um lugar bom para trabalhar, responderia: 'De jeito nenhum.'"

Não conheço o chefe de Bill, mas a julgar pelo que disse, aposto que o VP também estava descomprometido — na verdade, seis meses depois, Bill me contou que o VP também tinha deixado a empresa. Ele deve ter ficado magoado com o fato de o CEO tê-lo deixado de lado e contatado Bill diretamente. Tampouco conheço o CEO, mas aposto que ele não pensou que era grande coisa contatar Bill diretamente. E aposto também que o gerente do Bill nunca contou ao CEO sobre seu ressentimento por ter sido deixado de lado. Na verdade, estou certo de que se o CEO tivesse perguntado ao chefe de Bill se ele se importava, este teria mentido e respondido que "de maneira alguma". Vi esse mesmo filme centenas de vezes nas empresas com que trabalhei.

É impossível fazer os outros se comprometerem se você mesmo está descomprometido. Pesquisas mostram que as emoções se espalham como uma gripe.[17] Se você se sente deprimido e desmotivado, tenho mais chances de me sentir deprimido e desmotivado ao trabalhar com você. Qualquer gestor pode iniciar uma reação em cadeia capaz de alienar vários de seus funcionários. E, na vida empresarial, há pequenas e constantes frustrações diárias que, se não forem tratadas, juntam-se em camadas espessas de entorpecimento capazes de diminuir até o comprometimento mais apaixonado. Imagine o que acontece quando a maior parte de uma empresa, de uma pequena equipe à toda a sociedade, sente-se assim.

Um mal gestor é um grande risco. Bill começou a fazer seu currículo circular e logo encontrou um emprego em outra empresa. As compensações e benefícios não eram melhores, mas, mesmo assim, ele deixou o antigo emprego em busca de um ambiente que pensou ser mais favorável ao seu bem-estar. O caso de Bill é um dentre vários. Tem pessoas que ficam tão desamparadas que chegam a desistir de melhorar as coisas.

A Gallup defende que, se as empresas querem que seus funcionários cooperem, precisam "focar em encarregar gerentes de alto desempenho".[18] Onde, contudo, ah, onde estão esses famosos gerentes de alto desempenho? Trabalhei com milhares de pessoas em dezenas de empresas por anos e posso dizer com propriedade que líderes de alto desempenho — se estamos falando daqueles que são inspiradores e capazes de gerar comprometimento — são mais raros que tigres brancos.

Eis, portanto, o problema: se o comprometimento é tão crucial para o desempenho de uma empresa e se as estratégias para produzi-lo são tão simples e baratas, por que não existem mais líderes capazes de gerar comprometimento e por que não há mais empresas com aumentos dramáticos no comprometimento dos funcionários?

Minha conclusão, para parafrasear os Beatles, é porque "não é possível comprar amor".

DESAMPARO APRENDIDO

Durante uma visita ao Angkor Wat, levei meus filhos para andar de elefante. Enquanto nos preparávamos para subir nas costas de nossos animais, percebemos que muitos outros tinham a perna da frente amarrada apenas por uma cordinha. Era evidente que esses poderosos paquidermes poderiam romper as cordas ou arrancar as estacas em que estavam amarradas, mas não o faziam. Permaneciam quietinhos no lugar. Perguntei ao nosso guia como eles conseguiam manter os elefantes amarrados com mecanismos tão frágeis.

Ele explicou que, quando os elefantes são jovens, seus condutores usam cordas parecidas para amarrá-los a estacas. Quando pequenos, isso basta para evitar que fujam. No começo o elefante tenta escapar, mas logo aprende que seus esforços são inúteis. Ele sabe que está preso, então não tenta se libertar. Sua verdadeira amarra não é física, mas mental.

Foi o exemplo prático perfeito. "Como os elefantes", disse aos meus filhos, "muitas pessoas passam a vida acreditando que existem coisas que não são capazes de fazer, pois tiveram uma experiência ruim com elas no passado. Tomem cuidado para não cair na mesma armadilha mental. Testem seus limites com frequência."

O psicólogo norte-americano Martin Seligman cunhou o termo "desamparo aprendido" em 1967, enquanto pesquisava sobre a depressão. Desamparo aprendido é a atitude de uma pessoa (ou animal) que não tenta sair de uma situação negativa, pois o passado a ensinou que é inútil fazê-lo. Depois de tal experimento, o sujeito experimental parava de tentar evitar situações desagradáveis que ele poderia efetivamente contornar. Em outras palavras, o indivíduo aprendia que não tinha controle de situações que o afetavam de forma negativa, então desistia.

Seligman estava fazendo pesquisas sobre condicionamento clássico, processo pelo qual um animal ou humano associa uma coisa a outra. Em um dos experimentos, ele tocou um sininho e deu choque em alguns cachorros. Depois de várias repetições, os cachorros reagiam como se tivessem tomado o choque só de ouvir o sininho.

Um a um, Seligman colocou os cachorros do primeiro experimento em uma caixa dividida por uma cerca baixa. O chão em um dos lados da cerca era eletrificado, mas não o do outro lado, e o cachorro poderia facilmente pular a cerca para evitar o choque. Seligman colocou o cachorro no lado eletrificado e administrou um leve choque. Ele estava esperando que o cachorro pulasse para o lado não eletrificado da cerca, mas, em vez disso, o cachorro se deitou e ficou imóvel. Era como se os animais da primeira parte do experimento tivessem aprendido que nada do que fizessem poderia evitar os choques, por isso desistiram mesmo quando algo podia ser feito.

DESCOMPROMETIMENTO

Quando os cachorros não pularam a cerca para escapar do choque, Seligman colocou alguns cães que não haviam sido expostos a choques inevitáveis na caixa com a cerca. Esses cães pularam rapidamente sobre a cerca para escapar dos choques. O psicólogo concluiu que os cachorros que se deitavam tinham de fato aprendido desamparo na primeira parte do experimento.[19]

As pessoas não são tão diferentes de filhotes de elefantes e cachorros. Quando sentimos que não temos controle de situações negativas, simplesmente desistimos e nos rendemos aos choques. Sentimo-nos desamparados não apenas com situações de nossa vida que não somos capazes de evitar. Seligman e outros descobriram que há uma forte ligação entre o desamparo aprendido e a depressão clínica. Tenho certeza de que há, também, uma forte ligação entre desamparo aprendido e descomprometimento. É por isso que tantos de nós desistimos de melhorar as coisas.

Pergunto em muitos workshops o que as pessoas gostariam de mudar em seus trabalhos. A maioria delas diz que gostaria de ter uma relação melhor com chefes e colegas, mas muitas desistiram depois de promessas vazias e programas de comprometimento fracassados. Exatamente como os cães de Seligman, elas se resignaram ao fato de que não têm controle de suas relações ou ambientes de trabalho. É assim que o desamparo aprendido se instala e os indivíduos param de se preocupar. (Pessoas que desistem de fazer dieta depois de anos tentando se sentem da mesma forma: apenas deixam de acreditar que é possível perder peso e resignam-se a serem gordas.) Esses fracassos não acontecem porque as coisas são impossíveis de ser melhoradas, mas porque as pessoas receberam expectativas não realistas, má preparação e péssimos conselhos.

O desamparo aprendido é bastante perigoso. Quando os funcionários passam a acreditar que ninguém — especialmente seus chefes — se importa com eles, que não têm opções ou possibilidades de crescimento, que suas empresas não são uma força de bem no mundo e que não há nada ao seu alcance para mudar isso, perdem a autoconfiança, o orgulho, a sensação de pertencimento e qualquer motivo para acreditar que o que fazem é importante para os outros. É assim que a vida de trabalho deles perde o propósito; é assim que se tornam ativamente descomprometidos.

É doloroso ver o que acontece quando o desamparo aprendido se instala em uma empresa. As pessoas se sentem incapazes de questionar regras e regulamentos ou de assumir riscos. Todos se sentem vítimas de forças fora de seu controle, coagidos por orçamentos e processos impostos por autoridades desconhecidas. Ninguém se sente livre para tomar iniciativas ou fazer perguntas. Todos culpam algum tipo de circunstância externa por sua inabilidade de agir: ninguém se responsabiliza. Isso se espalha até os clientes que não apenas sentem e respondem à infelicidade dos funcionários, mas ficam furiosos, como os clientes da Comcast que descrevi no primeiro capítulo.

ISSO — NÓS — EU

Podemos pensar no mundo dos negócios como um espaço tridimensional. Vamos chamar essas três dimensões de "Isso", "Nós" e "Eu". Como qualquer objeto pode ser descrito com comprimento, largura e profundidade, toda empresa pode ser descrita em termos de Isso, Nós e Eu. A longo prazo, os fatores Isso, Nós e Eu de uma empresa devem operar em consonância. Mesmo sendo possível alcançar bons resultados financeiros a curto prazo com pessoas infelizes, relações frias ou processos supérfluos, essa empresa não terá como durar. Lucros fortes não vão se sustentar sem relações interpessoais e comprometimento pessoal igualmente fortes.

"Isso" é a dimensão do impessoal. Está centrada nas tarefas, sistemas e processos, na alocação eficiente de recursos e responsabilidades. A dimensão do Isso diz respeito à capacidade de uma empresa de fazer seus membros trabalharem de forma racional para suas metas.

"Nós" é a dimensão do interpessoal. Está centrada nas relações entre indivíduos, em suas interações, na qualidade de suas conexões e no tipo de comunidade que criamos. A dimensão do Nós diz respeito à capacidade de uma empresa de fazer seus membros trabalharem de forma colaborativa para atingir suas metas.

"Eu" é a dimensão do pessoal. Está centrada nos valores, crenças, sentimentos, aspirações, bem-estar, senso de propósito e felicidade de um indivíduo. A dimensão do Eu diz respeito à capacidade de uma empresa de manter seus membros comprometidos de forma entusiástica na realização de suas metas.

Acredito que um dos maiores diminuidores do comprometimento de funcionários é quando os líderes veem suas empresas apenas pela dimensão pessoal. O "Isso" quer melhorar vendas, reduzir custos, ganhar participação no mercado e aumentar o valor das ações.[20] Nessa dimensão, a preocupação principal da liderança é a eficiência, a eficácia e a efetividade. Essa é a dimensão para a qual todos os administradores possuem treinamento básico. E é aquela na qual a maioria permanece. O foco é ter resultado máximo com o consumo mínimo de recursos. Um líder bem-sucedido da dimensão do Isso estabelecerá metas claras, estratégias, funções e dará acesso ao conhecimento e aos recursos necessários para que as pessoas façam seus trabalhos. Quando o quociente do Isso de uma empresa é baixo, os esforços dos funcionários são mal-direcionados e com frequência entram em conflito, pois estão desorganizados e mal-equipados. Isso consome as energias e aniquila o comprometimento.

É claro que a dimensão impessoal é essencial. A sobrevivência de qualquer empresa fica em risco sem uma performance consistente. Se uma empresa não opera com eficiência, vai falhar em absorver energia e recursos, e entrará em colapso.

Resultados na dimensão do Isso são necessários, mas não são suficientes para envolver as pessoas, pois organizações humanas transcendem essa dimensão. Despidos das duas outras dimensões, os negócios se tornam uma atividade puramente mecânica na qual sucesso e fracasso dependem exclusivamente da gestão racional de agentes racionais. Na realidade tridimensional em que vivemos e respiramos, porém, o sucesso de um negócio depende do comprometimento apaixonado de seres que se preocupam profundamente com seus trabalhos. É por isso que ajuda compreender as duas outras dimensões bastante reais e também essenciais de toda empresa: o Nós e o Eu.

O Nós diz respeito à qualidade das interações e relações entre os membros da empresa. Os humanos são seres sociais, motivo pelo qual a solidariedade é tão fundamental para o sucesso a longo prazo de um negócio. Sucesso interpessoal é um requisito para a sobrevivência. Se as pessoas não cooperarem e respeitarem umas às outras, a empresa vai fracassar, como o exemplo do Yahoo ilustra de maneira tão dolorosa. A dimensão do Nós diz respeito ao comportamento organizacional, uma área que soa pouco familiar e desconfortável para muitos que foram treinados apenas na dimensão do Isso. É o domínio da coesão de grupo, solidariedade, confiança e respeito mútuo. Nela, o foco é criar uma comunidade colaborativa fundada no sentimento geral de que "estamos juntos nisso". Um líder bem-sucedido na dimensão do Nós criará um ambiente colaborativo em que as pessoas trabalhem em conjunto para alcançar metas audaciosas. Estas são os elementos emocionais de um ambiente de trabalho envolvente. Quando o quociente do Nós de uma empresa é baixo, os esforços dos funcionários se dissipam em políticas de escritório, gestão de egos e evitação passivo-agressiva de problemas difíceis.

A dimensão do Eu diz respeito à necessidade humana de realização pessoal, autoatualização e transcendência pessoal de cada um dos membros da empresa. É a dimensão do crescimento pessoal, do propósito e da felicidade. Neste domínio, a meta é cultivar saúde psíquica e espiritual. Cada pessoa, do presidente da diretoria ao sujeito no estoque que descarrega os caminhões, quer se sentir completo e saber que sua vida importa. Quando se sentem assim, as pessoas ficam muito mais produtivas e criativas. Tornam-se resilientes frente aos contratempos e entusiásticas face a oportunidades. Confiam em si mesmas para responder às circunstâncias da vida, conectarem-se aos outros e entregar resultados excepcionais. Para conseguir o melhor de seus funcionários, uma empresa precisa dar a eles oportunidades de comprometimento com propósito.

A pesquisa de McKinsey[21] mostra que mesmo que as dimensões do Isso e do Nós (McKinsey as chama, respectivamente, de "quociente intelectual" e "emocional") sejam absolutamente necessárias para criar comprometimento em uma empresa, elas não são suficientes. Há anos que McKinsey pergunta a executivos o que julgam faltar para criar um ambiente com desempenho máximo — ambiente que inspire níveis excepcionais de energia, autoconfiança e produtividade individual. A resposta é, quase sempre, "um forte senso de propósito". "Por 'propósito'", relata McKinsey, "querem dizer o sentimento de que o que está acontecendo de fato importa, de que o que está sendo feito não foi feito antes e que fará a diferença para as pessoas." Quando o quociente do Eu de uma empresa está baixo, os funcionários ficam descomprometidos: colocam menos energia no trabalho e veem-no como "apenas um emprego" que lhe dá pouco mais do que um salário.

Na tentativa de envolver seus funcionários, líderes que vivem no mundo unidimensional da administração racional tendem a contar somente histórias do tipo. As duas mais típicas, segundo McKinsey, são a da reviravolta e a do "bom para ótimo".[22] A primeira é mais ou menos assim: "Estamos com desempenho abaixo do padrão de mercado e precisamos mudar dramaticamente para sobreviver: fazer melhorias não é suficiente para atrair investidores para nossa empresa de baixo desempenho." A segunda é: "Somos capazes de muito mais, dados nossos bens, posição de mercado, habilidades e lealdade de equipe; podemos nos tornar líderes isolados em nossa indústria em um futuro próximo." Essas duas histórias costumam ser complementadas pelo "se conseguirmos isso, teremos mais oportunidades de carreira, melhores salários, segurança de trabalho e mais benefícios".

Essas histórias não são ruins, mas não se sustentam sozinhas. Para criar comprometimento, é necessário complementá-las com as histórias do Nós e do Eu. A história do Nós descreve como "somos um grupo extraordinário de pessoas e estamos juntos nisso tudo". Tome, por exemplo, as Forças Especiais dos Estados Unidos. O *esprit de corps* deles é de outro mundo. Eles têm infinitas histórias sobre o comprometimento heroico de cada um de seus membros em relação aos seus companheiros e à força. Essas histórias inspiram nas pessoas das Forças Especiais o sentido de pertencimento a um ambiente coesivo onde "nós" temos orgulho de ter uns aos outros como colegas, trabalhando juntos para um propósito nobre.

As histórias do Eu descrevem como "cada um de nós está melhorando a vida de nossos clientes, beneficiando a sociedade e fazendo uma contribuição significativa ao progresso da humanidade". Elas garantem aos membros da organização que aquilo que estão realizando é bom e cheio de propósito, que fará diferença positiva no mundo. Essa é claramente uma fonte excepcional de comprometimento para os membros das Forças Especiais, que colocam suas vidas na linha de frente todos os dias para defender seus ideais nobres.

O LÍDER QUE GERA COMPROMETIMENTO

Essas histórias são importantes, mas não podem ser separadas de quem as conta. Como observou o biólogo cognitivo Humberto Maturana, "tudo que é dito é dito por alguém".[23] Líderes não podem somente contar histórias: devem respirá-las, senti-las, vivê-las.

Um artigo técnico de 2012 publicado pela Dale Carnegie Organization e pela MSW Research apontou que os três impulsores-chave do comprometimento de funcionários são as relações com seus supervisores diretos, acreditar nos diretores e o orgulho de trabalhar em sua empresa. O comportamento do supervisor direto é determinante para o comprometimento de um funcionário, mas, além disso, conta também a liderança dos diretores e sua "vontade de contribuir, de liderar a empresa na direção certa e comunicar abertamente o estado das coisas".[24] Se um funcionário se sente querido, respeitado e acredita que a empresa reflete seus valores pessoais, seu comprometimento e sua lealdade surgem de maneira natural. E quando as pessoas se sentem comprometidas e leais, não vão embora — poupando a empresa de custos de recrutamento e treinamento.

Estudo após estudo conclui que um gestor cuidadoso é essencial para obter o comprometimento dos funcionários. Eles querem que seus gerentes se preocupem com suas vidas pessoais, que se interessem por eles enquanto indivíduos, que se importem com seus sentimentos, apoiando sua saúde e seu bem-estar. A habilidade de um gestor de construir relacionamentos fortes com os funcionários, de construir interações fortes na equipe e de liderar de forma centrada em humanos cria um ambiente em que os funcionários obtêm desempenho máximo.

Doug Conant é um exemplo desse tipo de gestor. Quando foi recrutado da Nabisco para tornar-se CEO da antiga[25] Campbell Soup Company em 2001, a empresa estava com uma hemorragia de dinheiro e moral. Era a empresa de comida de pior desempenho no mundo. Seus principais produtos, até a famosa sopa de tomate, frango e macarrão, estavam sofrendo. Em sondagem na Campbell, a Gallup descobriu que 62% dos administradores da empresa não estavam ativamente comprometidos com seus trabalhos e que outros 12% sentiam-se descomprometidos. Esses foram os piores números que a Gallup encontrou em qualquer firma na lista da Fortune 500.

Tudo mudou em 2009. Praticamente todos os antigos gerentes foram substituídos; metade dos líderes mais novos foram promovidos dentro da empresa, movimento que aumentou muito a moral de todos. O critério mais importante para a seleção dos novos gerentes era que inspirassem confiança naqueles à sua volta. Com o aumento de confiança, aumentaram os rendimentos. Foi o caso dos rendimentos por ação, que colocaram a empresa perto do topo da indústria alimentícia. Por volta de 2009, a Campbell estava superando tanto o S&P 500, quanto o grupo alimentício da S&P. Sessenta e oito por certo de todos os funcionários da Campbell disseram que estavam ativamente comprometidos e apenas 3% estavam ativamente descomprometidos. É um índice de comprometimento de 23 para 1, sendo que a Gallup considera 12 para 1 o nível mundial. É uma reviravolta inimaginável.

Ainda assim, a receita era simples. Conant pôs as pessoas em primeiro lugar. "Uma das coisas que fiz", disse Conant à *Forbes*, "foi deixar claro que eu entendia que a Campbell (...) precisava demonstrar seu comprometimento com o pessoal antes de querer demonstrar seu excepcional comprometimento consigo mesma e com o sucesso."[26] Conant vivia segundo sua máxima: "Para vencer no mercado é preciso antes vencer no trabalho."[27]

Conant fez questão de demonstrar que seu cuidado com os funcionários era prioridade e pediu a todos os gerentes da empresa que fizessem o mesmo. Ele demonstrou seu cuidado pelo exemplo. Sempre perguntava como todos estavam. No refeitório dos funcionários — onde costumava ir para almoçar com as pessoas —, perguntava como os cozinheiros estavam, como andavam seus filhos. Ele apertava mãos, abraçava todos. O lugar ficou parecendo mais um lar do que uma grande empresa — o que fazia todo sentido, já que a marca é intimamente associada a mães e casas. Ele sabia o nome de milhares de funcionários e escreveu de próprio punho trinta mil bilhetes de agradecimento a eles. Ele orientou centenas de pessoas. Ele enviava diariamente algo como vinte bilhetes de agradecimento aos seus funcionários em todos os níveis. "E a cada seis semanas", disse ele, "almoçava com uma dezena deles para saber o que achavam dos negócios, ficar ciente dos problemas e ter um retorno."[28]

Doug Conant era um líder autenticamente cuidadoso na Campbell. Foi isso que o tornou capaz de gerar comprometimento.

Capítulo 3
DESORGANIZAÇÃO
PARA VENCER, TODOS DEVEM JOGAR PARA O TIME.

Não tem como a gente simplesmente se dar bem? Parar de deixar as coisas péssimas?

— Rodney King

Mal tinha achado meu lugar no avião quando um homem de negócios na casa dos 40 anos, bem-vestido, acima do peso e aparentemente cansado virou-se para mim, sorriu e estendeu a mão carnuda.

— Olá, meu nome é Greg.

Ele era claramente extrovertido. Vendedor e ex-jogador de futebol americano, arrisquei. Ele devia ter 1,90 metro de altura e uns 110 quilos.

Quando entro em um avião, tudo que quero é ficar na minha. Ao contrário do que você deve imaginar de alguém que vive de falar com milhares de pessoas ao redor do mundo, sou introvertido. Quase nunca converso com estranhos em aviões — ou em qualquer lugar, aliás, se puder evitar. Porém, o grande Greg foi mais rápido. Era tarde demais para colocar meus fones de ouvido sem ser considerado mal-educado.

Minha mão ficou pequena na dele. Seu calor e entusiasmo eram magnéticos. Relaxei e sorri.

— Oi, meu nome é Fred. Prazer em conhecê-lo.

— Olá, Fred. É um prazer também. — Ele reclinou a poltrona e deu um gole em seu bourbon. — O que o traz a São Francisco?

— Trabalho — respondi. — E você?

— Voltando para casa para o feriado de Ação de Graças depois de uma longa viagem de negócios. Não vejo a hora de encontrar meus filhos.

DESORGANIZAÇÃO

Ele me deu um cartão de visitas. Greg trabalhava para uma grande empresa de software no Vale do Silício.

— Vice-presidente de vendas em campo — observei. — É um título bem impressionante. O que isso significa em termos de trabalho?

Ele listou suas responsabilidades.

— Cuido da força de vendas, isso é, cuido da interação deles com os clientes em campo. Sou responsável também por treinamento, operação e administração.

— Parece-me um trabalho e tanto — disse em tom simpático.

— Sim, é, tem muita coisa acontecendo.

Pedi desculpas por não retribuir o gesto:

— Não tenho cartões de visita. Trabalho para o LinkedIn. Só me conecto às pessoas on-line.

— O que você faz?

— Sou um oncologista empresarial. (Tenho um prazer perverso em chocar as pessoas que vêm falar comigo.)

— Como assim? Você é doutor?

— Só em economia.

Greg sorriu.

— É uma descrição de trabalho estranha. O que significa ser um "oncologista empresarial"?

— Estudo por que as empresas morrem e o que seus líderes podem fazer para evitar isso.

Ele deu um gole pensativo em seu drinque.

— Então me diga, doutor, por que as empresas morrem?

— Empresas jovens podem morrer por muitas causas — respondi —, mas empresas que desaparecem depois do sucesso morrem de uma doença cancerígena que chamo de desorganização. Há entidades nelas que agem como tumores. Essas entidades tentam sugar cada vez mais energia, cada vez mais recursos e poder em detrimento do restante do sistema. Esses corpos malignos se tornam parasitas e acabam matando o hospedeiro.

— Uau — disse Greg. — Nunca ouvi nada do tipo.

— Garanto que esses tumores estão por toda a parte na empresa em que você trabalha.

— Como ninguém os vê?
— Todos os veem. Se eu disser o que são, você vai reconhecê-los na hora.
— Então me diga, por favor. Onde estão?
— Nas pessoas. Você, seus funcionários, seus pares, seu chefe, os pares dele, cada membro na empresa interessado apenas em si mesmo pode tornar-se maligno quando seu sistema imunológico fracassa em mantê-lo são. E quando essas células gananciosas tomam um departamento, uma função, uma unidade ou qualquer subsistema na empresa, podem tornar-se letais.

Greg riu.

— Onde você disse que fez doutorado?
— Eu não disse. Mas já que perguntou, fiz doutorado em Berkeley.
— Ah, "Bezerkeley" — disse ele. — Isso explica bastante. E quando *você* virou um ponto fora da curva?
— Admito que as pessoas, no começo, tendem a me achar um pouco estranho. Mas quem me dá uma chance para me explicar costuma mudar de ideia. Ou eu tenho algo interessante para oferecer, ou sou um baita impostor. — Dei meu sorrisinho de charlatão. — Consegui enganar um montão de gente inteligente ao longo desses 26 anos, inclusive uns nobéis de economia e presidentes de empresa como você.
— Já que tocou no assunto, há algumas "entidades" em minha empresa que se enquadram em sua descrição. Elas estão me matando! — Ele terminou a bebida. — Acho que esse voo vai ser bem mais interessante do que de costume — falou em tom jocoso. — Que tal se eu der a você uma chance para me enganar?

A comissária de bordo veio buscar nossos copos e pediu que Greg recolhesse a mesinha antes de decolarmos. Murmurei baixinho uma fala de *Matrix*: "Aperte os cintos, Dorothy, pois o Kansas vai sumir pelos ares." (Sempre me fantasio tipo um Morpheus.)

Virei-me e olhei pela janela.

— Amo como a cidade parece mudar conforme o avião sobe — disse a Greg. — Lá no chão é uma bagunça só, mas uns padrões geométricos vão surgindo quando se olha de cima. Acho que é por isso que amo a teoria econômica da organização.

AJUDANDO O TIME A VENCER

— Foi um começo meio turbulento — comentou Greg enquanto ganhávamos altitude.

— A decolagem me pareceu bem tranquila.

— Referia-me à nossa conversa. Não foi do jeito habitual. — Era evidente que eu não era sua primeira vítima, hum, quer dizer, companhia, nesse tipo de interação.

— Não costumo conversar com estranhos sobre o que faço. Minhas ideias soam um tanto pouco convencionais para a maioria das pessoas. Minha experiência me diz que somente quando as pessoas enfrentam desafios significativos conseguem questionar seus modelos mentais. Para salvar a ambos de um voo bem chato, Greg, deixe-me perguntar logo de cara: você anda enfrentando algum desafio significativo no trabalho?

Ele me lançou um olhar sério.

— O que é isso, você também lê a mente das pessoas?

— Talvez — respondi. — O que está acontecendo?

Ele expirou longamente.

— Nosso departamento jurídico pediu que retificássemos um contrato que estávamos prestes a assinar com nosso maior cliente e este não concordou. Consegui acalmar os ânimos um pouco, mas não resolvi o problema. O cliente não vai assinar e, se perdermos essa venda, nunca vamos conseguir atingir nossa projeção. Falta um mês para o ano acabar. Um monte de gente não vai atingir a cota e perderá o bônus. Ninguém vai ficar feliz ou empenhado em rejeitar as ligações dos *headhunters* tentando pegá-los. E tudo isso por causa desses advogados que não estão nem aí para os negócios e só querem inventar um monte de cláusulas idiotas que nenhum cliente razoável aceitaria.

— Parece-me que você tem um desafio sério, Greg. Se quer pensar fora da caixinha, talvez eu possa ajudá-lo a descobrir um jeito de lidar com a situação.

— O que acha que devo fazer?

— Não sei o que você deve fazer. Mas eu talvez possa ajudá-lo a entender o que está acontecendo, de modo que possa decidir sobre o que fazer. Está pronto?

— Manda ver.
— Deixe-me perguntar, Greg, qual é seu trabalho?
— Já falei, sou vice-presidente de vendas em campo.
— Eu entendi, mas esse não é seu trabalho de verdade. — Comecei a explicar a Greg qual era seu trabalho de verdade, qual era o trabalho de verdade de todos em uma empresa: ajudar o time a vencer.

Era visível que ele começava a entender. Depois de uma pausa meditativa, falou:

— Entendo que meu verdadeiro trabalho é ajudar minha empresa a vencer. Mas recebo por vendas. Meus indicadores-chave de desempenho (KPI) são baseados em vendas e rendimentos.

— Você não está sozinho, Greg. A maioria das pessoas recebe para fazer seu papel, não para ajudar a empresa a vencer. É como se, em vez de usar sistemas de incentivos para lutar contra tumores, as empresas decidissem cultivá-los. É por isso que tantas morrem de câncer.

FAZER SEU TRABALHO PODE SER PREJUDICIAL À SUA CARREIRA

A comissária de bordo veio trazer nossas refeições. Quando Greg espetou o garfo em seu bife, desejei-lhe: *"Buen provecho!"*

— O que isso quer dizer?
— *Buen provecho* quer dizer "bom proveito" em espanhol. Significa "que você tire bom proveito de sua comida".
— *Gracias, amigo.*
— Enfim, para continuar nossa conversa — falei —, imagine um time de futebol em que as compensações e perspectivas de carreira de todos os jogadores dependessem de indicadores-chave de desempenho. O indicador-chave mais óbvio para a zaga seria o de gols tomados em que quanto mais, pior. O indicador-chave para o ataque seria gols feitos, em que quanto mais, melhor. De acordo?

— Sim, de acordo — disse Greg.

— Se você fosse zagueiro, ia preferir ganhar por cinco a quatro ou perder por um a zero?

— Minha vontade é dizer "vencer por cinco a quatro", mas tenho certeza de que é, de novo, a resposta errada, professor — disse Greg.

— Vamos tentar de outro jeito — disse eu. — Se você fosse um zagueiro avaliado e recompensado segundo o indicador-chave de gols tomados, seria melhor que o time vencesse por cinco a quatro ou perdesse por um a zero?

— Droga! — Era evidente que ele estava começando a entender que o buraco é mais embaixo.

— E se você fosse um atacante avaliado e recompensado pelo indicador-chave de gols feitos — falei —, seria melhor que o time ganhasse por um a zero ou perdesse por cinco a quatro?

— Que droga! — repetiu Greg, cujos ombros caíram. — Qual é o truque?

— Temo que não seja um truque — respondi. — É uma armadilha. Com o exemplo mais simples, contendo apenas dois subtimes e medidores de performance totalmente intuitivos, consigo encontrar cenários em que todos os jogadores preferam que a equipe perca.

— É isso que não entendo, Fred — disse Greg. — Para vencer uma partida de futebol, é preciso marcar mais que o time adversário, por isso a zaga deve evitar gols e o ataque deve tentar fazê-los. Se todos fizerem seu melhor, então o time fará seu melhor, certo?

— Errado. Para otimizar um sistema não linear, você deve subotimizar seus subsistemas. Se otimizar algum dos subsistemas, você vai subotimizar o sistema.

— Ah, por favor — disse Greg. — Isso é algum tipo de trava-língua de economia?

— Não, Greg — respondi. — A mensagem é que, quando todos fazem o melhor para suas posições, o time não faz seu melhor em termos de objetivo global. Para vencer, todos devem jogar pelo time. Os membros do time devem subordinar suas metas individuais à meta da equipe. Às vezes, um jogador não deve fazer o melhor para sua posição, o que significa um golpe para os indicadores-chave de desempenho. E isso significa que suas recompensas e oportunidades de carreira também levarão um golpe.

— Você quer dizer que puniria as pessoas por fazer a coisa certa?

— Eu não, mas sua empresa e a de todo mundo faz isso, pois são governadas por números. É por isso que digo que fazer seu trabalho pode ser prejudicial à sua carreira.

Ele refletiu sobre a última frase.

— "Fazer seu trabalho pode ser prejudicial à sua carreira." O que isso quer dizer?

— Pegue como exemplo o caso em que seu time está perdendo por um a zero. Suponha que a zaga possa subir para o ataque com 50% de chance de marcar. É uma estratégia arriscada. Suponha ainda que as chances do outro time marcar em um contra-ataque sejam também de 50%. Para o time, perder de um ou dois a zero dá na mesma; ele vai perder de um jeito ou de outro.

Peguei um bloquinho de notas e um lápis e coloquei-os na mesinha ao lado de seu prato, agora vazio.

— Digamos que perder valha zero pontos e empatar um — falei, rabiscando uma fórmula no papel. — A recompensa esperada pelo time para enviar a zaga para o ataque é de $½_{(1)} + ½_{(0)} = ½$. Porém, os jogadores da zaga têm sistemas de incentivo diferentes. Para eles, marcar gols não importa. Lembre-se de que o indicador-chave deles é o inverso de gols permitidos, de modo que gols feitos só beneficiam o ataque. Suponha que cada gol marcado contra seu próprio time conte como -1 para o jogador. Então, a recompensa do jogador da defesa é de $½_{(0)} + ½_{(-1)} =$ -½. Para os zagueiros, atacar é um risco sem recompensas.

— Uau, nunca tinha pensado nisso — disse Greg. — Que acordo injusto. Sempre pensei que o problema era jogadores egoístas.

— Eles até podem ser egoístas. Mas mesmo que não fossem, os indicadores-chave tradicionais sempre os encorajarão a agirem de forma egoísta.

— Comissões por vendas encorajam os vendedores a agirem de forma egoísta?

— Lógico. Imagino que sua empresa pague comissões pela receita de vendas. Os vendedores têm, assim, um incentivo para vender produtos mais caros e onerosos, em vez de mais lucrativos e com margem elevada ou mesmo produtos mais ajustados à necessidade do cliente. Se focarem naquilo que lhes dá mais dinheiro, trarão menos renda para a empresa e criarão, talvez, cancelamentos, pois vão empurrar aos clientes produtos que não serão utilizados integralmente. Por outro lado, se focarem nos produtos que fazem mais sentido para a empresa e para o cliente, farão menos dinheiro.

— É como premiar as pessoas por fazerem a coisa errada e puni-las por fazer a coisa certa, não é isso?

— Eureca! — respondi.

Greg pareceu contente.

— Então, se uma empresa fosse um time de futebol — falei —, as vendas seriam o ataque e a produção, a zaga. Vencer seria maximizar os lucros, o que acontece maximizando a receita e minimizando custos. Nesse caso, os indicadores-chave mais "óbvios" para as vendas focariam na receita, e os indicadores-chave da produção focariam em custos. Faz sentido?

— Claro. Aprendi isso em minha aula de economia no MBA.

— Você deve ter tido um péssimo economista como professor.

— Por quê?

— Porque, como vimos no exemplo do time de futebol — expliquei —, não há como dividir o time, que é um sistema complexo e não linear, em dois subtimes e apenas somar seus resultados. Se fizer isso, vai incentivar cada subtime a otimizar sua performance e subotimizar a performance da equipe como um todo.

— Você está dizendo que minha equipe de vendas não deveria receber comissão?

— Não estou afirmando nada ainda, somente que as comissões de vendas têm seu lado sombrio.

— Exceto pelo fato de que dá para fazer muito dinheiro com elas. Eu mesmo me dei muito bem. — Greg sorriu.

— Tenho certeza de que sim, mas deixe-me dar outro exemplo. Como se chamam seus dois principais representantes de vendas?

— Phil — respondeu Greg. — E Rachel. São duas estrelas.

— Então suponha que Phil esteja trabalhando em um negócio há vários meses. A essa altura do campeonato, ele descobre que um dos maiores tomadores de decisões na empresa do cliente foi colega de faculdade de Rachel. Phil sabe que Rachel tem mais chances de fazer a venda. Mas se ela fizer a venda, ganhará a comissão e o mérito, e Phil sairá de mãos abanando. Se ele quiser alcançar sua cota pessoal de vendas e ganhar a comissão, tentará manter a venda para si com uma probabilidade de êxito menor que a de Rachel.

Greg sorriu.

— Uma péssima opção.

— Você vê, Greg, que em vez de lutar contra os tumores, sua empresa os alimenta, como qualquer outra.

Conforme os passageiros terminavam de jantar, as comissárias de bordo vinham pelo corredor com um carrinho cheio de sundaes com calda de chocolate. Recusei educadamente. Greg escolheu o maior de todos, que vinha com um biscoito de chocolate de acompanhamento.

O ENIGMA DA CONTRIBUIÇÃO

— Eu devia ter dispensado a sobremesa — disse Greg, arrependido. — Não queimo mais calorias como quando tinha 25 anos e os quilos estão se acumulando.

— O que tem um gosto bom nem sempre faz bem e o que faz bem em geral não tem gosto bom. É por isso que precisamos comer mais com a mente do que com a língua.

— Falar é mais fácil do que fazer, senhor guru. Você também é natureba?

— Tento apenas ter consciência — respondi. — Tomo cuidado com o que como, pois quero viver com saúde e por bastante tempo. As empresas também ficam doentes. Elas morrem de desorganização, porque seus funcionários fazem o que é bom para eles pessoalmente, em vez do que é bom para a empresa como um todo.

— Amém, irmão — disse Greg. — Estou sendo boicotado por burocratas que estão pouco se lixando para a empresa.

— Você está falando dos burocratas do departamento jurídico?

— Esses caras não têm sensibilidade para os negócios. Sempre que fechamos uma venda, eles atrasam o contrato por meses. Ficam repetindo as coisas que não podemos oferecer, pedir ou nos comprometer a dar. E querem que o cliente aceite essas cláusulas punitivas. É um milagre que consigamos assinar algum contrato. Mas dessa vez eles se superaram. Estão prestes a destruir um acordo e a empurrar o cliente para os braços da concorrência.

— Meu palpite é que o time jurídico tem como tarefa minimizar os riscos legais, por isso estão tentando prevenir que nada dê errado —

respondi. — Infelizmente, em seu zelo para fazer isso, estão prevenindo que as coisas deem certo também.

— Você sacou tudo, Fred.

— Isso é só metade da história, Greg. Do ponto de vista deles, o que veem é que, em seu afã de fazer a venda, você está negligenciando riscos legais que podem machucar a empresa.

— Então, quem está certo?

— Ambos estão errados. A meta não é minimizar os riscos nem maximizar as vendas. A meta é ajudar a empresa a vencer. O que significa cumprir sua missão de forma ética e sustentável, incrementando seu valor econômico enquanto beneficia as partes interessadas.

— Mas não existem indicadores-chave para isso.

— É por isso que você tem essas rixas entre as diferentes partes do mesmo time. Indicadores-chave e incentivos locais encorajam as pessoas a não reconhecerem umas às outras como colegas de equipe. A solução mais óbvia seria compensar cada funcionário de acordo com sua contribuição para o objetivo global da empresa.

— Você está dizendo que os funcionários deveriam ser avaliados não de acordo com a forma que trabalham, mas de acordo com a forma como contribuem para a equipe? Como é possível fazer isso? — perguntou Greg.

— Você já assistiu ao filme *O homem que mudou o jogo?*

— Sim! Adoro esse filme. Usamos para explicar aos nossos clientes como podem se beneficiar com *big data.*

— É um bom exemplo de como você pode medir a contribuição de cada jogador para o objetivo global. No filme, o economista genial de Yale descobre que os jogadores de beisebol mais caros não são os que mais contribuem para ajudar o time a vencer. E que alguns jogadores não tão caros têm mais valor do que os caros. Por isso o diretor do Oakland Athletics vende os jogadores mais caros e menos úteis e compra jogadores mais baratos e mais úteis.

— Certo — disse Greg. — Ele foi muito criticado por isso, mas, no final, o Oakland Athletics venceu o campeonato da divisão com o menor orçamento da liga.

— O valor real de um jogador — falei — não é medido por indicadores-chave, mas por sua contribuição para a vitória da equipe.

— Isso é possível no beisebol, Fred, mas como aplicar isso nos negócios? É impossível ver os que as pessoas fazem e acompanhar estatísticas tão precisas.

— Você tem razão, Greg. É por isso que bônus tipicamente dependem de uma combinação de desempenhos locais e globais.

— Em minha empresa — disse Greg —, temos um sistema misto para gerentes e cargos acima deles. Parte de nossas recompensas variáveis depende do desempenho de nosso departamento, o que nos encoraja a trabalhar duro, e outra parte depende dos resultados da empresa, o que nos encoraja a colaborar com as pessoas dos outros departamentos.

— E como isso funciona para você?

— Bem, parece que muito bem. Todos queremos atingir nossas metas, mas também nos preocupamos com as metas da empresa.

— Mas, Greg, isso funciona?

— Você acha que não? — disse ele, um tanto ressentido. — Como poderia saber? Você não trabalha para a gente.

— Confie em mim, sou médico — falei, tentando brincar com a situação. — Qual você diria que é o impacto de seu esforço pessoal nos resultados globais de sua empresa?

— Não faço ideia. Há tantos fatores que afetam esses resultados, que é difícil de mensurar minha contribuição pessoal.

— Podemos dizer que é pequena em relação aos resultados totais da empresa?

— Isso não afaga muito o meu ego, mas, sim, claro.

— E qual você diria que é o impacto de seu esforço pessoal em seus indicadores-chave?

— Muito maior.

— Você disse que seus bônus são baseados 50% em resultados globais e 50% em seus indicadores-chave, certo?

— Sim.

— Então onde colocaria seus esforços máximos para maximizar suas recompensas? Movendo de lugar de forma mínima as agulhas dos resultados globais ou aumentando ao máximo seus indicadores-chave?

Instantes depois, Greg respondeu:

— Em meus indicadores-chave.

— É claro que sim. Veja, voltamos ao esquema de incentivos individuais. Os 50% de resultados globais não mudam nada para você. Você se esforça igual, independente deles. Eles mudam as coisas para pior, isso sim, em termos de seus incentivos.

Greg franziu o cenho.

— Por quê? Entendo que focar em meus indicadores-chave pode não ser o melhor para a equipe, mas continuaria dando meu melhor em meu posto.

— Claro, mas é menos motivado. Por um lado, se recebesse apenas 50% do incentivo, estaria preso em um esquema único. Por outro, pelos outros 50%, seria dependente de muitas coisas que estão fora de seu controle. Isso gera incerteza, sobretudo em caso de fatores externos, como numa recessão ou se um cliente bater as botas. E cria conflitos com outras partes da empresa.

— Você está certo — concordou Greg. — Houve muito barulheira ano passado, quando os gerentes de produto e engenheiros trocaram acusações sobre um atraso nas entregas. Nenhuma das partes ganhou o bônus que esperava, pois se derrubaram. E você precisava ver o nível dos e-mails entre o departamento de vendas e o SAC discutindo os motivos para os cancelamentos.

— Você preferiria um esquema 50/50% ou um esquema 100/0%?

— Acho que o 100/0%. Mas e se mudássemos as porcentagens de modo a todos focarem nos resultados globais? E se adotássemos o esquema de 100/0%? Afinal, queremos que todos joguem pela equipe, não é mesmo?

Enquanto a comissária pegava nossas bandejas, Greg fingia procurar a carteira.

— Essa é por minha conta, Fred — brincou ele. — Aliás, você parece menos estranho a cada minuto.

— Obrigado, Greg, mas estamos apenas na metade do caminho para São Francisco. Por que não dividimos?

DIVIDINDO A CONTA

— Sua ideia de fazer as pessoas focarem nos resultados globais através de incentivos para a equipe não é ruim, mas, na dúvida, temo que seja melhor abraçar o capeta que já conhece — falei. — Eis por quê: já foi num restaurante em grupo e alguém propôs que todos dividissem a conta?

— Sim. Eu e minha esposa tentamos isso há algumas semanas com nossos vizinhos. A ideia era deixar a situação menos embaraçosa, mas pareceu que eles iam pagar mais, porque só comeram sopa e salada. Anne pediu peixe e vinho branco, e eu comi bife com algumas cervejas. No final, a situação acabou sendo embaraçosa do mesmo jeito.

— Os donos de restaurante amam quando as pessoas dividem a conta assim.

— Por quê?

— Porque têm a garantia de que vocês vão gastar mais do que gastariam se pagassem separadamente. Se fizer isso com um grupo de mais nove pessoas, cada um vai pagar apenas um décimo do que todos pedirem. Nove décimos vão sair do bolso de seus amigos. Se pedir um jantar com carne, cerveja e sobremesa, eles vão pagar nove décimos dele.

— Sim — respondeu Greg. — Como eu disse, é um pouco embaraçoso.

— Isso cria o que os economistas chamam de "risco moral" — expliquei. — Existe risco moral quando uma das partes em um contrato tem um incentivo, depois de firmado o acordo, de agir de modo a beneficiar-se às custas dos outros. Por exemplo, subsídios para seguro contra enchentes incentivam as pessoas a construírem em áreas sujeitas a inundações onde provavelmente não construiriam se tal seguro não existisse. Nossos resgates financeiros incentivam bancos a participarem em operações de risco que evitariam caso não existissem esses mesmos resgates. O risco moral incentiva as pessoas a fazerem o que é errado, pois assim podem descarregar os custos e riscos de suas ações nos outros.

— Há, porém, um problema com sua história. Fiquei incomodado em pedir mais dinheiro para nossos vizinhos, por isso insisti que cada um pagasse pelo próprio jantar. Tenho escrúpulos, sabe?

— Mas outras pessoas não têm — respondi com um sorriso afetado.[1]

— É isso o que importa.

— Como assim?

— Digamos que você, o escrupuloso Greg, peça o item mais barato do cardápio, mas que seus inescrupulosos comensais peçam os itens mais caros. Como você se sentiria?

— Eu nunca jantaria de novo com eles.

— E se você não tivesse essa opção? O que faria na próxima vez?
— Não seria o idiota que levaria a conta nas costas de novo — afirmou Greg. — Pediria uma comida cara, já que os outros fariam o mesmo.
— Exatamente! Vocês estão todos em guerra pelos itens mais caros do cardápio.

Greg pareceu encabulado.

— Mas qual é a relação entre bônus e câncer empresarial?
— A divisão da conta — respondi — não é uma analogia ruim para o sistema em que todos os jogadores recebem se o time vencer, em que todos os vendedores recebem a comissão normal ou em que todos os funcionários de uma empresa recebam de um fundo de bônus global.
— E como isso é possível?
— Isso blinda as pessoas das consequências de suas próprias ações. No caso da conta do restaurante, são os custos de cada pedido. No caso das comissões, são os benefícios por seus esforços. No caso hipotético de Phil e Rachel, o que aconteceu?
— Phil queria fechar a venda para ganhar sua comissão mesmo que "passar a bola" para Rachel tivesse uma probabilidade maior de sucesso — respondeu Greg.
— Eis o ponto — falei. — Se você inverte o incentivo do individual para o coletivo, as coisas mudam para o extremo oposto. Se Phil e Rachel receberem a mesma comissão a despeito de quem fizer a venda, cada um deles vai preferir que o outro faça o esforço. Todos terão incentivos para deixar outra pessoa fazer o serviço, já que a outra pessoa arcará com os custos, mas todos receberão os benefícios de seu esforço.
— É um sistema péssimo!
— É por isso que as empresas tendem a não usar incentivos coletivos quando se tornam mais do que uma *startup* de um andar, em que um grupo pequeno de pessoas pode observar o comportamento umas das outras. O risco moral é uma furada. Nesse caso, morre-se de seleção adversa.

REMUNERAÇÃO MÉDIA AFASTA AS MELHORES PESSOAS

— O que é seleção adversa? — perguntou Greg.
— Imagine que você é o melhor vendedor do mundo, Greg. Você é tão bom que vende ar-condicionado no polo norte. Você preferiria

receber sua comissão direta ou uma remuneração média do fundo comum de vendas?

— Comissão direta, é claro! A remuneração média seria uma desvantagem, pois sou o melhor.

— Exatamente. E agora imagine que você é o pior vendedor do mundo — falei. — Você não seria capaz nem de vender aquecedores no polo norte. Você preferiria receber comissões diretas ou preferiria receber a remuneração média de um fundo comum de vendas?

— A remuneração média pois, se sou o pior, seria vantajoso.

— Uma remuneração comum afasta as melhores pessoas — disse eu. — Vendedores superiores, que exigem uma remuneração acima da média, serão repelidos, enquanto vendedores inferiores serão atraídos, levando a empresa a ter sua produtividade média por vendedor cada vez mais rebaixada. Isso é seleção adversa. A empresa vai acabar em uma espiral moral de vendedores de baixa produtividade que dão o mínimo de seu esforço.

Greg concordou com a cabeça:

— Saquei.

— Em economia — falei — chamamos isso de "problema do clandestino". Sem um sistema imunitário, e, com isso, quero dizer um sistema de incentivo e controle, para checá-los, os clandestinos vão tirar vantagem dos outros para esconder sua falta de talento e diligência.

— Incentivos coletivos são ainda piores do que os indicadores-chave de desempenho.

— Eles são devastadores, motivo pelo qual as empresas não os usam. E quando os usam, entram em uma enrascada. É o que aconteceu com os peregrinos na verdadeira história do feriado de Ação de Graças.

— O que o Ação de Graças tem a ver com qualquer coisa que não seja o feriado?

— O Ação de Graças é uma lição de moral contra os perigos de incentivos coletivos — respondi. — Mas pouquíssimas pessoas conhecem a verdadeira história. Você gostaria de chocar seus amigos e sua família quando for vê-los na quinta-feira?

— Com toda certeza. Traga luz à minha ignorância.

— Em dezembro de 1621 — contei —, os peregrinos aportaram em Plymouth Rock. Três anos depois, deram uma grande festa em agradecimento a Deus por tê-los ajudado a atravessar a carestia dos anos anteriores e por tê-los concedido agora uma generosa colheita. Sabe o que criou a carestia anterior e, depois, a colheita generosa?

— O clima?

— Não, os incentivos.

— Como assim?

— No começo, os peregrinos decidiram abolir a propriedade privada, o que pensavam gerar ganância e egoísmo. No lugar disso, estabeleceram um sistema coletivista em que todo trabalho seria feito em comum, com divisão igualitária das recompensas de seu esforço coletivo. Dessa forma, esperavam obter prosperidade e amor fraternal.

— Mas não funcionou?

— O experimento fracassou catastroficamente, como todos os experimentos de coletivismo em que não há conexão entre esforço e recompensa.

Abri meu computador e cliquei em um arquivo chamado "A grande pegadinha do Ação de Graças".[2]

— O experimento gerou preguiça, inveja e pobreza. Na verdade, ele matou a maioria dos peregrinos. Todos ficavam ressentidos de trabalhar para o outro, por isso não davam muito duro. Por dois anos, a colheita não foi suficiente para alimentá-los. Mais da metade morreu de fome.

— A fome não era um ato de Deus.

— Não, era um ato de estupidez. Porém, frente ao desastre, eles recuperaram a razão. Os anciãos decidiram dividir as terras e dar um pedaço para que cada família cultivasse. Os produtos que não utilizassem para consumo próprio poderiam ser trocados com os vizinhos.

— E isso resolveu os problemas?

— Sim. Em vez de preguiça, inveja e ressentimento, eles viram a produtividade aumentar. A produção foi tão grande que eles não apenas trocaram entre si, mas também com os índios da vizinhança.

— Eu nunca tinha ouvido esse lado da história.

— Sinta-se livre de compartilhá-la com sua família na quinta-feira, enquanto comemoram seus incentivos individuais.

* * *

— Senhoras e senhores, estamos iniciando nossa descida à região da baía de São Francisco. Pousaremos em 25 minutos. Por favor, retornem aos seus assentos...

— Não acredito que estamos chegando — disse Greg.

Sorri.

— O tempo voa quando você está em boa companhia.

— Você disse que haveria luz no fim desse túnel. Espero que não sejam os faróis de um caminhão na contramão.

— Não criemos pânico, o dr. Fred está aqui.

— Bem, doutor, seu diagnóstico é deprimente — disse Greg em tom melancólico. — Minha empresa tem uma doença cancerígena porque nenhum de nós trabalha em harmonia para o bem comum. Todos estão agindo de modo egoísta, de modo que nos tornamos células malignas que sugam os recursos e fazem a empresa ficar cada vez mais doente. E tudo isso por causa de nossos indicadores-chave de desempenho. Não jogamos pelo time e, se tentarmos virar o jogo dando a todos os mesmos incentivos, pioraríamos ainda mais a situação.

— Correto — repliquei.

— Espero bastante que você prescreva algo.

— A desorganização não é o tipo de doença que possa ser curada com um remédio — disse eu. — Não é possível resolver o problema dos incentivos. Só é possível geri-lo. O tratamento exige mudanças de comportamento nos líderes. Se você tem um tumor em seu corpo, precisa mudar sua dieta e demais hábitos de modo a aumentar suas chances de derrotar o câncer. Se existe um câncer em seu corpo corporativo, é preciso adotar hábitos saudáveis como ter um propósito partilhado, estratégias claras, relações interpessoais fortes e comprometimento dos funcionários. Se, com o tempo, você e os demais líderes fizerem escolhas saudáveis mais frequentes, vão reduzir os riscos e ficarão melhores em reconhecer os primeiros indícios de um tumor.

— Você faz parecer fácil, como um plano de dieta em um livro. Mas se ler livros de dieta fosse suficiente para perder peso, eu seria leve como uma pluma.

— Não estou dizendo que é fácil, Greg. Na verdade, é bem difícil. Mas é possível. E a boa notícia é que, para vencer, você não precisa liderar perfeitamente. Só precisa liderar melhor que os concorrentes. Garanto

DESORGANIZAÇÃO

que todos os concorrentes que sua empresa enfrenta têm exatamente os mesmos problemas. Então, o objetivo é administrar o problema dos incentivos de forma mais eficiente que eles.

— E como fazer isso?

— É uma excelente pergunta, que exige uma resposta bem longa. Receio que, se não quiser passar a próxima hora nesse avião, terei que fazer apenas um esboço.

— Está bem.

— Você deve transformar uma empresa mercenária em uma empresa missionária. Tem que suscitar o comprometimento interno de seus seguidores para que busquem uma meta comum, dando o melhor de si por vontade própria, pois acham essa meta intrinsicamente valorosa, para além de incentivos externos. E só poderá fazer isso através de outro conjunto de incentivos: incentivos não materiais como um propósito nobre, cuja busca seja motivo de orgulho para as pessoas; princípios éticos que sejam adotados com paixão; uma comunidade de pessoas que pensem de forma semelhante da qual os funcionários sintam orgulho de fazer parte; e um senso de poder por fazer a diferença no mundo.

— Você está sugerindo trocar o dinheiro por incentivos não materiais? Isso deve dar certo para organizações com voluntariado, mas não acho que funcionaria em meus negócios. Vendedores são motivados por comissões, não por sonhos de um mundo melhor.

— Acho que está desvalorizando seu pessoal, Greg. Tenho certeza de que, para além de dinheiro, eles se importam com o sentido de seu trabalho. E, para deixar as coisas claras, não sugiro uma troca de incentivos. Sugiro complementá-los. Não se trata de "ou isso, ou aquilo", mas de "tanto isso quanto aquilo". Para correr mais rápido que seus concorrentes, você precisa usar as duas pernas, a material e a não material.

— Como, então, usar as duas pernas?

— Estamos prestes a pousar — falei. — Por isso vou quebrar minha própria regra e dar-lhe um conselho. Não sei, porém, se você será capaz de colocá-lo em prática, uma vez que ele exige certo nível de capacidade de conversação, mas talvez essas ideias possam ajudá-lo a lidar com seus colegas do departamento jurídico. Você precisa fazer uma reunião com o seu equivalente no jurídico para estabelecer outro tipo de diálogo. Essa conversa deve começar com um acordo sobre a conclusão que ambos estão buscando.

— Fred, o problema é que não partilhamos de uma meta comum! Quero assinar a porcaria do contrato com o cliente, e Mike, o doutor, quer me impedir de fazê-lo. Como cooperar se estamos em total discordância?

— E se você lhe dissesse algo do tipo: "Mike, meu entendimento é que ambos queremos ajudar nossa empresa a atingir sua receita e metas de lucro com exposição mínima a riscos legais. Acredito que temos uma divergência de opinião quanto a qual estratégia seria mais apropriada para isso, mas estamos perfeitamente alinhados quanto ao objetivo. Você concorda?"

— Uau, essa é realmente boa!

— Esperamos que Mike vá concordar com sua declaração. Mas, mesmo que não concorde, ele terá que aceitá-la; caso contrário, se mostrará um babaca... não só para você, mas para seu chefe.

— Saquei — disse Greg.

— Depois, peça-lhe que explique por que ele considera o contrato em sua forma atual tão arriscado a ponto de justificar pôr em risco a receita e os lucros envolvidos.

— Mas o contrato não tem riscos!

— Essa é sua opinião, Greg. Se você quer tocar isso, precisa morder a própria língua e deixar Mike explicar seus motivos.

— Está bem. Entendi. Continue.

— Quando ele terminar, você terá que resumir a posição dele da forma mais solidária possível e reconhecer que ele tem bons motivos para estar preocupado com o contrato.

— Mas ele não tem!

— Greg, deixe-me perguntar, como sua forma atual de lidar com Mike tem funcionado?

— Está bem, entendi. Vou ficar de bico calado.

— Depois que ele se recuperar do choque de você não ser o mesmo rabugento de antes, você poderá pedir permissão para explicar-lhe o seu ponto de vista. Aposto que estará pronto para ouvi-lo.

— Nunca chegamos tão longe. Na verdade, nunca conversamos pessoalmente sobre isso. Por enquanto, só trocamos e-mails.

— É tão fácil ser melhor que os concorrentes. O nível é muito baixo — brinquei. — O próximo passo é explicar seu raciocínio a Mike, mas sem declarar ter razão. Você deve apresentar seu ponto de vista como isso, um ponto de vista, não como a verdade. O jeito mais fácil de fazê--lo é dizendo algo do tipo: "Da forma como vejo as coisas, e reconheço que é uma perspectiva incompleta, é que..."

— Isso eu consigo fazer.

A comissária de bordo se aproximou e lembrou Greg que recolhesse a mesinha e colocasse o assento na posição vertical.

— Ótimo — respondi, enquanto ele apertava o botão do assento. — Tente fazer isso. Aprendi essa técnica de conversação com um de meus mentores, um professor de Harvard chamado Chris Argyris. A primeira vez que o vi em um seminário na Escola de Administração de Empresas de Harvard, ele disse que havia trabalhado com mais de dez mil administradores e que nenhum deles fora capaz de agir de acordo com o que ele chamava de "Modelo 2", que é o de "aprendizado mútuo". Sem treinamento profundo, todos agiam conforme o "Modelo 1", de controle unilateral.[3] Devo confessar que, naquela época, achei um exagero. Entretanto, 25 anos depois, depois de ter eu mesmo trabalhado com mais de dez mil administradores, devo concordar com Chris. Não encontrei um único indivíduo que fosse capaz de fazer as coisas mais simples como criar uma conversa em que as duas pessoas aprendam. Mas ei, quem sabe você não será o primeiro?

— Sem chance. E depois?

— Depois que ambos entenderem os custos e benefícios relativos às suas propostas de ação, tentem encontrar um meio em que todas as necessidades sejam atendidas.

— E se não conseguirmos?

— Não descarte essa possibilidade tão rápido. Você talvez fique surpreso com a capacidade de criarem uma estratégia que dê conta de seus interesses. Mas, se não der, sugiro que faça o que chamo de escalada conjunta.

— Uma o quê?

— Uma escalada conjunta. Diga algo do tipo: "Mike, sei que é uma decisão muito difícil, cheia de implicações para a empresa. Sou grato por seu esforço em negociar uma solução para nossas diferenças, mas me parece que não conseguiremos chegar a uma decisão por conta própria. A apreciação final de custos e benefícios relativos está para além de nossos recursos. Alguém aqui precisa apostar tudo, e não seremos nós. Sugiro irmos juntos até..." Como se chama o CEO da empresa?

— John.

— "Até John para explicarmos as opções e implicações. Ele é a pessoa certa para dar o voto de Minerva. Não vamos pedir-lhe para mediar ou resolver nosso problema, mas diremos que estamos ali para dar todas as informações necessárias para que tome essa decisão difícil. Se ele quiser as cláusulas a mais no contrato com o cliente, nós as acrescentaremos. Porém, se ele concluir que quer arcar com os riscos legais de deixar o contrato como está, você está pronto para fazer o mesmo?"

— Amei isso. Vou tentar.

— Você escreveria para mim no LinkedIn, informando-me sobre como foi?

— Claro, é o mínimo que posso fazer.

E então sentimos o avião aterrar suavemente.

Capítulo 4
DESINFORMAÇÃO
O QUE ESTÁ ACONTECENDO DE VERDADE?

> É comum em guerras teológicas,
> Os disputantes, eu suponho,
> Seguirem em total ignorância
> Daquilo que o outro quer dizer,
> E discutem sobre um elefante
> Que nenhum deles viu!
>
> — "Os cegos e o elefante", John Godfrey Saxe.

Um rei pediu a seis cegos que dissessem como era um elefante apenas sentindo as diferentes partes de seu corpo. Cada um deles alegava saber como "parecia" ser o elefante, mas cada um alegava algo diferente. O cego que sentiu a perna disse que o elefante era como um pilar; aquele que sentiu o rabo disse que era como uma corda; o que sentiu a tromba disse que era como um galho de árvore; o que sentiu a orelha disse que era como um leque; o que sentiu a barriga disse que era como uma parede e o que sentiu a presa disse que era como um cachimbo bem duro. O rei lhes falou: "Vocês estão todos certos e errados. Vocês estão certos, porque cada um tocou, realmente, uma parte do elefante. E estão errados, pois cada um imaginou que o elefante inteiro era como a parte tocada."

Pense em uma empresa como um elefante e cada um dos membros como um cego que toca uma parte dela crendo poder estender sua experiência para descrever o todo. Todos acham que sabem mais que os outros do que está acontecendo nas imediações. E todos estão certos. Cada pessoa acredita que seus conhecimentos são suficientes para determinar a situação da empresa. E, achando isso, cada pessoa se julga capaz de tomar decisões sobre como a empresa deve avançar para atingir seu objetivo. E todos estão errados.

Em uma empresa perfeitamente alinhada, as pessoas em todas as divisões ou departamentos, em cada subsistema, para usar uma nomenclatura de economista, estão empenhadas em otimizar o sistema. Ainda assim, surgem conflitos entre os membros. "Alinhada" quer dizer que cada um está jogando para ajudar o time a vencer, independente de seus indicadores de desempenho locais. Contudo, isso não quer dizer que todos podem chegar a um acordo acerca da melhor medida a se tomar ou sobre o que cada um deve fazer para atingir a meta em comum. Pois, como cada pessoa tem informações diferentes e chega a conclusões diferentes, com frequência todos discordarão como grupo sobre decisões estratégicas. Pior, se cada pessoa presumir que está certa e que o colega, errado, choques cada vez maiores vão inevitavelmente desmembrar a organização.

Chamo este problema de "desinformação". Ele torna impossível que uma pessoa trabalhe em sintonia com os outros na busca de um objetivo corporativo maior — mesmo que todos estejam de acordo sobre o objetivo. O problema da "desorganização" leva as pessoas a buscarem seus indicadores-chave de desempenho locais, desalinhando-as de um objetivo comum. Com a "desinformação", elas estão alinhadas quanto ao objetivo comum, mas discordam quanto à melhor estratégia para realizá-lo. Isso porque conseguem ver apenas uma fração do possível impacto que suas ações poderiam ter no objetivo global, então não sabem como suas ações afetarão as outras partes da empresa. Enquanto conseguem ver as oportunidades e os riscos que aparecem em seus âmbitos locais, não fazem ideia das oportunidades e dos riscos que existem em outros lugares.

Para piorar as coisas, a melhor estratégia para a empresa como um todo não costuma agradar ao corpo inteiro de funcionários. Pense no problema familiar de ajustar um termostato em uma sala com quatro pessoas, onde cada uma prefere uma temperatura diferente (digamos, 20ºC, 20,5ºC, 22ºC e 22,5ºC). A temperatura capaz de aumentar o conforto geral seria 21ºC. Nessa situação, porém, cada pessoa quer mexer no termostato para ela ficar mais confortável. A não ser que concordem com o fim e partilhem honestamente de suas preferências, nunca conseguirão tomar uma boa decisão coletiva.

Desinformação é uma questão séria — e tem toda razão de ser. Ela atrapalha a tomada racional de decisões, a coordenação e cria conflitos entre as pessoas mesmo quando estas estão alinhadas em busca de uma meta comum. Combinada, porém, com a desorganização, ela se torna letal. Juntas, essas duas dinâmicas produzem um padrão de comportamento corporativo incoerente e autodestrutivo. No mundo de verdade — onde as pessoas estão mal alinhadas e são incentivadas por indicadores-chave de desempenho locais para privilegiar seus pontos de vista e comunicações de modo a dar precedência à sua performance local —, a desorganização é mais que suficiente para destruir uma empresa. Se não conseguir sozinha, no entanto, a desinformação dará o golpe de misericórdia, entravando a eficiência da empresa, seu sucesso, sua sustentabilidade e até sua sobrevivência.

A BALEIA DE UM CONTO

Quando damos atenção apenas ao nosso âmbito e à nossa experiência imediatos, perdemos de vista o ambiente mais amplo e podemos tomar péssimas decisões, colocando a nós e aos demais em risco. Aprendi sobre os perigos da "visão em túnel" enquanto mergulhava nas ilhas Galápagos em busca de tubarões-baleia. Quase paguei pela lição com a vida.

O tubarão-baleia é o maior peixe do mundo. (A baleia é maior, mas é um mamífero, não um peixe). Ele pode chegar a quinze metros de comprimento e pesar até duas toneladas e meia. Sua boca tem quase dois metros de largura. Por sorte, esse gentil gigante come apenas plâncton e não tem dentes. Ainda assim, um golpe de sua poderosa cauda pode matar.

Mergulhadores sonham em ver tubarões-baleia de perto, mas, como é uma espécie pelágica (migratória), nunca é certo encontrá-los. Quando olhei pelo deque do barco naquele dia, perguntei-me se teria sorte. Antes, porém, de dar uma espiadela nos tubarões-baleia, eu precisava passar por uma centena de tubarões-martelo que circundavam calmamente o casco de nosso barco. *Hum, café da manhã,* imaginei os tubarões pensando. *Humano embrulhado em neoprene. Nosso prato predileto.* Mas eu não tinha ido até as Galápagos para me acovardar.

— Cuidado lá embaixo! — disse o instrutor de mergulho a mim e aos meus seis companheiros logo antes de ajustar o regulador de pressão à boca e pular da lateral do barco. Nós o seguimos pelas águas frias, cortantes e infestadas de tubarões.

Segui as orientações do instrutor de mergulho, descendo devagar, pronto para pedir ajuda ao menor sinal de comportamento agressivo por parte dos tubarões. Os tubarões-martelo, no entanto, comportaram-se com total indiferença. A julgar pela preocupação deles, pareciam toras de madeira boiando. Eles nos ignoraram e continuaram nadando em seu menear calmo e elegante. Ufa.

Minutos depois, alguém batendo no tanque me colocou em alerta. Esse era o sinal de que alguém avistara um tubarão-baleia. Olhei ao redor em busca de um corpo enorme, me orientando na direção do barulho. Foi quando vi: uma criatura majestosa, incrível, de tirar o fôlego. De longe, a impressão era que o tubarão-baleia mal se mexia, mas quando me aproximei, percebi que aquela criatura enorme estava nadando rápido.

Comecei a bater meus pés em máxima velocidade, esquecendo-me de tudo que não fosse aquele animal hipnotizante. Não percebi que estava deixando meu companheiro de mergulho para trás, um pecado mortal nessa prática, que coloca a vida de ambos em risco. Em poucos minutos, vi-me ao lado do tubarão-baleia. Fui para baixo dele, virei meu corpo para cima e, de braços estendidos, nadei poucos metros abaixo de sua enorme barriga. Lágrimas vieram aos meus olhos. Eu estava em um estado alterado de consciência, totalmente conectado a essa incrível forma de vida em seu habitat natural.

Minha fascinação com o tubarão-baleia passou quando percebi que inspirar o ar estava ficando cada vez mais difícil. Perguntei-me o que havia de errado. Eu estava dentro da água fazia menos de meia hora, então achei que devia ter reserva de ar. Conferi o medidor de pressão do oxigênio. O que vi me aterrorizou: eu só tinha cerca de cem PSI em meu tanque, o que significava que eu estava praticamente sem ar.[1] Meu computador de mergulho marcava dezessete metros de profundidade. E o pior de tudo, eu estava completamente sozinho; não havia outros mergulhadores por perto com quem dividir ar. Aspirei as últimas emanações de meu tanque, sentindo como se estivesse apertando um tubo de pasta de dente pela parte de dentro. *Fique tranquilo*, disse a mim mesmo, *você tem ar suficiente para chegar à superfície.*

No mergulho recreativo, se você permanece dentro dos limites de tempo e profundidade, pode voltar à superfície sem parar para deixar o nitrogênio acumulado descomprimir. Se passa dos limites e não faz uma parada para descomprimir, o nitrogênio condensado em seu corpo por respirar em profundidade pode fazer o seu sangue literalmente borbulhar. Isso pode ter consequências nada agradáveis que vão desde dor nas juntas até morte. Mesmo se mantendo dentro dos limites, mergulhadores recreativos fazem uma pausa de segurança de três minutos entre quatro e cinco metros de profundidade para deixar o nitrogênio acumulado sair do corpo como precaução extra. Mesmo sendo bastante recomendada, essa parada de segurança não é obrigatória. *Acho que vou descobrir se a parada de segurança é mesmo opcional*, refleti sombriamente. Subi o mais rápido que consegui, ignorando os bipes furiosos de meu computador de mergulho me alertando para diminuir a velocidade e fazer a parada de segurança.

Quando enfim cheguei à superfície, respirei uma deliciosa arfada de ar e coloquei meu snorkel. (O tamanho das ondas dificultava a respiração sem ele.) Olhei ao redor e percebi que a corrente havia me afastado do barco e do grupo. Eu estava completamente sozinho, flutuando em nem Deus sabe que direção, entre ondas que me impediam de ver algo ou que alguém pudesse me ver.

Vasculhei dentro de meu colete estabilizador e liguei o radiofarol que me deram em caso de emergência. Inflei também minha "salsicha", um balão grande, oblongo, que fica cerca de um metro acima da superfície da água e torci para que alguém da equipe de resgate me visse. Depois dos dez minutos mais longos de minha vida, ouvi o motor do *Zodíaco*. Dois tripulantes me ajudaram a subir no barco. Navegamos de volta para a nave mãe.

O instrutor de mergulho estava me esperando nela.

— O que eu falei quando passei as instruções de mergulho? — perguntou-me em tom firme.

— Para tomar cuidado — respondi, encabulado. — E tomei. Prestei bastante atenção aos tubarões-martelo e não vi nenhum deles fazer movimentos bruscos ou agressivos.

— Não era com os tubarões-martelo que você tinha que tomar cuidado, seu tonto! — repreendeu-me ele. — Eles não são perigosos. Acontecem acidentes quando as pessoas ficam tão concentradas nos tubarões que param de prestar atenção no ar, na profundidade, na localização, no companheiro e no grupo. Você é um exemplo de como *não* mergulhar em segurança!

Aprendi uma grande lição naquele dia. Eu estava tão aficionado com os tubarões-martelo e com o tubarão-baleia que não prestei atenção à informação mais vital de todas. Estava tão cativado com os riscos e oportunidades extraordinários que me esqueci das precauções comuns que têm consequências potencialmente mortais.

"O que mata você não é aquilo que você não conhece", diz a máxima, "mas aquilo que acha, erroneamente, que conhece". Eu "achava que sabia" que tinha oxigênio suficiente no tanque já que não estava dentro da água havia mais de meia hora. O que eu "achava que sabia", porém, não era verdade. Em minha empolgação ao ver o tubarão-baleia e ir atrás dele, consumi todo o ar do tanque no dobro da velocidade normal.

Esse episódio me alertou dolorosamente sobre como tomadores de decisão com frequência tornam-se tão entusiasmados com os riscos e oportunidades que veem em seus âmbitos locais que negligenciam informações cruciais sobre outras partes do sistema. Falando de outra maneira: tendemos a voltar toda nossa atenção aos "tubarões" — os objetos de nossa ambição ou aversão —, tornando-nos cegos para a forma como nossos comportamentos afetam o restante da empresa.

Essa tendência a focar apenas em nossa própria experiência e interesses cria grandes problemas. Em um sistema complexo e altamente interconectado, o comportamento de qualquer pessoa tem impactos significativos em muitas outras. No entanto, como a maioria de nós leva em consideração apenas as consequências locais e a curto prazo de nossas ações, ignorando os impactos globais e a longo prazo, tomamos péssimas decisões que colocam a nós — e à nossa empresa — em risco.

QUEM SABE MAIS?

— Pessoas vão morrer! — esbravejou Bruce, o chefe de engenharia de veículos. — Estou pouco me lixando para seus índices de economia de combustível. Esse veículo já está leve demais. Se tirarmos ainda mais massa dele, poderemos batizá-los de "caixões com rodas"!

Larry, executivo de assuntos regulatórios, balançou a cabeça com veemência:

— Se nossa frota não atingir os padrões de economia corporativa média de combustível (CAFE) por quilômetro rodado, isso aqui vai virar um inferno. Você pode até estar pouco se lixando, mas o governo não está.

— Você vai ter que arranjar *compliance* com outro carro — disse Bruce. — Esse aqui praticamente não tem resistência a colisão!

— Ouça, seu carro não vai ser produzido a não ser que eu assine embaixo. Se não deixá-lo mais leve, pode dar adeus a ele...[2]

Ouvi de canto essa discussão nos anos 1990, quando dava consultoria para uma grande fabricante de carros. Eu estava ajudando a empresa com os aspectos culturais do que eles chamavam de sistema executivo de linha de veículos. Era uma tentativa de espelhar o "programa de gerente peso pesado" da Toyota (chamado de "Shusha"). Na Toyota, o "Shusha" é o chefe dos carros, ou seja, quem toma as decisões finais sobre os veículos. Isso lhe permite equilibrar o poder dos líderes operacionais — ou seja, os vice-presidentes seniores —, que querem otimizar seus próprios feudos.

Por exemplo: o setor de design otimiza o "alcance" (elegância); a engenharia, a tecnologia; a produção, as horas por veículos; compras, o custo do material; e assim por diante. Nesse espírito, engenheiros de segurança têm a função de salvar vidas, enquanto engenheiros de eficiência de combustíveis querem economizar gasolina.

Para os engenheiros de segurança, o objetivo é tornar o carro com a maior resistência a colisões possível, de modo a proteger seus ocupantes em caso de acidente. Há medidas que têm relativamente pouco impacto no restante do veículo (como cintos de segurança). A maioria das decisões, porém, afetam de forma significativa o carro todo. Por exemplo: um modo de tornar um veículo mais seguro é aumentando sua massa. Um tanque, para usar um exemplo extremo, é o veículo mais seguro para se envolver em uma batida, enquanto uma moto é o pior.

Massa, porém, é "cara" por muitos motivos. Para além de seu custo direto, ela aumenta o consumo de gasolina e os custos operacionais do carro. Ela também aumenta a poluição, o que gera um problema regulatório, uma vez que existem limites legais para a eficiência de consumo de combustíveis. Além disso, um carro mais pesado exige um motor mais poderoso, bem como suspensões mais fortes. Assim, a viagem se tornará ou mais dura (pelas suspensões mais rijas), ou mais instável (pelas suspensões menos rijas), graças ao peso extra. Esse peso também levará o carro a demorar mais para acelerar e, talvez mais importante, para frear. Então, mesmo que a massa extra torne o veículo mais seguro em caso de acidente, ele seria menos seguro como um todo por conta do tempo e da distância extras necessários para a freada.

Tanto Larry quanto Bruce estavam atrás de metas importantes. Bruce queria proteger os ocupantes; Larry queria proteger o meio ambiente. Enfrentavam, porém, um impasse, e uma decisão oportuna parecia implausível. Enquanto Larry e Bruce discutiam o que fazer, a empresa perdia montes de dólares a cada semana que chegava ao fim sem uma decisão.

COMPLEXIDADE COLOSSAL

Aqui, é claro, a pergunta óbvia surge: não é função da gerência liquidar esse tipo de discussão? Afinal de contas, o trabalho dela é juntar toda a informação disponível e tomar decisões objetivas e fundamentas para o bem do todo. É por isso que eles têm autoridade e ganham uma grana preta.

O problema aqui é que a experiência de cada "cego" que toca sua parte do "elefante" é tão rica e cheia de nuances que é praticamente impossível descrever o animal com precisão. Uma verdadeira descrição de uma empresa elefantina deveria incluir toda informação relevante sobre ela no presente e em futuros potenciais: como está estruturada; quais são seus processos; quem são seus funcionários, clientes, fornecedores, empresários e consultores; quais são seus recursos, como matérias-primas, propriedades, fábricas, equipamentos, produtos acabados ou semiacabados, partes componentes, verba, linhas de crédito e assim por diante; quais são seus riscos etc. A lista é interminável. Isso é menos que a metade dela, pois deveria incluir seu contexto no estado presente e em futuros potenciais.

Comunicando o que sabe, o que é possível fazer, do que precisa e o que poderia acontecer demandaria de um membro da empresa fazer simplificações tão grosseiras que tornaria a informação quase inútil. O cego consegue transmitir apenas uma pequena parcela de seu conhecimento para os administradores seniores que tomam decisões globais. Isso não basta para tomar decisões racionais sobre o melhor plano de ação. (E lembre-se de que estamos trabalhando com a hipótese heroica de um cenário em que existe alinhamento perfeito acerca do objetivo global e em que nenhuma otimização local de departamento esteja em curso. Se as pessoas forem incentivadas a cumprirem seus indicadores-chave de desempenho, a informação que dão pode não ser confiável, pois sua tendência natural é beneficiar as próprias áreas.)

O pessoal da manutenção, por exemplo, pode saber que a fábrica não tem condições de operar em três turnos por muito mais tempo. O pessoal das vendas pode saber que os clientes estão bravos porque não há estoque o bastante para atender à demanda. O pessoal da aquisição pode saber que há um fornecedor na China que oferece produtos semiacabados. O pessoal da engenharia pode saber que, para processar os produtos chineses, seria preciso um ajuste no maquinário da fábrica. O pessoal das relações governamentais pode saber que os reguladores franziriam a testa para produtos importados da China... e assim por diante, em uma lista de deixar a cabeça tonta. Ninguém, nem mesmo o CEO, é capaz de avaliar toda a informação necessária para criar a melhor estratégia global. Ninguém sabe que decisão é melhor para ajudar o time a vencer.

Não é apenas impossível integrar toda essa informação em um fundo comum de modo a avaliar as alternativas em toda sua extensão, mas as contingências também mudam o tempo todo. A frequência e impacto dessas mudanças demandam modificações estruturais e constantes nos planos. Uma vez comunicado, um conhecimento se torna obsoleto, o que gera caos no processo normal de planejamento de uma firma.

Além disso, ninguém é capaz de absorver e processar o vasto conhecimento inerente a uma empresa. É impossível ter um quadro absolutamente preciso do colossal animal corporativo como um todo, mesmo para quem está no topo da pirâmide produtiva. Como os cegos que tocaram o elefante e de forma equivocada (e arrogante) extrapolaram suas experiências para descrever o elefante inteiro, executivos seniores, vendo o elefante de longe, imaginam de forma equivocada (e arrogante) poder discernir e compreendê-lo em seus mínimos detalhes. Ainda por cima, acreditam-se capazes de controlar seus funcionários por avaliações, pão e pau. Friedrich Hayek, prêmio Nobel de economia, chamou isso de "arrogância fatal".[3] Muitas empresas morreram de planejamento centralizado e microgestão.

NÃO É POSSÍVEL AGRADAR A TODOS

Em minha infância na Argentina, eu jogava futebol, na posição de meio-campo. Meu papel era passar a bola para que o jogador mais bem posicionado marcasse. Os atacantes sempre levantavam a mão e gritavam "estou livre!" ou "aqui!" para ganhar minha atenção. Eu podia passar a bola para apenas um deles, por isso tinha que decidir qual dos meus companheiros de equipe tinha mais chances de ajudar o time a vencer.

Independente de qual fosse minha decisão, alguém sempre me culparia de não ter passado para ele, alegando que estava bem posicionado. Ele não entendia que meu desafio não era passar para um jogador que estivesse bem posicionado, mas para o jogador que, de meu ponto de vista, estivesse *mais bem* posicionado.

Estávamos alinhados como time, mas brigávamos muitos sobre minhas decisões quanto aos passes. Em determinado ponto, percebi que não importava para quem eu passasse a bola, sempre teria um monte de outros jogadores chateados com minha decisão. Eles viam apenas suas próprias oportunidades: não conseguiam compará-las com as dos outros jogadores.

Muitos anos depois, escalando montanhas, aprendi o que acontece quando alguém sofre de hipotermia. O corpo fica perigosamente frio e manda o sangue das extremidades para o núcleo, de modo a aquecê-lo. Isso protege os órgãos vitais à custa, primeiramente, dos dedos das mãos e dos pés, depois das mãos e dos pés como um todo e, depois, das pernas e dos braços. Mandar sangue para o núcleo pode ser sua melhor estratégia de sobrevivência, mas imagino que, se os tecidos corporais das extremidades tivessem voz no assunto, prefeririam diminuir um pouco a chance de sobrevivência mantendo algum fluxo de sangue para que também pudessem sobreviver. Se respostas à hipotermia fossem via negociação e voto, as extremidades iam com certeza querer chegar a um "meio-termo" capaz de manter sua existência. Os organismos que caíram nessa armadilha desapareceram do patrimônio genético da natureza. O mesmo vale para organizações complexas que tentam funcionar de forma democrática.

NÃO EXISTE ALMOÇO GRÁTIS

Mesmo que alguém pudesse calcular o combinado global de cada impacto local hoje e no futuro, não teria como saber as oportunidades às quais renunciou, pois existem sempre "custos de oportunidade". Isso significa, basicamente, que cada vez que você diz sim a algo, diz não para todas as outras opções que poderia ter buscado com os recursos que mobilizou para fazer aquilo. Mesmo um almoço grátis tem custos de oportunidade. Se você aceitar meu convite para almoçar, não poderá usar o mesmo tempo para responder e-mails, curtir um livro, exercitar-se, ligar para um amigo ou parente ou sair para caminhar.

Custo de oportunidade é o valor da melhor opção renunciada. Sempre que você toma uma decisão entre várias outras alternativas mutuamente exclusivas, contrai um custo de oportunidade, isto é, o benefício que teria sido seu escolhendo a melhor alternativa disponível. Digamos que você tem três projetos, A, B e C, e que cada um exige duzentos dólares de investimento. Suponha que você escolheu o projeto A e descartou B e C, pois não tem recursos suficientes para custeá-los. Suponha ainda que o projeto A acabe rendendo trezentos dólares, dando um lucro de cem. Você diria que foi uma boa decisão?

Para responder essa pergunta, você precisaria saber quais teriam sido os lucros dos projetos B e C. Levar a cabo o projeto A só é uma boa escolha se os projetos B e C produzissem lucros menores. Isso pode ser muito difícil de determinar. Os projetos B e C nunca aconteceram; portanto, não há como estimar seus lucros em contrapartida. Para usar mais uma vez a história dos cegos, as pessoas em uma empresa não estão só tentando entender o aspecto do elefante tocando uma de suas partes. Estão tentando determinar a probabilidade de ondas de "quantum-elefante" que vão se desintegrar em uma "partícula-elefante" no futuro (em meus workshops, chamo isso de "o elefante de Schrödinger").[4]

É extremamente difícil comparar benefícios sistêmicos de um plano de ação particular com os de alternativas que demandassem os mesmos recursos. O conhecimento sobre as escolhas disponíveis e seu valor está disperso pelo sistema. É mantido pelos diferentes membros de uma empresa, que podem não revelá-los, de modo a não comprometer seus próprios interesses. Além disso, os custos de oportunidade seriam muito difíceis de computar, mesmo de modo grosseiro, dada a complexidade do sistema. É por isso que as pessoas costumam calcular as despesas reais em vez dos custos de oportunidade. Usar as despesas reais, porém, leva a enganos, como na história do bêbado que procurava as chaves onde havia luz, mas não no lugar em que as deixou cair.

O PROBLEMA DA FIDELIDADE DUPLA

Para vencer no jogo dos negócios, é preciso que a estratégia (global) da empresa ao mesmo tempo informe estratégias locais e seja informada por dados locais. É muito difícil alcançar uma interação adequada entre táticas e estratégias. Como discuti no capítulo anterior, acontece com frequência de equipes locais serem incentivadas a otimizar seus departamentos ou divisões, competindo com as demais equipes. Somado a isso, todo gestor, com exceção do CEO, tem fidelidade dupla.

Para obter o máximo de seus funcionários, uma gestora deve suscitar seu comprometimento interno. Precisa envolver seus funcionários na busca das metas da equipe. Ela faz isso dando à equipe um sentido de propósito e um sentimento de orgulho por seu trabalho. Faz isso também criando um vínculo emocional de confiança entre ele e os membros da equipe. Além disso, dá a esses membros oportunidades de vivenciar realização, autonomia e maestria em seus trabalhos, apoiando-os também a crescer em suas carreiras.

Por outro lado, essa gestora deve subordinar as metas, os processos e até o bem-estar de seus funcionários à missão da empresa. Isso implica que ela se comprometa a fazer o máximo para alcançar o objetivo de alta ordem de sua equipe, isso é, os objetivos de seu gerente. Por exemplo: se o LinkedIn quer otimizar seus processos, os gerentes de cada unidade de negócios competindo por recursos escassos precisa "vestir a camisa da empresa", como costumamos dizer, e dividir informações com honestidade, mesmo que essa informação diminua a probabilidade de financiamento de seus planos locais. Mesmo até que alguns funcionários percam seus empregos. Ainda que alguns gerentes precisem, às vezes, "tomar um tiro pelo time (da empresa)", quem costuma levar a bala são seus subordinados: membros de sua divisão, departamento ou equipe.

Na maioria das empresas, gestores que criam vínculos com suas equipes tentam defender os interesses desta com os superiores. Isso, porém, pode minar a eficiência e a colaboração na empresa. Todos os níveis da empresa podem acabar trabalhando como o Congresso, em que cada representante julga que seu papel é defender os interesses de seus eleitores. Como vemos na política, um coletivo em que cada pessoa representa interesses diferentes leva a todo tipo de conflitos e opera de forma incoerente.

Se a gestora assume como papel principal fazer parte da equipe de seu gerente e subordina a equipe que ela mesmo gere, corre o risco de desfazer o vínculo emocional com seus subordinados. Eles podem considerá-la "desleal" ou dizer que "está puxando o tapete" pelo bem da própria carreira. Isso desembocará em descomprometimento e desilusão.

É um duplo vínculo péssimo para um gestor. Eles se dão mal se otimizam o sistema, pois precisam subotimizar seus departamentos, deixando seus funcionários com a sensação de terem sido traídos. E se dão mal se defendem os interesses de seus funcionários, pois precisam otimizar seus departamentos, subotimizando, desse modo, a empresa como um todo. Nesse caso, serão os seus gerentes e pares que se sentirão traídos. A maneira de romper esse duplo vínculo, como explicarei na Parte 2, é através da liderança transcendente.

CENTRALIZAR OU DESCENTRALIZAR: EIS A QUESTÃO

Como as empresas têm que se adaptar rapidamente às mudanças de circunstâncias, é melhor que as decisões sejam tomadas por pessoas que saibam mais dessas mesmas circunstâncias, pessoas que entendam mais das mudanças a serem feitas e dos recursos necessários para realizá-las. "Esse problema", explicou Friedrich Hayek, "não pode ser resolvido comunicando primeiro todo esse conhecimento a uma diretoria (de planejamento) que, então, emite suas ordens." Hayek parece argumentar a favor da descentralização. As coisas, no entanto, são mais complicadas que isso para os cegos tentando entender o que é o elefante. "O 'homem no local'", continua, "não tem como escolher baseado apenas em seu conhecimento íntimo, mas limitado de suas imediações. Ele precisa de mais informação para enquadrar sua decisão no padrão de mudanças mais amplo do sistema (da empresa)."[5]

Para dizer de outra forma, informações locais são complexas demais para serem comunicadas com eficiência aos tomadores de decisão globais, por isso é melhor deixar as decisões para quem detém tal informação. Pense em uma guerra, por exemplo. Comandantes de campo sabem muito melhor que generais o que está acontecendo em seu palco de operações, então faz sentido lhes dar mais poder de decisão. Um conhecimento local, porém, é insuficiente para avaliar o impacto global que qualquer decisão terá. Guerras não são vencidas por uma sucessão de táticas vitoriosas. Um exército precisa incorporar todas as decisões táticas de suas unidades em uma estratégia integrada.

No sentido inverso, informações globais também são complexas demais para serem comunicadas com eficiência a tomadores de decisão locais. Generais veem o quadro mais amplo melhor do que comandantes de campo, então faz sentido deixar que eles tomem decisões estratégicas. Um conhecimento global, entretanto, e insuficiente para avaliar a melhor tática em determinado horário e local. Guerras não são vencidas apenas por estratégias brilhantes. Um exército precisa executar essas estratégias por meio de operações táticas específicas.

Hayek escreveu no contexto do que chamamos em economia de "debate do cálculo econômico socialista". Foi uma disputa entre economistas marxistas e partidários do livre-mercado sobre a possibilidade de alocação racional de recursos em uma economia com planejamento centralizado. Para os membros da escola austríaca, como Ludwig von Mises e Hayek, a resposta era um "não" categórico. Eles argumentavam que a única forma de fazê-lo era através do mecanismo de preços do livre-mercado, em que as decisões individuais determinam o quanto de um bem ou serviço deve ser produzido e a quem deveria ser distribuído, de acordo com sua vontade de pagar por ele.

Hayek mostrou que os preços no livre-mercado dão às pessoas a informação e os incentivos de que precisam para realizar seus cálculos econômicos e agirem de acordo com eles. Para o economista, o sistema de preços é como um painel que permite a produtores e consumidores assistirem apenas às oscilações de alguns indicadores necessários para ajustarem suas atividades. Mises, por outro lado, defendia que o sistema de preços em uma economia socialista não funciona, porque o governo controla os meios de produção. Nesse caso, não é possível ajustar os preços do mercado aos bens de capital. A famosa conclusão de Mises foi que "uma atividade econômica racional é impossível em uma comunidade socialista".[6] Ele argumentava que isso era fato não só por problemas de incentivo (desorganização), mas também por problemas de informação (desinformação).

Infelizmente isso não ajuda em empresas elefantinas. Conforme crescem, as empresas substituem a mão invisível do mercado pela mão visível da administração, para usar o termo do historiador da economia Alfred D. Chandler.[7] Dentro de uma empresa, os departamentos não fixam preços por seus serviços. Se trabalho para o departamento de relações públicas, não cobro por uma nota de imprensa sobre um novo centro de investigação e desenvolvimento. Nesse sentido, uma organização capitalista se parece com uma economia socialista. Outro economista, Murray Rothbard, explicou como esse problema de tomada de decisões ocorre devido à falta de preços de mercado para transações intraorganizacionais. Sem um mercado, é impossível calcular um preço. E sem cálculo, existe apenas caos e irracionalidade econômicos.[8]

Algumas empresas tentam estimular um mercado usando preços internos entre centros de lucro, mas esse sistema não é capaz de copiar muito bem um mercado real. Gestores não são empresários de verdade com direitos de propriedade e de remanescentes dos excedentes de seus centros de lucro, por isso não são tão incentivados a maximizar os ganhos. Dentro de uma empresa, não existe um mercado para recursos de produção e, portanto, não há preços. Sem preços, é impossível que exista cálculo econômico. Ninguém, sobretudo no departamento de planejamento, pode tomar decisões racionais.

Ainda que grandes corporações sejam propriedades privadas e operem em uma economia de mercado, seus CEOs e principais equipes encontram-se em situação análoga à das diretorias de planejamento da União Soviética (ou à das personagens de "A máquina que ganhou a guerra", de Asimov),[9] tentando tomar decisões com informações pouquíssimo confiáveis. Imagine-se tentando tocar uma empresa sem preços de mercado, sem demonstrações do resultado do exercício e sem balanços patrimoniais. Seria um exercício de "achismo" tão eficiente quanto ler o futuro nas entranhas de uma galinha. Infelizmente, é assim que a maioria das grandes empresas toma decisões estratégicas.

ONDE OS LÍDERES FICAM COM TUDO ISSO?

Como líder, você deve suscitar o comprometimento interno de cada um dos membros de sua equipe (e empresa) para cooperar com cada um dos membros de sua equipe (e empresa) na realização da meta organizacional. Em outras palavras, se as pessoas partilharem do comprometimento de trabalhar juntas para o bem da equipe, então os problemas de desorganização e desinformação gerados pelos maus incentivos poderão ser geridos de modo muito melhor.

Isso significa que um líder precisa suscitar (graças à sua autoridade moral, não apenas à sua autoridade formal) a permissão das pessoas para ser autorizado a tomar decisões. Elas precisam de um "consenso de processo", como uma democracia, em que as pessoas podem discordar sobre quem deve ser presidente, mas concordam sobre a forma como essa pessoa deve ser eleita. Quando líderes juntam as informações dos membros de uma equipe alinhada e que deseja ajudar o time a vencer, quando tomam decisões através de um processo em que os membros dessa equipe considerem justo e com o qual estejam comprometidos, podem tomar decisões globais melhores que as de seus concorrentes. Podem integrar mais informações à sua prerrogativa de decisão e considerar compromissos melhores. Isso permite aos membros da equipe que se comprometam e discordem sem guardar ressentimentos.

O líder precisa fazer com que as pessoas compartilhem a informação que detêm acerca de oportunidades locais, riscos, custos e benefícios, para que possam comparar alternativas e tomar decisões racionais. Isso exige que esses líderes diminuam seus egos e adotem uma posição de humildade, abertura e serviço à meta mais elevada. Fazendo isso, servem de exemplo para os membros da equipe que podem também deixar seus egos de lado e dar o máximo que têm para a execução da decisão que não teriam tomado, caso lhes coubesse escolher. Cada membro da equipe precisa redefinir o sentido de "vencer" para que não diga respeito a quem tem razão ou é mais influente, mas a quem colaborou com os demais na tomada da decisão mais correta, mais bem informada e mais racional naquelas circunstâncias: a escolha que tinha mais chances de ajudar o time a vencer. (Em *Consciência nos negócios*, chamei isso de "adotar o espírito do aprendiz").

Considerando de forma serena, isso parece óbvio, mas contraria algumas das pulsões mais básicas do ser humano. Queremos ter razão para nos sentirmos inteligentes. Queremos dominar os outros para nos sentirmos potentes. Queremos fazer as coisas do nosso jeito para nos sentirmos legitimados. Queremos vencer (mesmo contra nossos colegas de equipe) para nos sentirmos melhores (do que eles). Queremos proteger e favorecer quem é próximo de nós (nossos eleitores). Resumidamente, queremos provar a nós mesmos, aos nossos seguidores e aos outros que temos valor e fazemos isso através de comportamentos que são o exato oposto daqueles necessários para jogar bem como equipe.

No Capítulo 9, "Colaboração", definirei um processo para gerenciar esses desafios muito melhor do que os que as empresas levam a cabo hoje em dia. Há mais de 25 anos que aperfeiçoo essa técnica com meus clientes, então posso garantir que funciona. Mas tem uma pegadinha: ela funciona apenas se, no momento em que você chegar à cabeça do elefante corporativo, você alcançar o líder transcendente.

Capítulo 5
DESILUSÃO

ONDE TODOS OS LÍDERES FORAM PARAR?

> O que você faz fala tão alto que não consigo escutar o que diz.
> — Ralph Waldo Emerson

Martin Winterkorn, ex-CEO da Volkswagen, nasceu em 1947 em uma família de descendentes de alemães que fugiu para a Hungria depois da Segunda Guerra Mundial.[1] Sem dúvida a vida foi difícil para os pais deles, mas Martin foi um prodígio inteligente e ambicioso. Por fim, Winterkorn se tornou doutor em física pelo ilustre Instituto Max Planck, trabalhou para a Bosch e acabou entrando para a Audi. Dali, foi subindo até virar CEO da Volkswagen em 2007.[2]

Os alemães se orgulham de seus engenheiros, sobretudo os da indústria automobilística, que tem marcas de luxo entre as maiores exportadoras, como Daimler, BMW e Porsche. Quando se tornou CEO, Winterkorn queria tornar a Volkswagen a maior fabricante de carros do mundo. Isso exigia conquistar o mercado norte-americano, onde as metas de vendas eram brutais.

Winterkorn exibia um traço de caráter crítico, exigente e autoritário. Era conhecido por ser simultaneamente severo, preciso e obcecado com o fator "Isso" da empresa. O jornal *The Guardian* relatou um momento em que, no verão de 2013, Winterkorn achou uma pequena protuberância na pintura de um dos carros. "A espessura da pintura excedia os padrões da empresa em menos de um centímetro, mas, ainda assim, Winterkorn deu um sermão nos engenheiros sobre o desperdício", dizia o artigo.[3]

Winterkorn tinha o hábito de criticar as pessoas e sair dando ordens, mesmo em público. Como resultado, outros executivos passaram a ter medo de seu líder: azar de quem lhe dissesse algo que não quisesse ouvir. "Se você desse uma má notícia", disse um funcionário à Reuters, "havia momentos que a coisa podia ficar bem desagradável, barulhenta e humilhante."[4]

Então, em 2015, a Volkswagen admitiu uma fraude gigantesca em que onze milhões de veículos pelo mundo todo — incluindo quase quinhentos mil nos Estados Unidos — tinham excedido em muito os limites legais de emissão de óxido de nitrogênio. Consumidores de todo o planeta — e os orgulhosos alemães, especialmente — ficaram horrorizados. Winterkorn disse que também estava chocado. Mesmo assumindo a responsabilidade pelo problema com os motores a diesel e pedindo desculpas sem parar, alegou que não fazia ideia de qualquer irregularidade de sua parte. Na mesma hora, ele colocou a culpa em seus representantes nos Estados Unidos e pediu demissão para "abrir alas para um novo começo para a empresa".[5]

Depois de admitir as irregularidades em 2015, as ações da Volkswagen caíram 30%, perdendo dezoito bilhões de dólares em valor de mercado.[6,7] Além disso, a fabricante concordou em pagar US$ 4,3 bilhões em sanções criminais e cíveis, somando o custo total em 20 bilhões de dólares somente nos Estados Unidos.[8] No primeiro semestre de 2016, a fatia da Volkswagen no mercado europeu caiu 10%, seu nível mais baixo desde a crise financeira de 2008. A queda foi atribuída à reação negativa dos consumidores depois do escândalo das emissões.[9]

A perda não foi apenas financeira. Segundo cientistas do Instituto de Tecnologia de Massachussetts (MIT), milhares de pessoas na Europa morrerão mais cedo em decorrência da poluição dos carros com "dispositivos de invalidação" ilegais.[10] Os diretores da empresa disseram que os infratores causaram um "dano incomensurável" à Volkswagen e que os responsáveis serão processados.[11] A promessa foi atendida quando promotores federais norte-americanos moveram ações criminais contra seis executivos da Volkswagen, prendendo um único deles, encontrado na Flórida (os outros permaneceram na Alemanha).[12]

Winterkorn pode até ser inocente dessas irregularidades. No entanto, é culpado de irregularidades de liderança. Era um líder que minava o comprometimento, controlador e arrogante, promovendo — e provavelmente induzindo — comportamentos que levaram a Volkswagen à beira do precipício. Ele acabou pedindo as contas sob uma avalanche de críticas e acusações, levando a empresa a gastar bilhões de dólares em multas e investigações criminais em países como Alemanha, Estados Unidos, Reino Unido, Coreia do Sul, Índia, Brasil, Austrália, França, Itália, África do Sul e Noruega.[13]

Quando as pessoas têm medo de se manifestar, erros se acumulam até virarem fracassos catastróficos.[14] Quando os funcionários temem por seus empregos, vão trapacear para alcançar suas metas.[15] Os padrões exigentes de Winterkorn, sua incapacidade de ouvir e seu criticismo aberto aos próprios funcionários levaram alguns deles a tomar atalhos ilegais e muitos outros a esconder informações. Tenho certeza de que todos temiam sua raiva. Ele ditava o tom da empresa e a empresa tocava conforme a música.

Não devo estar errado em dizer que Winterkorn não é do tipo de pessoa que gasta muito tempo olhando para dentro de si, ainda que deva estar fazendo isso com mais frequência depois do desastre. Através dessa reflexão, talvez descubra o papel que sua liderança teve no drama da Volkswagen. Agora, porém, é tarde demais; para ele e para a Volkswagen.

Infelizmente, o estilo de administração de Winterkorn não é um caso único. Funcionários e clientes da empresa onipresente de transporte Uber penaram sob a liderança de seu impetuoso fundador e CEO, Travis Kalanick. Um vídeo seu de 2010 mostrava-o discutindo com um de seus motoristas a respeito de tarifas.[16] Em outubro de 2014, o Better Business Bureau deu à Uber nota "F" por suas tarifas inesperadamente altas e falta de responsabilidade com as reclamações dos consumidores.[17] Em 2017, uma ex-engenheira da Uber, Susan Fowler, queixou-se de assédio sexual por parte de seu gerente, mas a empresa não tomou medidas; no final das contas, o abuso era algo disseminado.[18] Em junho de 2016, a empresa demitiu vinte funcionários em decorrência das investigações. Nesse ano, a empresa perdeu 2,8 bilhões de seus 6,5 bilhões de dólares de receita. Depois de um período de licença, Kalanick foi obrigado a pedir demissão.[19,20]

As queixas dos funcionários, como as relatadas pelo *The New York Times* em fevereiro de 2017, eram chocantes. "Um dos gerentes da Uber apalpou os seios de algumas funcionárias durante um retiro da empresa em Las Vegas. Um diretor berrou uma calúnia homofóbica a um subordinado durante um embate acalorado de uma reunião. Outro gerente ameaçou golpear a cabeça de um funcionário de baixo desempenho com um taco de beisebol." O artigo nos dava a seguinte avaliação: "O objetivo de impulsionar os melhores resultados sempre moveram o que os antigos e atuais funcionários da Uber descrevem como um ambiente de trabalho hobbesiano, no qual os trabalhadores, por vezes, são jogados uns contra os outros e onde todos fazem vista grossa para as infrações cometidas por funcionários de alto escalão."[21]

Kalanick e seu grupo de bem-aventurados companheiros começaram como um navio pirata. Com seus métodos pouco convencionais, fizeram muito bem o que o fundador do LinkedIn, Reid Hoffman, chama de "ascensão relâmpago". Eles dominaram o mercado, ultrapassando a Lyft, a empresa estabelecida, mas fracassaram em organizar a si mesmos como uma frota disciplinada. Mesmo havendo muitos motivos para isso, vou usar a explicação mais simples: o que acontece em cima, acontece embaixo. O fracasso da empresa, acredito, reflete o fracasso da equipe de liderança.

"TE PEGAM QUE NEM UVA"

Em *Karatê Kid*, filme de 1984, um velho mestre de caratê japonês chamado Miyagi toma sob seus cuidados um adolescente maltratado de nome Daniel. Depois de Miyagi perguntar a Daniel se ele gostaria de aprender caratê, o menino responde com um evasivo "acho que sim". Miyagi convida o rapaz a se sentar. "Daniel-san, preciso falar", diz ele com seu sotaque carregado. "Andar na estrada. Andar do lado direito, seguro. Andar do lado esquerdo, seguro. Andar no meio... mais cedo ou mais tarde, te pegam que nem uva. Veja, caratê é mesma coisa. Ou seu caratê é sim, ou seu caratê é não. Se seu caratê é 'acho que sim', mais cedo ou mais tarde te pegam que nem uva. Entendeu?"[22]

Minha advertência a líderes é a mesma. "Ou sua liderança é sim, ou sua liderança é não. Se sua liderança é 'acho que sim', mais cedo ou mais tarde te pegam que nem uva."

Quando as pessoas seguem um líder, deixam que ele ou ela entre em seu santuário interior. Dão ao líder o poder de influenciar profundamente sua forma de pensar, sentir e agir. Fazem-no porque confiam que o líder é capaz de brandir o poder de forma justa e compassiva. Acreditam que o líder será capaz de fazê-los satisfazer suas necessidades mais fundamentais nas dimensões do "Isso", do "Nós" e do "Eu".

Dito isso, não há fúria infernal como a de um seguidor desiludido. Se as pessoas suspeitam que seu líder lhes traiu a confiança, vão exigir uma vingança terrível dele ou da empresa, não importando se a suspeita tem ou não fundamentos. Líderes que querem inspirar suas empresas com visões e valores fazem uma aposta de tudo ou nada. Se forem bem-sucedidos, as pessoas vão se comprometer de forma integral e a empresa vai subir. Se fracassarem, porém, as pessoas vão se descomprometer ativamente e a empresa vai afundar.

A desilusão é como um buraco negro: tem uma atração gravitacional tremenda. Quase todo empenho de liderança, não importa quão boas sejam suas intenções, está sujeito a cair em seu horizonte de eventos. A não que junte energia para escapar, esse buraco negro engolirá você e sua empresa.

ENTRE POR SUA PRÓPRIA CONTA E RISCO

Quando me pedem ajuda em uma inciativa de mudança de cultura, alerto à equipe de liderança dos riscos enormes que estão prestes a assumir. Vi muitos líderes entrarem distraídos na briga sem terem se empenhado o bastante para ver as coisas com clareza. Suas iniciativas mudam a cultura inevitavelmente para pior.

Por exemplo: trabalhei por muitos anos com a liderança de uma corporação de serviços financeiros que faz parte da Fortune 50. Meu objetivo era criar uma cultura mais positiva. Logo no começo do trabalho, alertei aos executivos que iniciativas de liderança e cultura são como jogar no mercado de futuros: o risco negativo não se exclui pelo investimento. Expliquei que a participação deles no programa não significava apenas ir aos workshops ou demonstrar apoio aberto, mas investir tempo de verdade na resolução de problemas importantes através

DESILUSÃO

da implantação de valores e práticas da cultura que desejam. "Se não fizerem isso", alertei-lhes, "vocês causarão um grande estrago à própria cultura que tentam melhorar."

Expliquei também que, ainda que estivéssemos dando bastante atenção aos workshops e ao programa de mudança de cultura, as mensagens mais importantes que eles dariam aos seus funcionários viriam através de suas ações, tanto individualmente quanto como parte de uma equipe de liderança. Dessa forma, entramos em acordo de que eles não investiriam apenas tempo na participação dos workshops (o que fizeram de forma admirável), mas também — e mais importante — que se dedicariam, com minha ajuda de treinador, na aplicação do material dos workshops na resolução de desafios táticos e estratégicos da empresa.

Esse último comprometimento nunca aconteceu. De fato, meus piores medos viraram realidade. Nas centenas de horas que gastei no projeto, juntei-me à equipe de liderança em suas reuniões de negócios exatamente... zero vezes. Não causou surpresa que, ainda que o programa fosse declarado um sucesso, os níveis de comprometimento da empresa despencaram a patamares ainda mais baixos. Como os líderes falavam, mas não faziam, o que os funcionários fizeram foi se afastarem da empresa — se não fisicamente, ao menos de forma emocional. (E até onde sei, a empresa não realizou nenhum trabalho com liderança e cultura desde então.)

É vergonhoso confessar esse fracasso. Fico tentado a dar eco à versão oficial que declarou o projeto um sucesso, pois adequou-se aos seus índices de performance. Contudo, já vi até empresas demais que, depois que implementarem programas enormes de comprometimento, acabaram sendo conduzidas por zumbis, pessoas descomprometidas que perderam toda a vitalidade. É por isso que não posso deixar de afirmar a importância da integridade na prática da liderança. Se suas ações não combinarem com o que diz, você suscitará desconfiança e ressentimento em vez de comprometimento interno.

Nenhum esforço de comprometimento funcionará se não começar com o "por quê?" certo. Imagine um homem pedindo uma mulher em casamento. Ele fica de joelhos, oferece-lhe uma aliança de noivado e pergunta:

— Casa comigo?

— Por que quer se casar comigo? — retruca ela, ao que noivo responde:

— Porque homens casados têm expectativa de vida mais alta que homens solteiros.[23]

Como você se sentiria se fosse essa mulher? O que faria? Quando faço essas perguntas a participantes de meus workshops, eles respondem invariavelmente que ficariam tristes e que não se casariam com o cara. A resposta dele é totalmente egoísta e demonstra uma insensibilidade que o torna inapto como parceiro. Ele não sente amor pela noiva, nenhuma preocupação com seu bem-estar, com seu crescimento, com sua felicidade. Para o homem, ela não passa de um recurso cujo valor é apenas um meio para seus próprios fins. "Se eu fosse ela", disse-me certa vez um participante de forma memorável, "estaria pensando: 'E se você pudesse viver ainda mais se me deixasse no futuro? Você ficaria comigo mesmo que isso não fosse tão conveniente? O que aconteceu com os votos de *na alegria e na tristeza*?'."

Essa situação é análoga à da grande maioria dos líderes que tentam melhorar o desempenho da empresa por meio de programas de comprometimento de funcionários. Por mais que os funcionários quase nunca perguntem explicitamente ao seu líder "Por que quer que eu me comprometa?", nunca duvide que estão se perguntando isso por dentro. É deprimente que a resposta por eles presumida seja: "Porque conseguir uma nota melhor na pesquisa de comprometimento laboral da Gallup vai ajudar a empresa (e a mim) a ter mais sucesso."

Como você se sentiria se achasse que sua empresa quer fomentar seu comprometimento para explorá-lo? Como reagiria a um programa que tentasse criar um ambiente de trabalho positivo para que rendesse mais como um recurso "humano"? Você se sentiria comprometido ou enfurecido? Todos a quem fiz essa pergunta pendem para a última opção. Esse raciocínio soa egoísta e objetificante. Mesmo em meios corporativos, as pessoas tendem a considerá-lo manipulativo. Trocas materiais, como salários por serviços, não rendem mais que ações corretas. Comprometimento demanda empenho: ele só pode emergir de uma troca emocional.

É um segredo aberto na comunidade de consultores que, mesmo que os programas de comprometimento sejam lucrativos para as firmas de consultoria, quase nunca o são para as empresas clientes. Mesmo assim, como uma dança da chuva, sempre que as pesquisas de comprometimento revelam um problema estrutural, a reação automática é aplicar a solução sintomática. Nunca funciona. Não é possível curar um câncer com uma pílula de açúcar.

O QUE VOCÊ DIZ NÃO É QUE ELES ENTENDEM

Desde a infância, percebemos que falar é fácil. Ao crescermos, descobrimos que é possível dizer uma coisa e acreditar ou fazer outra. Vemos as contradições entre os "valores declarados" (o que alegam que uma pessoa deve fazer) e os "valores práticos" (o que de fato fazem) dos adultos. Aprendemos que mentir nos dá poder quando o fazemos com outra pessoa, mas nos torna vulneráveis quando o fazem conosco. Percebemos como é fácil declarar aos quatro ventos valores sem se comprometer de verdade com eles.

Quando eu estava no ensino fundamental, lembro-me de ir visitar um amigo certo fim de semana. Meu amigo brigou com o irmão mais novo, pois ele não nos deixava brincar em paz. Depois de dar várias cabeçadas no irmão, meu amigo devolveu as "gentilezas" com uma porrada. O menino começou a chorar. O pai apareceu e espancou meu amigo na minha frente. "Isso vai lhe ensinar a nunca bater no seu irmãozinho", falou enquanto batia em meu amigo.

Fiquei em choque. Meus pais nunca encostaram um dedo em mim, e eu nunca tinha visto um adulto bater em uma criança antes. Esse evento ficou gravado em minha memória por anos, pois algo nele me incomodava profundamente. Conforme ia amadurecendo, fui descobrindo que o que mais me entristecia era a hipocrisia naquilo tudo. Se não era certo que meu amigo batesse no irmão, por que era certo que o pai batesse nele?

LIDERANÇA & PROPÓSITO

Para sobreviver em um ambiente carregado dessas contradições, tornamo-nos céticos com discursos solenes demais, pelo menos até vê-los virarem ações concretas com o tempo. Aprendemos nossos valores familiares observando as ações de nossos pais mais do que ouvindo suas palavras. O que nossos pais nos dizem é bem menos importante do que o que fazem — sobretudo quando, sob estresse, não percebem que os estamos observando.

Falar é fácil, mas fazer é difícil: é isso que transforma uma ação em um sinal digno de crédito. Você pode declarar seus valores mais sublimes com toda facilidade, mas portar-se de acordo com esses valores demanda fazer escolhas difíceis e aceitar suas consequências. Lembro-me de, quando criança, barganhar com minha mãe dizendo: "Se prometer não ficar brava comigo, vou contar uma coisa." Com um misto de diversão e resignação, ela respondia: "Diga o que aconteceu. Não vou ficar brava." Eu queria ser honesto conquanto não tivesse que pagar um preço por isso. Quando se tem quatro anos, isso é encantador; aos 44, é trapaça.

Quem tem poder sobre nós estabelece padrões pelo exemplo. A forma como nossos pais colocaram seus valores em prática nos disseram o que era de fato importante em nossas famílias. Os comportamentos de nossos professores nos disseram quais normas deviam ser respeitadas para sobrevivermos e progredirmos na escola. O mesmo vale para os líderes: suas ações nos dizem o que é realmente importante em nossa empresa e como devemos agir para sermos parte da comunidade, para nos tornarmos "um de nós". Se os líderes de uma empresa não derem o exemplo dos valores que adotam no dia a dia e, mais importante, nas circunstâncias que colocam seus ideais em xeque, suas declarações, no melhor dos casos, tornam-se irrelevantes e, no pior dos casos, destrutivas. A única forma de fomentar comprometimento e alinhamento em sua empresa é tornando-se o modelo do comportamento que espera que todos os demais sigam.

UMA DINÂMICA INJUSTA

Liderança não é algo justo. Comportamentos exemplares são necessários, mas não bastam para suscitar o comprometimento dos funcioná-

DESILUSÃO

rios. Isso porque as pessoas captam e interpretam seus comportamentos de acordo com os filtros de seus próprios modelos mentais. Mesmo que você faça a coisa certa, ainda pode parecer deficitário.

Digamos que você apresente um alinhamento perfeito com seus valores declarados. Está, então, em terreno seguro, correto? Errado. Mesmo com uma liderança impecável e comportamentos perfeitamente sólidos, seus funcionários podem se sentir desiludidos. Quando as pessoas ficam sob os cuidados de maus pais, professores ou gestores (quem nunca?) passam a sofrer de uma espécie de angústia pós-traumática. Depois de se sentirem traídas pelas figuras de autoridade que alimentaram e esmagaram suas esperanças, elas ficam com medo de serem passadas para trás de novo.

Ademais, quando veem alguém levantar a bandeira de "ideais nobres" e de "valores", colocam-se de pronto em posição de defesa, como um animal que pressente o perigo. De modo a se proteger, tornam-se céticas em relação a palavras bonitas. Quem poderia culpá-las? Elas não querem ser enganadas de novo. Por isso, consideram qualquer comportamento que não pareça perfeitamente irrefutável como uma evidência condenatória contra seu líder. "Quando líderes se comportam de formas que parecem (para seus seguidores) violar os valores declarados da empresa", escreveu Jennifer Chatman, professora de administração da Universidade de Berkeley, "os funcionários concluem que o próprio líder está fracassando em fazer o que diz. Em resumo, os membros da empresa percebem sua hipocrisia e substituem seu empenho conquistado a duras penas por um cinismo capaz de ameaçar sua performance."[24]

Os seguidores não têm como saber de todos os aspectos de uma situação que levam um líder a tomar uma decisão. Eles tampouco têm como ler a mente do líder para saber o que está pensando e sentindo, e, por isso, preenchem as lacunas de suas narrativas fantasiosas atribuindo causas duvidosas a seu comportamento. E quando a história representa o líder como o "vilão", os seguidores retiram sua confiança. Tornam-se cínicos e todo evento negativo que acontecer sedimentará ainda mais esse ponto de vista. Mesmo se seus líderes agirem de forma racional, seguidores muito sensíveis e críticos suspeitarão de suas motivações.

VIÉS DE ATRIBUIÇÃO

"Somos propensos demais a nos julgar por nossos ideais e aos outros por suas ações", disse Dwight Morrow, embaixador dos Estados Unidos no México em 1930.[25] Avaliamo-nos à luz de nossas intenções, mas aos outros por seus comportamentos e os efeitos destes sobre nós. Sempre que fazemos algo que pareça destoar de nossos valores declarados, racionalizamos a situação, explicando que não era nossa intenção ou que o fizemos por um bom motivo. Quando, porém, as pessoas fazem algo que pareça destoar de seus valores declarados, apontamos rispidamente que estão errados, que são burros, mesquinhos ou, em casos extremos, maldosos. Tendemos a fazer isso de forma automática, sem nos perguntar sobre seus motivos, intenções ou ideais e sem qualquer consideração às circunstâncias exteriores que os influenciaram.

"Viés de atribuição"[26] é a tendência psicológica que nos faz julgar a nós mesmos de forma mais benevolente do que aos outros, pois enquanto sabemos o que pensamos, sentimos e quais escolhas nos são apresentadas, não sabemos o que pensam e sentem os outros, ou quais escolhas enfrentam. Assim, inventamos narrativas para melhorar nossa autoestima e demonstrar que somos melhores que os outros. Por exemplo: se estou dirigindo um carro e bato em uma árvore, atribuiria a culpa do acidente às circunstâncias, como a necessidade de desviar de um cachorro. No entanto, se você bater em uma árvore, eu o culparei por dirigir de forma imprudente. Por outro lado, se eu pescar um peixe de quatro quilos e disser que pesa cinco, desculparia meu exagero como sendo uma "mentira inocente". Se, porém, você fizer o mesmo, vou dizer que está "cantando de galo".

Supostas contradições de liderança tornam-se "indiscutíveis" pois os seguidores dividem suas conclusões apenas com outras pessoas com quem estão de acordo. Seguidores têm medo (não sem motivo) de confrontar seus líderes de uma forma que lhes desse oportunidade de explicar que não há nenhuma contradição ou que os levasse a reconhecer que cometeram um deslize que precisa ser corrigido. Muitos seguidores justificam seus fracassos criticando os líderes por "não serem abertos a *feedbacks*". O diálogo deve ser mais ou menos assim:

DESILUSÃO

— É melhor não confrontar esses caras. Eles não reagem bem a críticas.

— Como você sabe?

— Bem, olhe só! Ninguém nunca os confronta. E se lembra de Joe? Ele foi demitido.

— Por quê?

— Não sei. Ele deve tê-los confrontado.

Como essa dinâmica se repete sem parar, as pessoas se tornam resignadas. Elas aprendem o desemparo. Além disso, disseminam sua desconfiança em líderes de outras empresas, onde trabalham desde o começo com preconceitos. Para um líder, isso dificulta ainda mais a criação de comprometimento. É um círculo vicioso terrível que descamba para uma experiência de lugar de trabalho difícil para muitos.

Essa dinâmica lamentável e injusta torna seu trabalho como líder bem mais difícil. Em primeiro lugar, como qualquer outra pessoa, você avalia as próprias intenções e desculpa as próprias ações, por isso tende a projetar suas crenças em seus seguidores, negligenciando suas preocupações. Seus seguidores, entretanto, avaliam-no somente à luz dos impactos de seus comportamentos sobre eles (que você não entende por completo) e das conclusões que tiraram sobre suas motivações (conclusões que não levam em consideração suas circunstâncias internas e externas). Em segundo lugar, se você acha que as pessoas o julgam de forma injusta, estará mais propenso a ignorar as preocupações delas. Você tenderá a não levar em conta questionamentos sobre suas ações pois, de sua perspectiva, é evidente que você tem razão, e eles, não. Se acredita estar sendo criticado de forma injusta, facilmente vai se tornar esquivo, defensivo, opositivo e agressivo.

Vivenciei exatamente esse impulso defensivo durante um workshop de uma semana que conduzi. Dentre meus objetivos, disse aos participantes, esperava poder conhecer todos melhor em conversas mais profundas com grupos pequenos durante nossos almoços. Infelizmente, havia no workshop uns dez participantes a mais do número que podia tornar meu projeto viável, por isso tive que elaborar uma programação diferente.

Para compensar a discrepância, pensei que seria uma boa ideia me sentar com as pessoas com quem não tinha conseguido almoçar em uma festa que ia acontecer à noite. Acabou sendo uma má ideia por conta da música alta, do tumulto e do fato de que não havia mesas e cadeiras. O jantar consistia de aperitivos servidos aos convidados, que ficavam de pé. Havia uma área reservada para as pessoas com quem eu deveria jantar, mas, em meio à música alta e às pessoas que dançavam (sob efeito de algumas taças de champanhe), esqueci-me por completo de tentar conhecer meus companheiros de mesa de forma mais profunda. Desatento, conversei superficialmente com as pessoas à minha volta, mas não me envolvi com nenhuma delas em uma conversa profunda como a que tivera com as demais.

Na manhã seguinte, estava prestes a começar o workshop quando uma moça de minha equipe veio me dizer que as mesmas pessoas com que eu conversara tão agradavelmente na noite passada haviam reclamado que eu não tinha mantido meu compromisso de entabular um diálogo em grupo. Elas tinham razão, é claro, mas fiquei chocado com o fato de ninguém ter me dito nada ao longo da noite. Soube o que sentiam apenas porque um dos participantes comentou algo com a moça da minha equipe, que comentou comigo.

Mais constrangedor ainda é o fato de que, no dia anterior, tinha discutido com o grupo sobre a importância de honrar um compromisso e de cobrar o mesmo empenho dos outros. Meu impulso imediato foi confrontá-los na frente de todos dizendo algo como: "Por que não falaram comigo ontem à noite? Se tivessem simplesmente me recordado de meu compromisso, eu teria encontrado uma forma de honrá-lo. E por que reclamaram com outra pessoa e não comigo? Eu nunca teria sabido que quebrei minha promessa... e vocês nunca saberiam o quanto me importo com vocês e com honrar minha palavra. Devo-lhes desculpas, sem dúvida. Mas vocês podiam ter facilitado as coisas!"

DESILUSÃO

Esse foi um daqueles "momentos de integridade" em torno do qual seminários e empresas inteiros podem girar. Felizmente, meu treinamento em meditação veio ao meu auxílio. Respirei fundo, fechei os olhos e me recompus. Percebi que, se expressasse qualquer um desses apontamentos defensivos para o grupo, trairia meus próprios valores, perderia a confiança deles e arruinaria o seminário. Depois de me acalmar, entrei na sala, caminhei até o palco e disse: "Percebi que pequei em meu envolvimento com o grupo no jantar de ontem à noite. Sinto-me envergonhado em confessar que esqueci completamente. Peço desculpas por meu lapso e gostaria de convidar aqueles que decepcionei para uma reunião comigo hoje, depois do workshop. Ficaria muito feliz se me dessem uma chance de reparar meu erro."

Depois do workshop daquele dia, tive um diálogo muito positivo com os convidados do jantar do dia anterior. A certa altura da conversa, falei: "Sem qualquer necessidade de desculpas e pelo bem de meu aprendizado e do de vocês, gostaria de perguntar... o que os impediu de me dizer ontem à noite que era para jantarmos juntos? Eu me comportei de alguma forma que os deixou inseguros para levantar a questão?" Todos riram. "Pensamos que você não estava interessado em conversar conosco depois de um dia tão longo", respondeu um deles.

Fico feliz que tenham reclamado com minha ajudante e que a situação foi resolvida. Mas tremo só de pensar quantas vezes devo ter decepcionado pessoas que nunca reclamaram, e, dessa forma, fui incapaz de arrumar as coisas.

Quando líderes percebem que as pessoas à sua volta os estão julgando de forma dura sem oferecer oportunidades de se explicarem, podem ficar na defensiva e se tornarem até maquiavélicos. Tive que tirar muitos líderes do "meio-fio" depois de lerem minhas avaliações 360º, pois haviam se sentido criticados de forma injusta por algumas das declarações que recolhi. O impulso deles era convocar uma reunião e confrontar quem quer que os tenha avaliado daquela forma. Lembro-me de um vice-presidente que gritou comigo: "Quem foi que disse essa porcaria?" Senti simpatia por ele: o homem acreditava que as pessoas estavam tirando conclusões injustas sem lhe dar qualquer chance de se explicar. Recordei-lhe que ele havia concordado em manter o anonimato dos entrevistados. Ele ficou ainda mais furioso: "Tudo bem", rosnou, "eu vou descobrir." Expliquei-lhe que a menor sombra de investigação punitiva destruiria sua reputação. Ele acabou se acalmando, mas foi uma incerteza por algum tempo.

O PARADOXO DO PODER

Se você deseja se transformar em um líder transcendente, depois de vencer o descomprometimento, a desorganização e a desinformação, deverá confrontar o maior e mais desafiador adversário de todos: seu próprio poder.

Em sua obra-prima *O senhor dos Anéis*, J.R.R. Tolkien conta a história da missão para destruir o Anel de Sauron. O Anel não somente confere poder, mas também escraviza quem o usar. É uma metáfora do que acontece todo dia no mundo em que vivemos: líderes poderosos, mesmo aqueles idealistas e cheios de boas intenções, sucumbem à luxúria de se tornarem cada vez mais importantes, respeitados e admirados. Para resumir, cada vez mais poderosos.

Para Tolkien, o poder é sempre maligno. Muitos de seus heróis se perguntam se o Anel poderia ser usado para fazer o bem. A resposta de Tolkien é um "não" retumbante: meios malignos podem gerar apenas fins malignos, não importa se as intenções iniciais eram boas. É por isso que, quando Frodo lhe oferece o Anel, o sábio Gandalf grita: "Não! Com esse poder eu teria um poder grande e terrível demais. E comigo o Anel ganharia uma força ainda maior e mais fatal. Não me tente! Pois eu não quero ficar como o próprio Senhor do Escuro! Mas o caminho do Anel até meu coração é através da piedade (...) pelo desejo de ter forças para fazer o bem."[27]

A alegoria criada por Tolkien não é tão equivocada assim. Uma pesquisa mostrou que o poder estimula os mesmos centros neuronais que respondem à cocaína.[28] A sensação de poder aumenta os níveis de testosterona e seu subproduto, o 3α-Androstanediol, tanto em homens quanto em mulheres. Isso, por sua vez, leva ao aumento dos níveis de dopamina, sequestrando o sistema de recompensas do cérebro, o que dá um prazer de curta duração enorme, mas que leva a um triste vício de longa duração. Em outras palavras, o poder literalmente sobe à cabeça. Ele é viciante e pode destruir sua vida, caso sucumba a ele.

DESILUSÃO

Este é um alerta seríssimo. Se você for capaz de conquistar a confiança e o comprometimento de seus seguidores, vai adquirir um poder tremendo. Esse poder, porém, tornará você uma pessoa pouco digna de confiança. O psicólogo norte-americano Dacher Keltner chama isso de "paradoxo do poder". "Ser legal é o melhor caminho para o poder", escreveu, "mas conquistar o poder seguramente torna as pessoas más. As seduções nos induzem a perder as mesmas habilidades que nos levaram a conquistá-lo." Como disse o historiador britânico e amigo de Tolkien, lorde Acton, em sua famosa citação: "O poder tende a corromper; o poder absoluto corrompe absolutamente."

Muitas pesquisas em psicologia social corroboram a afirmação de Acton: o poder leva as pessoas a agir de maneira impulsiva e a desconsiderar os sentimentos e desejos dos outros. O poder incentiva as pessoas a agir segundo seus próprios caprichos, desejos e impulsos. Quando pesquisadores, em seus experimentos, dão poder às pessoas, aumentam as probabilidades de tocar os demais de formas inadequadas, de flertarem com mais agressividade, de tomarem decisões arriscadas e que envolvam azar, de terem rompantes de impetuosidade durante negociações e de falarem o que pensam sem filtros sociais. Eles devoram seus biscoitos como o Come-Come da Rua Sésamo, ficando com o queixo e peito cheio de migalhas.

Pessoas que se sentem poderosas têm mais propensão a terem casos extraconjugais, a dirigir de forma imprudente, a mentir, a furtar e a argumentar que é justificável quebrar regras que os demais devem seguir. O poder parece levar ao egocentrismo. Em experimentos em que as pessoas são convidadas a escrever a letra *E* em suas testas de modo que os outros possam ler, pessoas poderosas são mais propensas a escrever certo para si mesmas e ao contrário para os observadores, uma vez que não veem mais o mundo da perspectiva dos outros.

Talvez ainda mais preocupante sejam as provas abundantes de que ter poder aumenta as chances de as pessoas agirem como sociopatas. Uma pesquisa descobriu que 20% dos líderes de negócios e no governo demonstram tendências narcisistas e psicopáticas. Essa é praticamente a mesma proporção dentre prisioneiros em contraposição ao 1% observado na população em geral.[29] Indivíduos com muito poder têm mais chances de corromper os outros, a falar fora de hora e a não conseguir olhar para quem estão falando. Eles também são mais propensos a provocar amigos e colegas de forma hostil e humilhante. Levantamentos em empresas mostram que os comportamentos mais grosseiros — gritaria, xingamento, assédio sexual e críticas destrutivas — vêm de indivíduos em posições de poder.

Keltner alega que pessoas com poder tendem a agir como pacientes psicóticos que sofreram danos no córtex orbitofrontal (região dos lóbulos frontais logo atrás dos olhos), condição que parece causar comportamentos excessivamente impulsivos e insensíveis. Ele sugere que "a experiência do poder pode ser pensada como se alguém tivesse aberto seu crânio e tirado aquela parte de seu cérebro crucial para a empatia e os comportamentos socialmente apropriados". O paradoxo é que o poder é dado a pessoas para que gerem um bem ainda maior, mas, uma vez que o possuem, elas tendem a abusar dele.

Há muitas evidências empíricas no mundo dos negócios que podem corroborar as conclusões de Keltner. Em 2016, um estudo feito por pesquisadores da Universidade de Stanford identificou as seguintes violações de conduta em 38 eventos que viraram notícia entre 2000 e 2015:

- 34% envolviam denúncias de um CEO que mentiu para a diretoria ou os sócios a respeito de assuntos pessoais, como infrações por dirigir alcoolizado, antecedentes criminais prévios não revelados, falsificação de credenciais ou outros comportamentos ou ações.
- 21% envolviam casos sexuais ou relações com um subordinado, contratante ou consultor.
- 16% envolviam CEOs que usavam fundos corporativos de uma maneira questionável, mas não estritamente ilegal.
- 16% envolviam CEOs que usaram de comportamentos pessoais ofensivos ou de linguagem abusiva.
- 13% envolviam CEOs que fizeram declarações controversas ao público que foram ofensivas a clientes ou a grupos sociais.[30]

Esses tipos de transgressão custam caro. De acordo com a *Fortune*, quando os CEOs agem dessa maneira, os custos da empresa devido a perdas em capitalização de mercado (queda de ações) estão na casa de 226 milhões de dólares em apenas três dias.

Há um conto popular que diz o seguinte: um escorpião quer atravessar um rio, mas não sabe nadar, por isso pede carona a um sapo. O sapo diz:
— Se eu lhe der carona, você vai me aferroar.

O escorpião responde:
— Eu não teria interesse em aferroar você, pois, assim, nós dois afundaríamos.

O sapo reflete na lógica do argumento por um instante e aceita o acordo. Ele deixa o escorpião subir em suas costas e entra na água, mas, no meio do rio, sente uma dor ardente na lateral e percebe que, no final das contas, o escorpião o aferroara. Enquanto os dois afundam sob as ondas, o sapo lamenta:
— Por que você me aferroou, escorpião? Agora nós dois vamos afundar.

E o escorpião responde:
— Não consigo me controlar. É da minha natureza.

Infelizmente, o poder tem uma natureza escorpiana. Mesmo que as gratificações narcisistas de autoridade e controle sejam tóxicas para seus interesses, a maioria das pessoas no poder não consegue se controlar. Eles vão aferroar seus seguidores inevitavelmente e todos se afogarão em um rio de descomprometimento e desconfiança.

A Regra de Ouro indica: faça com os outros o que gostaria que fizessem com você e não faça com os outros o que não gostaria que fizessem com você. A maioria das pessoas aceita isso na teoria, mas viola o mandamento na prática. E o fazem de forma ainda mais descarada quando estão no poder. É possível exercer poder na liderança de uma empresa sem ser corrompido por ele? Ou será esse poder o Anel de Tolkien que escraviza quem quer que o use, transformando-o em um servo do mal? Mais particularmente, se você alcançar esse tipo de poder, como usá-lo para o bem?

Se deseja liderar uma empresa comprometida, você deve ir além do entendimento intelectual. Precisa ter uma integridade heroica face ao poder corruptor; precisa trabalhar com honestidade, respeito, de forma justa, aberta, humilde, cuidadosa e inspiradora todos os dias. Sem isso, não há como suscitar o comprometimento de seus seguidores. Esses comportamentos não podem ser fingidos. Se não emergirem de seus valores mais íntimos e se não forem colocados em prática através de meios habilidosos, as chances de não obter sucesso são grandes. E, a não ser que tenha disciplina e consciência sobre-humanas, o perigo é que você trairá seus seguidores conforme for sendo testado pela influência corruptora do poder e pela atitude excessivamente sensível e crítica dos que o apoiam.

SUA EQUIPE É SEU ESPELHO

Seus comportamentos de liderança não são apenas suas ações diretas. Como líder, você expressa seus valores através da escolha de sistemas, estratégias e processos. Você tem poder de definir — ou de, ao menos, influenciar de forma considerável — como as pessoas são recrutadas, selecionadas e contratadas para sua empresa, como socializam e são treinadas, como e por que são premiadas e promovidas, e como e por que são repreendidas, rebaixadas ou demitidas. Cada um desses processos existe com seu aval e comunica à sua empresa o que é importante, o que é certo e o que é justo para você. De forma semelhante, todos os administradores de sua empresa exercem seus cargos com sua sanção, de modo que o comportamento deles reflete seus valores e crenças mais que qualquer coisa que você escreva ou diga — e talvez ainda mais do que qualquer coisa que você mesmo faça.

Ouço com frequência líderes reclamarem que herdaram equipes ou funcionários disfuncionais ou lamentarem que têm alguém com desempenho extraordinário (no que chamamos de dimensão do Isso), mas com "péssimas habilidades pessoais" (ou seja, que a pessoa não tem habilidades para cuidar das dimensões do Nós ou do Eu). Isso pode até ser verdade, mas, no momento em que esses líderes aceitaram sua posição com poder para promover, demover, contratar e demitir, não têm mais onde se esconder. Quem quer que faça parte de sua equipe foi escolhido por eles, explícita ou implicitamente. Esse aval transmite seus verdadeiros valores à totalidade da empresa.

DESILUSÃO

Para o Isso, os benefícios de ser um fazedor de dinheiro intratável são óbvias — para o Nós e o Eu, não. Por exemplo: o comitê de gestão de uma firma de advocacia acordou bruscamente de seu sono quando descobriu que seus atritos indesejáveis estavam saindo do controle. A firma estava perdendo alguns de seus melhores talentos. Eles enfrentaram algumas decisões difíceis quando descobriram que alguns de seus melhores advogados (segundo a avaliação dos clientes) estavam entre seus piores líderes (segundo os funcionários). Em seu zelo de prover um serviço excelente aos clientes, os advogados exigiam a perfeição de seus funcionários. A curto prazo, a satisfação dos clientes e as receitas da empresa aumentaram. A longo prazo, porém, os custos com os atritos foram às alturas. As pessoas entravam na firma por causa da marca e saíam por causa dos gestores. Depois de anos com uma cultura de usar e descartar funcionários, a firma tinha um problemão. Fui chamado pois a perda de talentos e a deterioração da reputação deles no mercado de empregos começaram a ameaçar a própria existência da empresa.

O comitê de gestão me pediu para trabalhar com alguns de seus "casos difíceis" mais importantes, ajudando-os a mudar as coisas. "Por que eles mudariam?", desafiei-os. "Estão sendo bem premiados por seus resultados nos negócios. São promovidos por líderes agressivos que são tão exigentes com eles quanto eles são agora com seus calouros na empresa."

Depois de um silêncio constrangedor, um dos advogados confessou. "Nós éramos... não, na verdade nós *somos*... esses líderes exigentes." Sugeri que o primeiro passo era deixar claro que tipo de cultura eles queriam e quão longe estavam dispostos a ir para mudar *seus próprios* comportamentos e se tornarem modelos dessa cultura. Enfatizei que para se tornar esse tipo de modelo era crucial definir os mecanismos de promoção e premiação da firma e, em seguida, aceitar que os "melhores funcionários" recalcitrantes poderiam querer ir embora.

No golfe, existe uma variante do jogo chamada de "*scramble* da melhor bola". O jogador ou a jogadora faz duas tacadas, escolhe a melhor, faz outras duas tacadas daquele ponto e assim por diante, até ele ou ela acertar a bola no buraco. Uma variante chamada de *"scramble* da pior bola" é o exato oposto. O jogador dá duas tacadas, seleciona a pior, faz outras duas tacadas daquele ponto e continua a bater do lugar da pior bola até ele ou ela acertar duas bolas no buraco. Golfe é um esporte difícil, mas o *scramble* da pior bola é perverso. Ele exige um jogo homogêneo, uma vez que qualquer erro tem efeitos combinados.

Liderar é como o *scramble* da pior bola em dois sentidos. Primeiro porque todo líder é avaliado de acordo com seus campos mais fracos. Para suscitar o comprometimento interno dos seguidores, um líder precisa ser homogêneo nas dimensões do Isso, do Nós e do Eu. Ele ou ela precisa demonstrar perspicácia nos negócios, inteligência social e integridade pessoal. Qualquer fracasso vai se acumular de modo a destruir o desempenho nas outras áreas.

Em segundo lugar, e mais difícil, a liderança é um esporte coletivo. A autoridade de cada gestor provém do CEO que, dessa forma, assina embaixo e é responsável pelos comportamentos de seu gestor. Todo administrador que se comportar de forma incoerente com os propósitos e valores da empresa deixa uma mácula no restante da equipe de liderança. Todos os gestores precisam ser sempre ótimos, uma vez que a liderança será avaliada pelo desempenho de seus membros mais fracos.

É lugar-comum no mundo dos negócios dizer que as pessoas entram em empresas e abandonam gerentes.[31] Mas mesmo que uma pessoa se sinta motivada por seus supervisores imediatos, vai se sentir descomprometida com uma empresa que promove e mantém maus líderes. Assim como o placar do *scramble* da pior bola depende das piores tacadas, o placar do comprometimento depende do comportamento dos piores líderes. Isso coloca uma exigência muito mais pesada sobre cada líder. Não basta que ele seja ótimo: ele não tem como aceitar menos que a perfeição dos demais membros de sua equipe de liderança.

A REGRA DO NÃO TABU: ENCARANDO O ESPELHO

Uma vez que se comprometer com uma liderança de verdade, você e sua equipe terão que rever seus comportamentos com frequência. Precisará conferir a consistência dos sinais que a empresa está recebendo, de modo a evitar as contradições capazes de minar o comprometimento. (Lembre-se de que o que importa não é tanto a mensagem que está enviando, mas a que acha que eles estão recebendo.) Você só será capaz de fazer isso empoderando e incentivando seus funcionários a confrontá-lo quando perceberem disparidades entre seus valores declarados e suas ações, sobretudo quando discordar deles. Você deve incentivá-los a falar com liberdade e agradecê-los por isso. Para liderar com eficiência, não pode existir tabus.

Eis um exemplo do que chamo de "encarar o espelho". Alguns meses depois de eu entrar para o LinkedIn, Jeff Weiner, o CEO, me perguntou se eu o ajudaria a se tornar o melhor líder possível.[32] Sugeri que começássemos com uma avaliação 360°. Realizei uma análise profunda usando não apenas instrumentos quantitativos, mas também entrevistas abertas com vinte pessoas que interagiam com ele (membros da diretoria, subordinados diretos, funcionários intermediários e assim por diante). Esse tipo de análise é bem intenso, já que formulo perguntas difíceis e dou ao cliente excertos de respostas como informação crua para analisarmos juntos.

No caso de Jeff, algumas das perguntas que fiz aos entrevistados foram:

"O que você mais admira em Jeff como líder?"

"O que Jeff poderia mudar para se tornar um líder melhor?"

"Você vê disparidades entre os valores declarados de Jeff e suas ações?"

"O que gostaria de discutir com Jeff, mas tem medo de que ele possa ficar irritado?"

O objetivo desse trabalho era ajudar Jeff a perceber que os comentários positivos que ouvia regularmente não eram tudo que as pessoas diziam sobre ele — especialmente quando não estava por perto. Essa análise lhe daria um retrato das percepções que as pessoas à sua volta tinham do que eram forças e oportunidades, além de abrir conversas entre Jeff e aqueles próximos a ele sobre temas que achavam difíceis de serem abordados. O relatório era uma oportunidade de discutir o que quer que pudesse ajudá-los a trabalhar melhor juntos.

Jeff ouve minhas teses sobre descomprometimento, desorganização, desinformação e desilusão desde que nos conhecemos, em 2006. Ele entendeu quão nocivas essas dinâmicas podem ser para qualquer empresa e está comprometido a atenuá-las (como convém a um líder transcendente). É por isso que aprendeu a incorporar comportamentos construtivos, a solucionar qualquer contradição entre suas declarações e ações e a tornar essas questões um objeto de discussão.

De positivo, as pessoas admiravam a energia inspiradora de Jeff e sua habilidade de retratar uma visão ampla enquanto, ao mesmo tempo, entendia os detalhes táticos cruciais necessários para concretizar essa mesma visão. Reconheciam a voracidade de sua mente, capaz de organizar quantidades enormes de informação e de usá-las em perguntas oportunas, oferecendo orientação decisiva. Eram gratas por seu treinamento e por sua gestão humana.

Foi mais difícil coletar informações sobre as fraquezas de Jeff. Expliquei aos meus entrevistados que o objetivo era ajudar Jeff a crescer e que isso exigia que ele aprendesse como satisfazer seu desejo de melhorar sempre. Eles me deram alguns materiais bons. Não me surpreendi ao constatar que as fraquezas de Jeff eram a sombra de suas forças.

Por exemplo: o estilo de interação de Jeff, que poderia ser percebido como intensamente questionador, acabou sendo tomado como relutância em aceitar informações falsas. Esse hábito dissuadia as pessoas de lhe apresentar informações, pois não queriam ser desafiadas por sua mente aguçada. Outra questão levantada foi que suas perguntas às vezes pareciam retóricas. As pessoas achavam que, quando Jeff se decidia por algo, em vez de sustentar sua posição, tentava fazer os demais descobrirem a mesma coisa por si mesmos através de perguntas socráticas. Esse comportamento parecia condescendente para alguns e restritivo para outros. Outra descoberta (surpreendente) foi que, dada a intensidade de Jeff, sua bondade parecia, às vezes, ameaçadora para algumas pessoas. "Quando ele é 'bonzinho' demais, fica na cara que você está ferrando com tudo e que ele está se segurando", disse um dos entrevistados. Já outra crítica era que a energia de Jeff, seu carisma e entusiasmo podiam criar um campo de distorção da realidade. "Jeff é tão intenso

DESILUSÃO

que as outras pessoas são varridas por sua paixão e perdem as próprias perspectivas", reportaram alguns.

A solução para nivelar o estilo de um bom líder não é ofuscar a luz dele ou dela, mas complementar a sabedoria do líder com compaixão. As descobertas do relatório foram tema de conversas pessoais entre Jeff e cada um dos membros de sua equipe, bem como com a equipe de liderança como um todo. A pedido do CEO, eles lhe forneceram exemplos concretos de áreas de mal-entendidos por meio dos quais ele foi capaz de identificar comportamentos específicos (e seu estado interno ao manifestá-los) que criavam barreiras entre ele e aqueles ao seu redor. Ele foi capaz de explicar à equipe o que desejava quando agia daquela forma. Como toda essa informação, Jeff e sua equipe procuraram meios para atender melhor às necessidades de todos.

Demandou muita coragem e abertura por parte dos entrevistados para dar seu *feedback* a Jeff e um grau semelhante de coragem e abertura por parte de Jeff para considerar essas críticas e tratar publicamente delas. A recompensa, porém, foi considerável. Todos os executivos seniores relataram depois que a equipe de liderança de Jeff era a melhor que já integraram na vida.

Para acrescentar mais uma reviravolta nessa história, antes de minha reunião com Jeff, a diretoria do LinkedIn pediu ao vice-presidente de talentos de nossa empresa que lhes preparasse uma avaliação de desempenho de CEO. Esse tipo de avaliação costuma ser feito por empresas de consultoria e, em geral, foca em habilidades pesadas (a dimensão do Isso). Pode até haver pontos referentes a capacidades de liderança, mas o foco fica, na maior parte, na perspicácia nos negócios.

Quando o vice-presidente sênior tocou no assunto, Jeff sugeriu — no que julguei ser um movimento um tanto arriscado — que a diretoria usasse o relatório que eu estava preparando para ele. Opus-me à ideia, pois meu diagnóstico foi criado para o desenvolvimento de liderança, não para avaliações. Ele é pessoal e cru demais para ser partilhado com outras pessoas, sem falar com uma diretoria. Na verdade, não dou o relatório com antecedência nem para a pessoa de que ele trata, pois aprendi que a maioria dos indivíduos precisa de apoio para processar a informação.

Jeff, no entanto, insistiu, então criei um relatório resumido para a diretoria e que foi apresentado com ele na sala. Como foi o caso com sua equipe, houve uma conversa muito produtiva sobre como Jeff e a diretoria poderiam trabalhar melhor juntos e sobre como ele focaria em tornar-se um líder ainda mais eficiente atentando para as descobertas da análise. Vários membros da diretoria elogiaram Jeff por sua transparência e comentaram que a análise do CEO foi a mais construtiva que tiveram oportunidade de participar.

Martin Winterkorn e Jeff Weiner representam os antípodas do espectro da liderança. Winterkorn não suportava encarar o espelho metafórico e fazer o tipo de introspecção necessária para se tornar um líder inspirador. Não suportava ouvir más notícias nem admitia críticas. Em vez de assumir seu comportamento, atribuía as consequências nocivas deste aos outros. Criou uma cultura do medo que produziu resultados desastrosos. Em contraste, Jeff teve a coragem de olhar para si mesmo com o entendimento de que fazê-lo é um requisito absoluto para a liderança. Ao tomar essa decisão, fomentou uma cultura de transparência e integridade radicais no LinkedIn. As pessoas mais talentosas do mundo provavelmente não dariam seu máximo a alguém como Winterkorn. Em 2016, porém, elegeram Jeff o líder mais admirado do Vale do Silício.[33]

Certa vez, quando o trem que levava Gandhi deixava a estação, um jornalista europeu correu até sua janela. "O senhor tem alguma mensagem que eu possa levar ao povo britânico?", perguntou.

Era o dia de silêncio de Gandhi, um descanso vital de sua exigente agenda de orador, por isso ele não respondeu. No entanto, escreveu as seguintes palavras em um pedaço de papel e passou-o ao jornalista: "Minha vida é minha mensagem."

O ponto não é que não basta apenas "enunciar" seus valores; você tampouco pode apenas "representá-los" (entendido como um comportamento de puros negócios). Se quer evitar os flagelos do descomprometimento, da desorganização, da desinformação e da desilusão, deve "viver" seus valores integralmente, de maneira que comunique a todos, o tempo inteiro, que é este compromisso que define sua vida.

PARTE 2
SOLUÇÕES SUAVES

Capítulo 6
MOTIVAÇÃO
PROPÓSITO, PRINCÍPIOS E PESSOAS.

Se você quer construir um navio, não chame as pessoas para juntar madeira e trabalhar; ensine-as a desejar a imensidão infinita do oceano.

— Antoine de Saint-Exupéry

Um economista e uma pessoa que não é economista estão caminhando pela rua. O não economista diz:
— Olha, uma nota de vinte dólares na calçada!
Ao que o economista responde:
— Impossível. Se fosse mesmo uma nota de vinte dólares, alguém já a teria pegado.

Assim como a natureza tem horror a vácuo, economistas têm horror a lucros inesperados. Para nós, não faz sentido que uma nota de vinte dólares esteja na calçada, pois alguém a teria recolhido na hora da queda.

Funcionários envolventes são um grande estímulo à produção: é como achar notas de cem dólares pela calçada. A esmagadora maioria dos líderes, porém, deixa seus funcionários largados, sem motivação e sem comprometimento. Isso não faz sentido econômico. Se as empresas norte-americanas estão perdendo até 300 bilhões de dólares por ano em produtividade,[1] além das perdas adicionais de talento, de participação no mercado e de lucros por conta do descomprometimento, por que os líderes orientados por resultados não estão fazendo nada para mudar essa situação? E se não estão fazendo, por que a concorrência do mercado não os substitui?

Um exercício intelectual pode dar uma noção da vantagem enorme das empresas capazes de gerar comprometimento em seus funcionários. Vamos imaginar que você trabalhe para uma dessas empresas. Quanto dinheiro a mais outra firma — conhecida por sua cultura tóxica, funcionários disfuncionais, trabalho entediante, gestão controladora e obsessiva e péssima marca — teria que lhe oferecer para atraí-lo de seu emprego atual? E quanto mais teriam que pagar a você para que trabalhasse tanto, com tanta cooperação e tanta criatividade quanto agora? A maioria das pessoas a quem faço essa pergunta se recusa a me dar um número: eles nunca o fariam. Há coisas que o dinheiro não compra.

Dadas as enormes vantagens de ter uma força de trabalho comprometida, você imaginaria que, quando um gerente não fosse capaz de motivar seus funcionários, seu supervisor imediato o pressionaria para que mudasse. E se o gerente não mudasse, o administrador sênior o trocaria por outro melhor ("Ou as pessoas mudam, ou você muda as pessoas", reza o ditado) e assim por diante rumo ao topo da cadeia alimentar, passando pelo CEO e pela diretoria. Se não fizerem isso, o valor de mercado da empresa cairia até ela ser superada, fechada ou outra empresa (mais envolvente) comprar seus ativos.

Ainda assim, quase 90% da força de trabalho mundial (e até 98% em certos países)[2] continua descomprometida. Surpreendente, não é mesmo? Uma empresa descomprometida competindo com uma empresa comprometida é como uma mula correndo contra um cavalo puro-sangue. Então como é possível que empresas sem comprometimento — e seus líderes e sua cultura — continuem existindo? Elas deviam estar extintas.

Há dois motivos para essa farsa darwiniana. O primeiro é a crença equivocada de que o que as pessoas mais querem é dinheiro, crença que está profundamente impregnada na dinâmica de funcionamento das empresas. O segundo é a jaula psicológica em que a maioria dos humanos está presa. Na Parte 2, começando por este capítulo, descrevo a crença equivocada e aponto formas de evitá-la. Na Parte 3, falo sobre jaula psicológica e mostro como se libertar dela.

Líderes transcendentes sabem que seres humanos, uma vez que suas necessidades são satisfeitas, não são movidos principalmente por dinheiro, mas por propósitos dotados de sentido, princípios éticos, pessoas importantes e domínio pessoal. Eles entendem que não têm como arrancar nada além de obediência repetitiva de seus funcionários à base do morde e assopra.

MOTIVAÇÃO

Depois de trinta anos tentando resolver problemas de descomprometimento, desorganização, desinformação e desilusão através das ferramentas econômicas comuns, assumi derrota. Esses problemas difíceis exigem métodos suaves. A resposta para a pergunta "Como motivar meus funcionários?" parece ser orientada pela economia, mas, na verdade, é orientada pela psicologia. Essa pergunta diz respeito à busca humana por propósito e transcendência. Quando um líder usar dessa sede existencial — dando aos seguidores oportunidades de criar uma identidade pessoal e coletiva, de se tornarem pessoas de quem se orgulham, de fazerem parte de um grupo que estimam —, ganhará acesso ao recurso mais precioso que existe: seres humanos comprometidos.

MAU TRABALHO, BOM TRABALHO

A organização Gallup conduziu a pesquisa empírica mais extensa da história sobre produtividade e comprometimento. Examinou mais de quatrocentas empresas, entrevistando um corte transversal de 80 mil administradores e cerca de dois milhões de funcionários. Usando medidores de desempenho como vendas, lucros, satisfação dos clientes, rotatividade de funcionários e as opiniões dos mesmos, a Gallup distinguiu entre lugares de trabalho bons e ruins.[3]

A primeira e segunda experiências de trabalho da filha de um amigo, uma *millennial* que acabou de sair da faculdade, ilustram bem a pesquisa da Gallup. A moça — vamos chamá-la de Amy — trabalhou primeiro por seis meses com televendas em uma firma de software. Ela não estava nem aí para o negócio e sabia que não faria carreira ali, mas aceitou o salário para pagar o aluguel. Recebia vinte dólares por hora mais os bônus por atingir ou passar sua meta. Seu trabalho era ligar para pessoas que já tinham usado o software da empresa para oferecer novos produtos. Não havia nenhuma ligação com os desejos ou talentos de Amy: ela era uma engrenagem na máquina.

Amy não entendia muito bem qual era o sentido de seu trabalho além de empurrar o produto da empresa — produto, aliás, que ela nunca tinha usado. Ela não sabia como esse produto poderia beneficiar os clientes. Simplesmente repetia seu roteiro de vendas como um papagaio, hora após hora, em uma litania repetitiva e idiotizante. Tudo que Amy sabia era que se atingisse sua meta, ganharia um prêmio, e que se não conseguisse atingi-la por dois meses seguidos, seria demitida.

"Meu gerente nunca me elogiou, só me criticava", queixou-se Amy. "Parecia que eu nunca fazia nada certo. Eu ficava nervosa o tempo todo. Não tinha as ferramentas que precisava para fazer bem meu trabalho. E não queria auxílio, pois via como meus colegas se davam mal quando pediam ajuda. Abaixava a cabeça e fazia o que me mandavam. Eu odiava o emprego, meu chefe, meus colegas e, depois de algum tempo, passei a odiar a mim mesma."

Para alívio de seus pais, Amy saiu desse emprego horrível e, para a grande felicidade deles, encontrou um novo emprego, onde se sentia completamente motivada. Hoje em dia, ela trabalha para uma empresa que conecta pela internet pessoas do mesmo bairro. Amy acredita que essa empresa está comprometida a fazer algo bom no mundo. Ela é grata por participar de um propósito nobre na companhia de pessoas que lhe dão apoio. Compreende como seus esforços se encaixam no quadro maior da empresa e sabe que seu trabalho torna a vida dos outros melhor.

Amy sabe o que é esperado dela e confiam que ela faça seu trabalho sem precisar ser microgerida. A moça tem bastante flexibilidade e autonomia no que diz respeito à forma de fazer seu trabalho e coordena seus esforços pessoais com os de seus colegas. Seu gerente está sempre à disposição e pergunta de maneira constante se Amy precisa de alguma ferramenta, material ou treinamento para fazer seu trabalho da melhor forma. De tempos em tempos, os dois conversam sobre carreira, e ele sempre a estimula a traçar planos em que possa fazer melhor uso de seus talentos e suas paixões.

Amy dá seu melhor, e seu gerente reconhece os esforços dela com elogios generosos. Todos ali também se importam com Amy. Alguns de seus melhores amigos são colegas de trabalho. Ela os ajuda, vê seus progressos e vice-versa. Se há algum desacordo na equipe, todos discutem a situação, confiantes de que a inteligência coletiva do grupo levará a uma resolução capaz de integrar as necessidades e perspectivas de todos.

MOTIVAÇÃO

Amy tem a sensação de fazer parte de uma equipe de desempenho extraordinariamente alto em que todos estão comprometidos em fazer um trabalho de qualidade. Ela tem orgulho do que faz, de como faz, do motivo por fazê-lo e das pessoas com quem o faz. Mudar de emprego ou se aposentar sequer passam por sua cabeça: ela quer subir na empresa e ajudá-la a prosperar.

De acordo com um estudo de 2014 envolvendo trezentas empresas, 94% dos *millennials* querem usar suas habilidades para fazer algo bom no mundo.[4] Mais de 50% dizem receberiam menos para trabalhar com algo que fosse condizente com seus valores.[5] Se não quer deixar todas essas notas de mil dólares na calçada e deseja motivar a equipe que lidera, você precisa ver além da alusão de que prêmios externos são com o que os funcionários mais se importam. Você precisa parar de focar apenas nos bens materiais e passar a olhar para os bens não materiais.

OS QUATRO PILARES DA MOTIVAÇÃO INTRÍNSECA

Empresas que geram comprometimento em seus funcionários se apoiam no que chamo de "os quatro pilares" da motivação intrínseca:

1. Propósito: importância, sentido, impacto, serviço, autotranscendência.
2. Princípios: integridade, ética, moralidade, bondade, verdade, dignidade.
3. Pessoas: pertencimento, conexão, comunidade, reconhecimento, respeito, apreço.
4. Autonomia: liberdade, criatividade, realização, aprendizado, autocontrole.

O DINHEIRO NÃO MOTIVA

O problema na primeira situação descrita acima é que a empresa de software presume que o dinheiro é, em primeiro lugar, o que importa para funcionários como Amy. É uma crença equivocada que se enraizou em nossa cultura desde que Adam Smith descreveu a produtividade da fábrica de alfinetes em *A riqueza das nações*.[6] Ensinaram aos administradores que incentivos financeiros e controles comportamentais são as ferramentas essenciais — ou até as únicas — para gerir comportamentos dentro de empresas. Esse pressuposto é como um mandamento sagrado.

Nós, seres humanos, nos importamos com bens materiais, com certeza, mas a maioria de nós leva essa preocupação até ter o bastante para si e para as pessoas que amamos. Depois, a importância de mais dinheiro e de coisas despenca. Ou, como dizem os economistas que têm uma quedinha por um jargão obscuro: "A utilidade marginal dos rendimentos cai em níveis crescentes."

De acordo com o psicólogo da administração Frederick Herzberg, recompensas materiais são "fatores higiênicos".[7] Isso significa que a falta ou deslealdade deles podem levar as pessoas a se descomprometerem, mas que sua existência não gera motivação. Como o pensador de administração Daniel Pink nota, quando se trata de motivação, o único motivo para pôr dinheiro na mesa é para poder tirar da mesa o assunto do dinheiro.[8]

Equivocar-se quanto a esse fato sobre a natureza humana gera consequências perversas. Por exemplo: de acordo com uma pesquisa da Gallup de 2013, dois terços dos trabalhadores norte-americanos continuariam a trabalhar mesmo se tivessem dez milhões de dólares.[9] As pessoas querem tanto trabalhar que o dinheiro praticamente não importa. Como, no entanto, vão ao trabalho e ficam desmotivadas, não veem a hora de ir embora no final do expediente. O fato triste é que as empresas são criadas, guiadas e operadas de modo a espremer o máximo de seus trabalhadores em vez de inspirar o melhor neles, a despeito das evidências esmagadoras de que, quem troca qualidade por quantidade de esforço, acabar sem quantidade e sem qualidade.

Recompensas e punições com certeza geram observância. Se seu objetivo é fazer as pessoas obedecerem você, suborná-las e ameaçá-las pode funcionar. Se seu objetivo, porém, for reunir o empenho de todas, recompensas e punições tornam-se inúteis. Na verdade, são piores que inúteis: são contraproducentes.[10] Pessoas não são ratos em um labirinto ou o cachorro de Pavlov respondendo a um sino — ainda que tratá-las dessa forma as induza a se comportarem dessa forma. Incentivos financeiros não inspiram as pessoas a se importar, a trabalhar por uma meta comum ou a apoiar tomadas inteligentes de decisão. Incentivos financeiros são emocionalmente inertes: podem encher bolsos, mas não corações. E mais, incentivos financeiros são fáceis de ser igualados, então não oferecem nenhum diferencial competitivo no recrutamento, retenção e comprometimento de talentos melhores.

Pode até ser que, para um raciocínio lógico, dois métodos de motivação são melhores que um. Para o coração emotivo, porém, a conta nem sempre fecha. Às vezes, ao invés de somar, incentivos subtraem-se mutuamente. De fato, quarenta anos de pesquisas psicológicas e econômicas provam que "acrescentar incentivos financeiros a situações em que as pessoas estão motivadas a trabalhar sem eles parece minar mais que aumentar as motivações que já possuem", observou o psicólogo Barry Schwartz. "Motivações extrínsecas, como a busca por dinheiro, minam a motivação intrínseca."[11]

Quanto mais uma empresa usa recompensas e punições materiais para induzir comportamentos, menos as pessoas vão investir suas forças internas motivadas e incondicionais.

Há um estudo ilustrativo feito por um economista comportamentalista chamado Uri Gneezy, que descreve uma creche em Israel que queria incentivar os pais a buscar seus filhos na hora.[12] Cada vez mais os pais — incluindo Gneezy e sua esposa — atrasavam-se para buscar seus filhos, a despeito dos pedidos da mulher que cuidava da creche. Assim, a diretora criou uma pequena multa por atraso, dando aos pais motivos a mais para chegarem na hora. Atrasar não quebraria apenas um compromisso: também teria um custo financeiro.

Surpreendentemente, os atrasos começaram a aumentar logo depois da implementação da decisão. Antes que a diretora impusesse a multa, cerca de um quarto dos pais se atrasava. Algumas semanas depois, cerca de 40% dos pais se atrasavam. Gneezy descobriu que os pais interpretavam a multa não como uma punição por uma infração, mas como uma taxa por serviços extra de maternagem. E como a multa era pequena, ficavam contentes em pagá-la. Eles perderam a noção do que era uma violação ética. Chegar atrasado deixou de ser "errado": era um serviço pelo qual pagavam. As multas basicamente minaram o que era para ser um debate ético sobre a necessidade de os próprios professores voltarem a tempo para suas famílias.

Na mente das pessoas, incentivos financeiros podem reestruturar de forma perigosa a pergunta "Isso é certo?" para "Isso é lucrativo?". Uma vez perdida, é difícil recuperar essa dimensão ética. Quando aumentaram as multas na creche israelense, a porcentagem de pais atrasados aumentou até a faixa de 50%. Em termos econômicos, ainda fazia total sentido pagar por ela. Quando tiraram a taxa extra, a demanda aumentou ainda mais. Atrasar-se tornou-se cada vez mais conveniente. Toda e qualquer preocupação ética foi eliminada.

Há um princípio financeiro em economia chamado de Lei de Gresham. Ele diz que a moeda ruim expulsa a boa. Por exemplo: se houver duas formas de moeda-mercadoria em circulação — digamos, moedas cunhadas em ouro — que são criadas de forma legal para ter o mesmo valor nominal, a mercadoria intrinsicamente mais valiosa (por exemplo, as moedas que contêm mais ouro) vão desaparecer do mercado conforme as pessoas as acumularem. Assim, se a lei exigir que uma moeda "boa" e uma "ruim" sejam aceitas por valor equivalente, a moeda ruim vai dominar a circulação. As pessoas gastando dinheiro passarão as moedas "ruins", guardando para si as "boas".[13]

Existe uma lei semelhante na motivação de funcionários: maus incentivos expulsam os bons, como nos mostra o exemplo da creche. Quanto mais os líderes dependerem de incentivos financeiros, menos poderão contar com o comprometimento das pessoas. E quanto menos um líder puder contar com o comprometimento, menos ele ou ela poderá depender de incentivos financeiros. É um círculo vicioso e inútil, pois incentivos financeiros não produzem excelência. Incentivos financeiros nunca poderiam motivar as pessoas a fazer um bom trabalho, pois estas se importam com o que fazem e fazem-no porque é a coisa certa a se fazer.

COMO O PROPÓSITO SUPERA O DINHEIRO

Do ponto de vista econômico, o propósito supera o dinheiro por três motivos. Primeiro, como expliquei antes, bens materiais são exclusivos. Existe apenas um tanto de dinheiro para circular. Por isso, se eu pegar

MOTIVAÇÃO

uma parte do fundo de bônus como recompensa, você não pegará. E se você pegar, eu não pegarei. Se nós dois pegarmos, os investidores ficarão sem nada. Isso cria vencedores e perdedores: rivalidade, disputas de autoridade, querelas, inveja e ressentimento.

Bens não materiais, como sentido, propósito, orgulho ético, autonomia e pertencimento são não exclusivos. Se você for inspirado pela missão de sua empresa, isso não vai tirar nada de sua própria inspiração. Pelo contrário, recompensas não materiais aumentam, não diminuem o bolo. A comunidade que compartilha de uma visão desfruta de um efeito em rede que reforça a inspiração e o senso de pertencimento de cada um de seus membros. Se *você* tiver orgulho verdadeiro pelos valores que nossa empresa expressa e nós dois o exemplificarmos através de nosso trabalho, isso não vai tirar nada do *meu* bem-estar. E se ambos tivermos orgulho, também não tiraremos nada do orgulho dos investidores. Na verdade, cada um deixará os demais cada vez mais orgulhosos.

Segundo motivo: o valor dos bens materiais está desconectado da forma pela qual foram conquistados. Tanto faz se ganho dinheiro porque mereço, porque todo mundo ganha ou porque uso o sistema: o dinheiro vale o mesmo para mim. Como sou puramente econômico, sou um "mercenário". Isto é, preocupo-me apenas com o quanto ganho segundo o menor esforço possível.

Bens não materiais, por outro lado, dependem bastante da forma como foram conquistados. Se sou mercenário, não me preocupo com os propósitos nobres da empresa. Assim, o valor da dimensão não material de minha compensação é zero. Se você for um "missionário", em contraposição, vai se preocupar para valer com o propósito da empresa. Assim, o aspecto não material de sua compensação será um tanto valioso para você. Ademais, é impossível desfrutar de bens não materiais que não tenham sido obtidos de forma legítima. Para missionários, uma recompensa não material que não tenha sido conquistada é como uma moeda incandescente que acabou de sair da fundição: queima os dedos.

Em terceiro lugar, incentivos materiais são punitivos e condicionados por fatores externos ao controle dos funcionários. "Se você atingir os resultados que quero, será premiado", diz o empregador ao funcionário. "Porém, se não atingi-los, não importa por quê, não será premiado. Em vez disso, será punido (com demissão ou rebaixamento)." Esse tipo de asserção recorre a duas emoções humanas brutas: ganância e medo. Imagine essas duas pulsões como gasolina suja: pode até impulsionar seu carro, mas, com o tempo, entupirá o seu motor e poluirá o meio ambiente.

Bens não materiais, em contraposição, independem de fator externos. O que nos dá sentido é a busca de nosso propósito nobre enquanto expressamos princípios éticos em uma comunidade de pessoas que nos valoriza e às quais valorizamos. Eles não dependem de nenhuma força externa, apenas das ações de quem se compromete com eles.

Em meu último trabalho, diferenciei a busca de metas ou sucesso que dependam de um futuro contingente do compromisso a valores do processo: o sucesso além do sucesso.[14] O sucesso gera um prazer imediato de curta duração sujeito à angústia de perdê-lo. Você venceu o campeonato, mas pode perder seu título na próxima rodada, tempo ou ano fiscal. O sucesso além do sucesso gera paz de espírito, mais estável e não passível de angústia. Pode vencer ou perder, mas pode sempre dar seu melhor e promover valores éticos.

Gosto de pensar no propósito, na integridade e no pertencimento como as cordas de alpinismo que uso para chegar ao topo de uma montanha de sucesso. Elas me dão uma sensação de segurança e de autoconfiança, pois sei que, mesmo que o desafio se mostre difícil demais para minhas capacidades atuais, não cairei. Segurar-me firme a esses valores permite que eu me comprometa com entusiasmo a metas nobres sabendo que, com certeza, vou obter sucesso para além do sucesso material. Saber disso permite que me entregue sem medo e com objetividade, sem ter que me preocupar com ninharias. Permite-me aprender com meus próprios erros sem autorrecriminação.

Em uma das narrativas da *Odisseia*, de Homero, Ulisses pede aos seus marinheiros que o amarrem ao mastro do navio para que possa ouvir o canto das sereias sem correr riscos. Propósito, integridade e pertencimento são como esse mastro. Ele dá segurança para rejeitar as canções perigosas das sereias capazes de naufragar você e seus seguidores em um mar de tristeza. É um dispositivo de segurança que o mantém no caminho da virtude, repelindo os gritos de seus instintos mais básicos. Esses valores são os fundamentos de uma vida boa, de uma vida bem vivida, de uma vida que Aristóteles chamou de *eudaimonia*, de "atividade em acordo com a virtude".[15]

No Capítulo 1, usei a metáfora de um cobertor que é curto demais para explicar a contradição entre incentivos globais para fomentar a cooperação e incentivos locais para fomentar a responsabilidade. Se puxar o cobertor para cima, fica com frio nos pés; se puxar para baixo, fica com frio no peito. Não tem cobertor suficiente para cobrir as duas extremidades do seu corpo ao mesmo tempo. Através de propósitos, princípios, pessoas e de garantias de autonomia, todavia, existe uma forma não material de tornar esse cobertor grande o bastante para manter você e toda a empresa aquecidos.

O TRABALHO DO LÍDER

O trabalho de todo líder é estimular o comprometimento interno das pessoas na busca de uma meta comum. Como fazê-lo? Por meio de uma oferta transcendente que dê às pessoas um senso de significância: "Se der o seu melhor à missão", propõe um líder, "não conquistará apenas recompensas materiais, mas também orgulho, companheirismo, liberdade e propósito para sua vida. Você irá além de si mesmo e se conectará a algo maior e mais duradouro do que sua existência física." E como você é o modelo desse comportamento ético e dá oportunidades de crescimento aos seus funcionários, eles vão recompensar sua empresa com seus melhores esforços que, se aproveitados de forma adequada, se transformarão em lucros e crescimento extraordinários.

Um líder transcendente busca o que não tem como pedir: o comprometimento interno mais que a observância, o entusiasmo mais que a obediência, o amor mais que o medo. São bens preciosos, concedidos apenas a um líder que os mereça de verdade e que retribua com outro bem igualmente precioso: propósito.

Para tornar-se um líder transcendente, você precisa refletir sobre o que de fato motiva as pessoas. Se você é um líder, convide sua empresa a responder às seguintes perguntas:

PROPÓSITO
- Por que existimos como empresa?
- Qual é nossa contribuição única para os clientes e o mundo?
- Por que nosso êxito é importante para outras pessoas?
- Por que a empresa merece nossos melhores esforços?
- Cada um de nós compreende como seu esforço contribui para o propósito compartilhado?

PRINCÍPIOS
- Que valores queremos expressar?
- Como estamos demonstrando uma forma de ser e de se relacionar (entre nós e com as partes interessadas fora da empresa) que gostaríamos de estender a toda a humanidade?
- Que comportamentos nos deixariam orgulhosos, independente dos resultados de nossos esforços?
- Estamos manifestando a verdade, o bem e a justiça em tudo que fazemos?
- Que comportamentos fomentam a colaboração enquanto maximizam a liberdade individual e a responsabilidade?

PESSOAS
- Como criar um ambiente inclusivo em que todos que compartilham de nossa missão e nossos valores possam se sentir integrantes?
- Como podemos nos conectar autenticamente uns aos outros?
- Como garantir que todos se sintam reconhecidos, respeitados e valorizados como membros dessa comunidade?
- Como aprofundar nossos vínculos de confiança e solidariedade?
- Como apoiar melhor o aprendizado e crescimento uns dos outros?

AUTONOMIA
- Como fomentar escolhas fundamentadas e comprometimento interno de modo que cada um exercite seu próprio arbítrio no serviço de nossa missão?

MOTIVAÇÃO

- Como podermos ser cada vez melhores naquilo com que nos importamos?
- Que desafios estamos aceitando para testar e ampliar nossas habilidades?
- Que mecanismos de feedback podem respaldar nossos esforços de melhora?

PROPÓSITO

Quando minha filha Michelle ("Michi") tinha uns sete anos, ela me viu fazendo as malas para uma viagem de negócios. Eu estava de partida para a sede da empresa de seguros Axa, em Paris. Michi pediu que eu ficasse:

— Por favor, papai, não vá — implorou.

Foi de doer o coração.

Fiquei tentado a dar uma resposta desdenhosa e superficial como "quem me dera, querida, mas o papai precisa trabalhar", mas não o fiz. Essa resposta daria a impressão de que eu estava sendo forçado a viajar por forças além do meu controle, e isso não era verdade. Optei, em vez disso, a lhe dar uma resposta mais alinhada com minha filosofia de "resposta-habilidade", uma resposta que comunicasse o que a essência dos negócios da Axa oferecia aos seus clientes: escolhi viajar porque era importante. Eis como expliquei isso:

— Se eu morresse, Michi, querida, seria algo bem ruim — disse. — Eu ficaria com muita saudade de você. Não a veria crescer. E você também ficaria com saudades de mim. A gente perderia muitas coisas legais que estou planejando para os próximos anos.

Ele olhou para mim com seus dois olhos enormes cheios de lágrimas.

— Mas se eu morresse, seria ainda pior que isso — acrescentei.

— Por quê, papai? — perguntou ela.

— Eu não iria só embora — expliquei —, mas você e a mamãe ficariam com problemas financeiros. A mamãe teria que trabalhar várias horas a mais para pagar sozinha a comida, a casa, o carro, sua escola e muitas outras coisas.

LIDERANÇA & PROPÓSITO

Nesse momento, Michelle estava ficando triste para valer.

— Fiz algo para deixar essa situação menos horrível — falei. — Mesmo que eu não tenha como garantir que o primeiro problema não aconteça, as pessoas com quem vou trabalhar nessa viagem podem garantir que você e a mamãe fiquem bem. Fiz um acordo com elas de que, se algo acontecer comigo, vão dar dinheiro o bastante para a mamãe comprar tudo que precisar para tomar conta de você sem precisar trabalhar mais do que já trabalha. As pessoas que fazem isso sabem que pessoas como eu querem proteger quem amam em caso de não estarem presentes, por isso pago um pouco de dinheiro a elas todos os meses, e, em troca, elas vão pagar à mamãe o dinheiro de que ela precisar se eu morrer. Isso se chama "seguro" e é uma coisa muito bonita. Ela permite a mim, e a muitas outras pessoas que amam quem precisa delas, a sair tranquilo por esse mundo, que muitas vezes é bem assustador. Sou grato a elas e tenho orgulho de ajudá-las a fazer isso cada vez melhor.

Os olhos dela continuavam marejados, mas Michi sorriu e disse:

— Vai lá, papai, vai lá.

Durante minha reunião no número 25 da Avenue Matignon, compartilhei a história com os executivos da Axa.

— Você tem razão, Fred — comentou um deles. — Não vendemos seguros. Vendemos amor.

No fundo, toda empresa tem um propósito nobre: só é necessário encontrá-lo. Eu tinha orgulho de ajudar a Axa a permitir que as pessoas cuidassem de seus entes queridos mesmo depois de sua existência física, permitindo-lhes encarar um mundo cheio de riscos com confiança e paz de espírito. O propósito deles me inspirava a lhes dar o meu melhor. Tive orgulho de explicar à minha filha o que eu fazia. Podia ter dito que estava indo trabalhar para fazer dinheiro (a Axa, obviamente, estava me pagando pelos serviços). Seria, porém, metade da verdade, e a metade menos importante. A verdade mais elevada era que eu estava cumprindo a missão de minha vida alinhando-me a uma empresa que ajuda as pessoas a viver melhor.

Em meus workshops de liderança pergunto aos participantes: "Como vocês descreveriam a uma criança de sete anos o que sua empresa faz de modo que ela sinta orgulho de você?" Incentivo-os a ter essa conversa com seus colegas quando voltarem às suas empresas. Descobrindo a necessidade humana que o produto ou serviço de sua empresa sana, você é capaz de conectar as pessoas a um propósito nobre, um propósito capaz de dar intuito e orgulho a você, aos seus colegas e à sua família. Como você responderia a essa pergunta? O que seu gerente diria? E seus colegas, seus funcionários, seus clientes?

Todos nós queremos trabalhar para empresas que entendam como usar melhor a tecnologia, os recursos e os talentos para um bem maior. Todos nós queremos gerar valor, fazer mudanças sociais e ambientais positivas e aumentar as oportunidades daqueles que queremos bem. Ninguém deseja trabalhar para uma empresa que prejudique seus clientes com seus produtos ou que arruíne o meio ambiente com seus processos. O propósito disso é que líderes que querem motivar suas empresas precisam refletir sobre como estão fazendo uma diferença positiva no mundo.

Se quer motivar seus colegas, eles (e suas famílias) devem acreditar que o produto ou serviço que você oferece, bem como seu processo produtivo, de fato fazem a vida melhor. Isso exige empatia com os clientes e um entendimento do que é importante para eles. Como aquilo que você oferece lhes permite sanar suas necessidades? Isso também exige empatia com seus funcionários e um entendimento do que tem sentido para eles. Como o trabalho que você oferece aos seus funcionários lhes permite sanar as necessidades deles?

Durante uma época de sua vida, Paul Polman, CEO da Unilever, pensou em tornar-se padre e passar a vida como líder espiritual. Não é de todo surpreendente: como cabeça da terceira maior empresa de produtos do mundo, Polman ganhou reputação como líder consciente de um negócio global. Holandês alto, de rosto redondo e olhos brilhantes, ele é porta-bandeira de ideais nobres nos negócios.

Quando Polman assumiu a empresa em 2009, jurou cortar o impacto ambiental da Unilever pela metade até 2020 e, ao mesmo tempo, dobrar o volume de negócios e ajudar um bilhão de pessoas a ter mais saúde e bem-estar. São metas intimidantes — alguns diriam loucas —, mas Polman acredita no que Jim Collins e Jerry Porras chamam de "metas grandes, ousadas e cabeludas". Ele também insiste que "se você acredita em algo, deve lutar por isso e ter coragem de tomar as decisões mais difíceis que vêm junto".[16]

No âmago das ideias de Paul reside o desejo de dar exemplo concreto de sustentabilidade nos negócios. Por exemplo: ele trabalhou com o ex-secretário-geral da ONU, Ban Ki-moon, investigando como empresas poderiam trabalhar melhor com as Nações Unidas e ajudou a criar o Fórum dos Bens de Consumo, que entrou em acordo de, entre outras coisas, parar de comprar óleo de palmeira, papel, soja ou carne de áreas de florestamento ilegal até 2020. "Estamos tentando mostrar às pessoas que é possível ter um negócio de sucesso e, ao mesmo tempo, à comunidade financeira que esse tipo de atitude deveria ser o maior impulsionador de seus investimentos", diz Polman. "Estamos crescendo e o valor de nossas ações vai muito bem. Assim, ganhamos credibilidade. Quanto mais reforçarmos essa relação e a mostrarmos aos outros, mais estimularemos o bem no mundo. Essa será a cara do sucesso."[17]

Polman alinhou sua enorme empresa multinacional no serviço de um propósito nobre. "Tornar a sustentabilidade uma estratégia e um modelo de operação abre portas que as pessoas não conseguem imaginar", disse. "Quem vai negar participar dessa jornada, quem vai negar entrar no trem para um mundo melhor?"

Um propósito nobre, gerido de forma consistente, modelado e realizado por líderes pode transformar projetos individuais e empresariais em uma "mão invisível" em benefício da sociedade. Uma empresa com projetos dotados de propósito como a Unilever não é feita para "destruir a concorrência" ou "ser a primeira", mas para criar valor econômico (que é valor humano) através de trocas mutuamente vantajosas com clientes, funcionários, investidores, financiadores, fornecedores e outras partes interessadas.

PRINCÍPIOS

"Você que está na estrada deve ter um código segundo o qual viver", cantavam Crosby, Stills e Nash. Ainda que estivessem falando de pais e filhos, poderiam também estar se referindo a líderes e seguidores. Humanos são animais éticos. Nós nos importamos profundamente com o que é bom e justo. Pergunte a qualquer um por que ele ou ela fez algo e receberá uma justificativa ética. Do "ele me bateu primeiro!" da criança de cinco anos ao "é direito meu!" das pessoas de 55, buscamos legitimar nossas ações recorrendo a princípios morais. Para nos comprometermos de maneira integral com algo, precisamos de um código segundo o qual podemos viver com orgulho. Como um arquiteto de cultura, todo líder transcendente precisa definir princípios morais para sua empresa.

Em seu livro *A paisagem moral*, o neurocientista e filósofo Sam Harris, argumenta que as "questões dos valores (...) são, na verdade, questões sobre o bem-estar das criaturas dotadas de consciência".[18] O bem é o que impulsiona o crescimento de seres conscientes e que direciona nossa atenção a um grupo de atitudes, escolhas e comportamentos que influenciam-no positivamente. Harris argumenta que as ciências humanas podem nos ajudar a compreender o que todas as pessoas deveriam valorizar, querer e fazer de modo a viver a melhor vida possível, enquanto, ao mesmo tempo, auxiliam os demais na mesma empreitada. Para ele, existem respostas certas e erradas para questões morais, assim como há respostas certas e erradas para questões de física.

Os princípios morais que se provaram mais eficientes na promoção do desenvolvimento humano foram o respeito pela autodeterminação e pelos direitos de propriedade. Os pais fundadores dos Estados Unidos estabeleceram como verdade evidente que todo ser humano é dotado de diretos "inalienáveis" à vida, à liberdade e à busca da felicidade — aos quais gostaria de acrescentar o direito à busca de propósito. Líderes transcendentes sustentam essas verdades como princípios fundadores da cultura de suas empresas. O código deles é baseado no respeito incondicional por cada ser humano como um fim em si, e não como meios para os fins dos outros.

Líderes transcendentes estabelecem princípios morais que respeitam a autodeterminação dos indivíduos. Eles dão a todos — dos funcionários aos clientes e fornecedores — a oportunidade de fazer escolhas livres e fundamentadas para a melhoria de suas vidas, escolhas limitadas apenas por direitos semelhantes à vida, liberdade e propriedade dos demais.

Eles também estabelecem princípios efetivos que incentivam o comprometimento de seus funcionários na busca de um propósito comum e no uso inteligente de seus saberes, antes dispersos. Como tenho notado, isso é muito raro. A maioria das pessoas que ocupam posições de autoridade administrativa crê que é possível obter isso por meio de motivações e controles extrínsecos. Esses administradores acreditam que seu trabalho é se colocar entre o caos e uma empresa que funcione bem. Criam estruturas, colocam os processos no lugar, estabelecem regras e reforçam-nas através de sanções. Isso é um erro. Para reiterar o que já falei: o trabalho de um líder é suscitar o comprometimento interno das pessoas para que colaborem na realização da meta empresarial.

Uma empresa competente funciona como resultado do comprometimento individual dos funcionários, independente da vontade de quem está no poder. Isso possibilita criar ordem sem controle; na verdade, certa medida de auto-organização é essencial para que uma empresa mantenha a coerência em um ambiente volátil, imprevisível, complexo e ambíguo. Dee Hock, fundador e CEO da associação de cartões de crédito Visa, resumiu essas ideias sobre o sistema de auto-organização da seguinte forma: "Princípios e propósitos simples e claros dão origem a comportamentos complexos e inteligentes. Regras e regulações complexas dão origem a comportamentos simples e burros."[19]

De forma arrogante (e ineficiente), muitos líderes tentam modelar o ambiente ao seu redor em vez de permitir que esse mesmo ambiente informe e guie suas escolhas. Líderes transcendentes, em contrapartida, estão perfeitamente cientes de suas limitações, o que os torna mais humildes. Eles não querem modelar a empresa segundo suas vontades. Em vez disso, tornam-se guardiões de princípios que fomentam o alinhamento, a colaboração e o uso do conhecimento como reforço à missão da empresa.

A Netflix, por exemplo, simplificou a nada seu livro de regras. "Regras nos irritam", anunciam. "Regras vão se disseminando na maioria das empresas para tentar evitar os erros de funcionários medíocres. Contudo, regras também inibem a criatividade e o empreendedorismo, levando à falta de inovação. Com o tempo, isso deixa a empresa menos divertida e menos bem-sucedida. Em vez de criar regras conforme crescemos, nossa solução é aumentar a densidade de talentos mais rápido do que a complexidade da empresa. Funcionários excelentes tomam decisões excelentes e cometem poucos erros, apesar de ambíguos. Acreditamos em liberdade e responsabilidade, não em regras."[20]

PESSOAS

Dentre as fontes mais importantes de bem-estar no trabalho (e na vida em geral) estão os bons relacionamentos que estabelecemos com as pessoas ao redor. Na maior parte de sua existência, os humanos se relacionaram de forma mais próxima com quem tinham afinidade — uma estratégia darwiniana de sucesso para reproduzir nossos genes.[21]

A linguagem abstrata, como notou o historiador israelense Yuval Noah Harari,[22] permitiu-nos expandir bastante o alcance de nossas comunidades, o que possibilitou cooperação e ação coletiva em escalas muito maiores, chegando aos bilhões. Essa afinidade "memética", para o usar o termo popularizado pelo biólogo Richard Dawkins para se referir aos genes mentais,[23] permite que um número grande de pessoas se sinta parte do mesmo grupo, criando um senso de identidade que transcende qualquer distinção familiar ou racial. Por exemplo: indivíduos de diferentes etnias vão se definir como americanos, assim como as pessoas que vieram aos Estados Unidos de outros contextos nacionais, culturais e religiosos.

O mesmo acontece com empresas. Como defende Harari, o *Homo sapiens* conseguiu dominar o mundo porque é o único animal capaz de cooperar flexivelmente em números maiores. Isso se deve à nossa habilidade única de conceber e acreditar em objetos que existam apenas na imaginação, como deuses, nações, dinheiro ou em corporações de responsabilidade societária limitada. Harari alega que todos os sistemas de cooperação humana em larga escala — incluindo religiões, governos, redes de troca e negócios — derivam de nossa capacidade cognitiva distintiva de imaginar entidades ficcionais: "Um número grande de estranhos pode cooperar mutuamente de forma bem-sucedida, acreditando em mitos em comum. Qualquer cooperação humana em larga escala — não importa se for um Estado moderno, uma igreja medieval, uma cidade antiga ou uma tribo arcaica — tem raízes nos mitos em comum que habitam a imaginação coletiva das pessoas."[24] Um número grande de estranhos pode cooperar de forma bem-sucedida pois, acreditando em mitos em comum, deixam de se sentir estranhos entre si.

Líderes transcendentes são capazes de criar vínculos baseados em narrativas em comum. Bob Chapman, CEO da Barry-Wehmiller, escolheu a narrativa em comum da família. Chapman não começou tentando ser um líder transcendente. Ele assumiu a empresa de tecnologia de fabricação e serviços em 1975, quando seu pai morreu de um ataque cardíaco fulminante. Chapman foi treinado de forma tradicional, como um homem de negócios padrão: os lucros eram tudo, e ele via as pessoas como meios para atingir um fim.

As coisas continuaram assim até um dia, quando ele e sua esposa foram a um casamento, e Chapman teve um momento "Eureca!" repentino. Vendo o amor com que as famílias do noivo e da noiva apoiavam a união, percebeu que o trabalho de um líder é se importar com os funcionários da mesma forma que alguém se importa com sua família tão estimada. Por isso, começou a tratar cada funcionário da Barry-Wehmiller e de suas empresas subsidiárias assim.[25] "No âmago da filosofia da Barry-Wehmiller repousa a convicção de que um líder não deve gerir pessoas: ele deve cuidar delas", diz Chapman. "Afinal de contas, quem você 'gere' na sua vida? Sua esposa? Seus filhos? Não, você se importa com eles. Sabe a enorme responsabilidade que tem por eles."

Chapman chegou a uma conclusão surpreendente: "Em nosso país, medimos o sucesso de forma equivocada. Nós o medimos pelo desempenho financeiro e pelo crescimento de uma empresa, mas, ainda assim, vemos pessoas cujas vidas são destruídas todo dia pela forma como são operadas as empresas." Dessa maneira, chegou a essa resolução crucial: "Mediremos o sucesso pela forma como tocamos a vida das pessoas. De todas as pessoas: dos membros de nossa equipe, clientes, fornecedores, banqueiros. Precisamos entender o impacto de cada ação que tomamos na vida das pessoas que tocamos." A preocupação de Chapman não dizia respeito apenas às partes interessadas ligadas diretamente à empresa. "Se todos os negócios fizerem isso", acrescentou, "o mundo seria um lugar bem melhor do que é hoje."[26]

O senso de comunidade na Barry-Wehmiller é nítido. "Quem trabalha [na empresa] fala do 'amor' por ela e por cada um", escreve Simon Sinek em *Líderes se servem por último*.[27] "Eles vestem com orgulho a logo ou o nome da empresa, como se fosse seu próprio nome. Eles defenderão a empresa e os colegas como se fossem de seu próprio sangue." Essa devoção recompensou. Desde 1998 a empresa cresceu de 38 milhões de dólares para US$ 2,4 bilhões e ampliou-se a mais de oitenta outras empresas. Sinek descobriu também que a Barry-Wehmiller "continua

MOTIVAÇÃO

a superar seus concorrentes ano após ano. Um crescimento composto anual de 20% nos últimos vinte anos".[28]

Entendo que é atraente tentar estabelecer uma relação com senso de pertencimento para toda a vida, mas temo que, ao fazê-lo, os líderes criem um mal-entendido. Em uma família, os pais não têm como demitir seus filhos por motivos financeiros ou de desempenho, ou porque houve uma desaceleração nos negócios ou na economia. Em uma empresa, os administradores podem mandar funcionários embora por esses motivos. Funcionários que acreditam na metáfora da família poderão se sentir traídos — com toda a razão.

Reed Hastings, CEO da Netflix, diz: "Somos uma equipe, não uma família." Ele desafia seus administradores a se perguntarem: "Por quais dos meus funcionários, caso eles me informassem que estão nos deixando para trabalhar em uma empresa similar, eu lutaria com todas as forças para manter na Netflix? Os outros deviam receber uma indenização generosa para podermos abrir a vaga e tentar achar uma estrela para o papel."[29]

Como Reid Hoffman, fundador do LinkedIn, acredito que a metáfora da equipe esportiva é a melhor para uma empresa. Por meio dessa analogia, afirmo que a empresa possui as seguintes características:

- *Uma missão específica* (vencer o jogo e o campeonato) para a qual a equipe se une.
- *Composição flexível.* Os jogadores vão mudando com o tempo, seja porque vão embora, seja porque o treinador julga que outro é melhor para a posição.
- *Princípios em comum* de confiança, investimento e benefícios mútuos que priorizem o sucesso do time em detrimento da glória individual.
- *Sucesso para todos.* Quando o time vence, seus membros individuais também vencem.
- *Comprometimento com a vitória* (propósito) em conjunto (pessoas) por meio de um jogo limpo (princípios) e alto desempenho (destreza).

Isso não significa que a empresa não se importa com as relações. Enquanto uma equipe esportiva profissional oferece um emprego temporário aos seus jogadores, a relação empregador-funcionário se beneficia quando segue princípios de confiança, investimento e benefício mútuos. Um time vence quando seus membros individuais confiam uns nos outros o bastante para priorizar o sucesso da equipe em detrimento da glória individual. Essa postura é perfeitamente compatível com incentivos individuais. O sucesso da equipe é a melhor forma de os membros individuais serem bem-sucedidos.

Em vez de criar vínculos de lealdade como em uma família, ambos os líderes em membros de um time buscam os benefícios da aliança. "Como aliados, empregador e funcionário tentam agregar valor um ao outro", sugere Reid Hoffman. "O empregador diz: 'Se você nos tornar mais valiosos, tornaremos *você* mais valioso.' Ao que o funcionário responde: 'Se você me ajudar a crescer e prosperar, ajudarei a empresa a crescer e prosperar.' Os funcionários investem na *versatilidade* da empresa; a empresa investe na *empregabilidade* do funcionário."[30]

Meu filho Tomás ganhou de mim no Palavras Cruzadas pela primeira vez quando tinha sete anos de idade. Senti mais alegria e orgulho por ele do que se tivesse vencido. Fiquei mais feliz em vê-lo bem-sucedido do que em derrotá-lo — o que, sem dúvidas, eu estava tentando fazer.

Como amo Tomás, estou empenhado em apoiar seu bem-estar e desenvolvimento. Ver uma pessoa amada se desenvolver é a maior alegria que se pode ter, uma alegria que recompensa esforços intensos e riscos enormes.

Os gregos chamavam esse tipo de amor de *ágape*.[31] "O *ágape* tem a ver com a mente: não é apenas uma emoção que cresce de forma espontânea em nossos corações; é um princípio pelo qual vivemos deliberadamente." Não somos responsáveis por nossos sentimentos — não controlamos o que sentimos —, mas somos responsáveis por nosso ágape pois o ágape não é um sentimento, mas um ato de vontade. O ágape é um comprometimento independente de nossas simpatias e antipatias.

Líderes transcendentes estendem o ágape, para além de suas famílias e amigos, a todas as partes interessadas em sua empresa e ainda mais. Essa é a chave para preservar os vínculos pessoais no ambiente de trabalho sem cair na perigosa confusão entre laços familiares e relações profissionais.

AUTONOMIA

Todo ser humano deseja autonomia. Queremos ser senhores de nossas vidas. Quando trabalhamos para outras pessoas, podemos vender nossa energia física e talvez até a energia mental, mas não é possível vendermos nossa energia emocional. Podemos vender nossos corpos e mentes, mas nunca nossos corações e nossas almas. Estes podem ser dados apenas a quem os merecer. Quem tentar reduzir nossa autodeterminação pelo uso de autoridade nunca terá o melhor de nós.

Existe um poder tremendo em dar aos funcionários autonomia e chances de fazer suas melhores escolhas. A Nordstrom, por exemplo, faz uma declaração de propósitos muito simples aos seus funcionários: "Ficamos felizes de tê-los em nossa empresa. Nossa principal meta é oferecer um serviço excepcional aos clientes." Depois, apresentam uma lista de regras bem simples: "Regra nº 1: Use o bom senso em todas as situações. Não há outras regras. Sinta-se livre para perguntar o que quiser, sempre que quiser, ao seu gerente de departamento, loja ou divisão." A Nordstrom não depende de procedimentos e controles complexos para garantir a qualidade de seus serviços. Ela depende de contratar e treinar funcionários que cuidam de seus clientes e os incita a demonstrar que exercem esse cuidado de forma criteriosa.

Lee Cockerell, COO da Disney World por muitos anos, criou as regras de operação dos parques temáticos da Disney. Seus "membros do elenco" eram responsáveis por resolver as reclamações dos clientes na mesma hora, no parque, sem recorrer ao gerente. Depois dessa regra ser instituída, as reclamações despencaram e a satisfação dos clientes aumentou. Ocorreram situações em que os funcionários fizeram compensações exageradas — como dar um jogo de tacos completo a um jogador de golfe que fez queixas —, mas são ossos do ofício quando se dá mais responsabilidade aos funcionários. As vantagens foram um aumento enorme do comprometimento e menos rotatividade de pessoal.[32]

Em contraste com uma administração de comando e controle vertical, funcionários com autonomia são uma mina de ouro. A autonomia é um motivador e impulsionador de produtividade melhor que o dinheiro, pois todos queremos nos sentir respeitados e endossados em nosso crescimento. Permitir aos funcionários que tomem suas próprias decisões e aprendam com as consequências delas incentiva os trabalhadores a serem mais comprometidos e leais à empresa. Ter a oportunidade de modelar seu próprio trabalho dá às pessoas um senso pessoal de poder e de autorrespeito. Elas passam a se ver como seres autodeterminados que exercem uma medida grande de controle sobre o que fazem.

Em 2005, dois consultores de gestão criaram o "Ambiente de trabalho orientado por resultados" (*"Results-OnlyWork Environment"*, ou ROWE, na sigla em inglês) fundamentado na ideia de que os funcionários tenham total autonomia sobre seu trabalho, sua forma de trabalhar e sobre quando trabalhar. Os funcionários são avaliados apenas pelos resultados que produzem, não pela quantidade de tempo que passam em suas mesas, pelo número de reuniões de que participaram e assim por diante. Em uma empresa com esse sistema, os funcionários têm total autonomia.

A ideia se provou eficaz em empresas que demandam menos espaço físico e onde os funcionários tem um grau elevado de autodisciplina. Empresas com certificado de ROWE (SpinWeb, GAP Inc., American Family Insurance e outras)[33] relatam que os funcionários usam menos licenças médicas e tiram menos folgas — pois administram melhor o trabalho entre compromissos, doenças e outros eventos — e tornaram-se mais saudáveis, felizes e desenvolvem menos estresse relacionado ao trabalho. O ROWE aumenta a satisfação dos funcionários e diminui a rotatividade de pessoal, reduzindo, dessa forma, os custos de contratação e integração; isso gera aumento na produtividade.

"O salário não tem mais o poder que tinha quando comparado com o benefício incomparável da autonomia: controle sobre o próprio tempo", diz Jody Thompson, uma das criadoras do ROWE. "Isso nivela o campo e cria uma força de trabalho focada no que é relevante para os negócios. É um ambiente de trabalho para adultos. Os administrado-

MOTIVAÇÃO

res administram o *trabalho* (resultados claros e mensuráveis), não as *pessoas* (meu tempo e lugar)."[34] Quando as pessoas estão comprometidas, não é preciso geri-las; quando não estão comprometidas, gerir não basta.

"Uma motivação autônoma envolve se comportar com um senso total de vontade e escolha", escrevem os pesquisadores Edward Deci e Richard Ryan, "ao passo que uma motivação controlada envolve comportar-se sob a vivência de pressão e demanda de produtos específicos que vêm de forças percebidas como exteriores ao eu."[35]

Deci e Ryan, junto com Paul Baard da Universidade de Fordham, realizaram estudos com trabalhadores de um banco de investimentos norte-americano. Como relata Daniel Pink, os três pesquisadores "descobriram uma maior satisfação com o trabalho entre funcionários cujos chefes ofereciam 'apoio à autonomia'. Esses chefes viam os problemas da perspectiva dos funcionários, davam feedback e informações que faziam sentido, proviam um leque amplo de escolhas sobre o que fazer e como fazer e incentivavam seus funcionários a assumir novos projetos. O subsequente aumento da satisfação no trabalho, em contrapartida, levou a um aumento do desempenho. Os pesquisadores descobriram que os benefícios que a autonomia confere às pessoas se estende a toda empresa".[36]

Uma empresa oferece aos seus funcionários muito mais do que dinheiro quando as pessoas envolvidas nela ganham propósitos com sentido, autonomia, um trabalho desafiador, colegas solidários e oportunidades de se expandir e crescer enquanto expressam seus valores na prática. Os negócios se baseiam em trocas em que todos vencem, em negócios cujos benefícios são mútuos. Para obter o comprometimento dos funcionários em sua empresa, você deve lhes dar algo em que queiram gastar sua energia vital mais do que em qualquer outra atividade.

Em uma de suas visitas ao MIT, tive a oportunidade de receber o professor emérito da Wharton School, Russell Ackoff, pensador da administração e fundador da teoria geral dos sistemas.[37] Em uma conversa casual, ele fez um comentário que ficou em minha cabeça por anos. "O dinheiro é para uma empresa o que o oxigênio é para um ser humano.

Se você não tem o suficiente, está com sérios problemas", disse ele. "Contudo, se acha que viver se limita a respirar, está enganado." Ninguém quer apenas respirar. Ninguém quer viver para trabalhar ou trabalhar para sobreviver. Em nossos corações, todos nós queremos viver integralmente, contribuir com algo valioso para o mundo e vivenciar a satisfação enorme de existir com um propósito.

Líderes transcendentes veem além das ilusões culturais e psicológicas que alienam as pessoas. Eles compreendem que a ampla maioria dos humanos não é primordialmente movida por dinheiro. Somos movidos por propósitos cheios de sentido, por princípios éticos e por conexões com outros. Valorizamos autonomia, destreza e aprendizado. Fazemos nosso melhor quando entramos em fluxo criativo e lúdico e quando somos convidados a nos desdobrar face a desafios empolgantes. Não vivemos de fora para dentro, buscando preencher o vazio que sentimos; vivemos de dentro para fora, buscando expressar a plenitude que representamos. Para obter nosso melhor, as empresas devem nos reconhecer e nos tratar segundo nossa verdadeira natureza.

A relação entre comportamentos de liderança positivos, bem-estar dos funcionários e produtividade é embasada, de forma científica da mesma maneira que a relação entre bons hábitos alimentares e saúde. Se você, porém, desenvolveu hábitos insalubres de liderança, adotar os hábitos de liderança transcendente pode ser tão difícil quanto parar de comer açúcar. É por isso que, para se tornar um líder transcendente, você precisa passar pela transformação pessoal que vou descrever na Parte 3. Não é modinha ou dieta radical; é uma nova forma de se alimentar para a vida.

Capítulo 7
CULTURA

DEFINIR, DEMONSTRAR, DEMANDAR E DELEGAR.

> A cultura é um segmento da infinidade sem sentido (...) ao qual os seres humanos dão sentido.
>
> — Max Weber

Dentre os incômodos que muitos de nós temos que ter forças para aguentar — de agentes de segurança mal-educados a chicletes grudados nos assentos —, voos com overbook têm destaque. As empresas aéreas fazem isso pois presumem que algumas pessoas não chegarão ao portão a tempo. Assim, quando os passageiros aparecem, os atendentes devem convencer alguns deles a desistir de seus assentos e remarcar seus voos com cupons de viagem, brindes ou dinheiro. Esse arranjo funciona se um número suficiente de pessoas tem flexibilidade, mas o que acontece quando não é o caso?

No dia 9 de abril de 2017, um domingo, um incidente digno de pesadelo ocorreu no UA 3411, voo completamente lotado da United Airlines indo de Chicago a Louisville, no Kentucky. Apesar das ofertas de até mil dólares, as pessoas se recusaram a ceder voluntariamente seus assentos para acomodar quatro tripulantes de folga que tinham que voltar a Louisville para trabalhar em um voo no dia seguinte. Quando selecionados involuntariamente para ceder seus assentos, três passageiros desembarcaram de má vontade, mas David Dao, um médico americano-vietnamita de 69 anos, se recusou a sair, alegando que precisavam dele em um hospital em Louisville. Foi então que os funcionários da United decidiram usar a força. A tripulação chamou seguranças para, de forma truculenta, arrastar o médico aos gritos para fora do avião. Vídeos feitos com celular por outros passageiros mostram o rosto de Dao ensanguentado e sem os óculos.[1]

Os vídeos se tornaram virais e foram vistos por centenas de milhões de pessoas ao redor do mundo. A atitude gerou indignação universal. Houve conclamações a boicotes em toda parte.[2] O Twitter e o Facebook ficaram repletos de comentários sarcásticos como "não tem lugar, é só esmurrar". O comediante Jimmy Kimmel criou uma propaganda falsa para a United Airlines em que uma comissária de bordo aparece com dois socos ingleses e diz: "A gente vai bater tanto em você que vai usar seu próprio rosto como colete salva-vidas."[3] A catástrofe de relações públicas ficou ainda pior quando o CEO da United Airlines, Oscar Munoz, parabenizou o comportamento de seus tripulantes no trato com o passageiro que foi chamado de "turbulento e beligerante"[4] (provavelmente por gritar enquanto era arrastado para fora do avião) e tuitou eufemisticamente: "Peço desculpas por termos que reacomodar esses clientes." (A palavra *reacomodar*, respondeu alguém, "soa como 'vou reacomodar seu rosto com meu punho'".)[5]

Depois desse episódio, as ações da United Airlines caíram 4,3%, ou seja, US$ 3,10 por ação, perdendo mais de 950 milhões de dólares em capitalização de mercado. Menos de um mês depois do incidente, Munoz foi conduzido ao Congresso para dar explicações. Ele aceitou a responsabilidade, chamando o evento de "erro épico", e expressou seu pesar. Ainda assim, seu pedido de desculpas tardio não lhe trouxe nenhuma simpatia. A marca da United permanece sendo uma das piores na indústria de linhas aéreas (fato que seus concorrentes vêm explorando de forma bastante conveniente), e o Congresso pressionou Munoz e outros executivos de companhias aéreas a agir de forma correta com seus clientes.

Por que os funcionários da United agiram de modo tão insensível? Por que não se importaram com seus clientes? Por que não pensaram no desastre épico que estavam prestes a criar para sua marca? Por que não buscaram alternativas criativas para levar seus tripulantes até Louisville — que fica a cinco horas de carro de Chicago? Por que apelaram para táticas brutas como aquela? Por que o piloto não interviu? E por que o CEO achou que aquilo que Jimmy Kimmel descreveu como "porcaria

CULTURA

de pronunciamento corporativo asséptico, vazio e esquivo" aliviaria a raiva do público?

A resposta, em síntese, é uma cultura disfuncional. Na estrutura de valores da United Airlines, é evidente que tomadas de decisão sensatas, autonomia e responsabilidade não são prioridade. Parece que a United doutrinou seus funcionários a seguir cegamente as regras e os procedimentos, em vez de treiná-los para pensar por si mesmos, lidar com situações por conta própria ou fazer o que parece melhor para ajudar a equipe a vencer de forma alinhada e ética. Mesmo que o cuidado com os clientes não seja um valor importante na cultura da United, estou certo de que o desempenho financeiro é. A atitude dos funcionários da United não foi apenas insensível, foi também contraproducente. Eles destruíram uma quantidade enorme de valor de marca sem motivo algum — apenas ao fazer o que seus superiores ou o manual lhes ordenou.

Na Parte 1, falei que a tarefa mais dura de uma empresa é alinhar seus membros na busca de uma meta comum. Essa dificuldade é explicável pela incompatibilidade de duas teorias econômicas. A "otimização não linear", como nós economistas a chamamos, prescreve que funcionários devem evitar tentativas de melhorar seus indicadores de desempenho individuais ou de equipe (por exemplo, receita de vendas, produtividade, satisfação dos clientes, rotação de funcionários, compensação de dias improdutivos, rotação de inventário e assim por diante) se esses indicadores entrarem em conflito com os indicadores de performance global da empresa (como lucros, crescimento e valor econômico agregado). Para incentivá-los a "otimizar o sistema", usando outro termo de economia, a performance dos funcionários deve ser medida e estimulada com base nesses indicadores globais.

Por outro lado, a "teoria dos contratos" prova que, quando funcionários que agem por interesse próprio sabem mais que seus gestores sobre as condições ao seu redor, suas capacidades e forças, a única forma de motivá-los financeiramente a trabalhar mais é torná-los responsáveis, compensando-os segundo seus indicadores individuais de desempenho. Isto, infelizmente, incentiva os funcionários a fazer o exato oposto do que prescreve a teoria da otimização não linear.

Por exemplo: prometeram aos funcionários da United Airlines recompensas (como emprego permanente, bônus ou promoções) caso seguissem as instruções de seus gerentes, e punições (demissão, perda de bônus ou rebaixamento) caso não o fizessem. Isso incentiva os empregados a fazer o que os chefes mandam. Esse mecanismo é ágil e funciona bem na maioria das circunstâncias. Tal sistema, porém, incentiva as pessoas a não aplicarem seus saberes especiais em determinadas circunstâncias ou a ponderar as consequências que suas ações poderiam acarretar para a empresa. Quando os tripulantes da United viram a situação com o dr. Dao ficar cada vez pior, deviam ter considerado que seria melhor para a empresa deixar o pobre senhor no lugar. Porém, como o trabalho deles era fazer o que tinha sido mandado, não tiveram dúvidas e ganharam o papel principal em um infame viral.

No capítulo anterior, expliquei como um líder poderia realinhar o interesse pessoal de alguém a uma missão, conclamando propósitos éticos. Neste capítulo, defendo que outra ferramenta tão importante quanto aquela para qualquer líder é uma cultura concreta. A cultura age como um campo de força emocional que alinha os membros de uma empresa da mesma forma que ímãs alinham lâminas de ferro. E ela o faz sem exigir qualquer tipo de incentivo financeiro baseado em indicadores individuais de desempenho. Isso ocorre porque os colegas medem, uns nos outros, suas condições ambientais, seus talentos e suas forças com muito mais precisão do que qualquer administrador. Normas culturais aplicadas através de ameaças de sanções sociais como constrangimento, exclusão e isolamento são muito mais eficientes, para harmonizar uma empresa, do que qualquer incentivo financeiro.

O QUE É CULTURA?

"A cultura come a estratégia como almoço", teria dito o grande guru da administração Peter Drucker.[6] Ainda assim, para a maioria de nós, cultura soa como um conceito abstrato, difícil de entender e impossível de criar. No entanto, ignorar a cultura de uma empresa é um erro que sai caro. Quando Ram Charan e Geoffrey Colvin se perguntaram por que CEOs fracassavam,[7] descobriram que o motivo era a incapacidade

CULTURA

deles de executar sua estratégia por completo. O que esses CEOs não compreenderam foi que a cultura é a chave para a execução de qualquer estratégia.

Penso a cultura como um sistema operado com foco em humanos, o conjunto de instruções básicas que embasa os comportamentos dos membros da empresa. Como uma plataforma de sistemas de informação, a cultura provê as competências essenciais necessárias para colocar em funcionamento os processos de negócio — e, mais importante, a execução de estratégias. Se uma cultura não é adequada, a estratégia não será executada plenamente, da mesma forma que o Microsoft Office para Windows não funcionará em um Mac. E quando uma estratégia fracassa em ser executada, o CEO e a empresa também fracassam.

Edgar Schein, professor do MIT, definiu cultura como um padrão de premissas, crenças e expectativas compartilhadas que guiam as interpretações e as ações dos membros, definindo comportamentos apropriados dentro da empresa.[8] Prefiro definir cultura como um conjunto de crenças sustentado pelas pessoas como aquilo "em que acreditamos e a forma como fazemos as coisas por aqui". Esses valores e normas criam expectativas sobre "o que uma pessoa deve pensar, dizer e fazer para ser um de nós". Por outro lado, uma cultura inclui também um conjunto de crenças sobre o que uma pessoa *não pode* pensar, dizer ou fazer se quiser ser um de nós, ou seja, tabus. A cultura existe na mente daqueles que a vivem. Não é o que alguém diz, mas o que todos entendem. É mais como um mapa subconsciente de como proceder em alinhamento com as normas do grupo e permanecer em conformidade com este enquanto membro.

Uma cultura eficiente trata dos problemas graves de descomprometimento, desorganização, desinformação e desilusão em uma empresa. Ela agrega os funcionários em torno de propósitos nobres, valores éticos e metas que fazem sentido. Ela suscita seu comprometimento interno e confere senso de identidade pessoal e coletiva. Mais importante, uma cultura eficiente faz isso tudo sem depender de sistemas formais de controle ou sem reduzir a autonomia necessária para um desempenho excelente em situações complexas, ambíguas e em câmbio constante.

Regras formais do tipo "deverás" e "não deverás" nunca produzem desempenhos extraordinários. Pedir que os funcionários sigam procedimentos formais é programá-los como robôs. Não envolve muita originalidade, competência ou pensamento. Regras formais padronizam o desempenho, mas são úteis apenas em situações previsíveis, como em inspeções pré-voo de rotina, em empresas com alto padrão de segurança em cenários de reação emergencial, na extração de petróleo em águas profundas ou no exército, onde seguir regras à risca pode ser uma questão de vida ou morte.

Para gostarmos de verdade de nossos empregos, precisamos fazer algo variado e desafiador, um trabalho que não apenas permita, mas que demande autonomia e poder de escolha. Na verdade, um dos atributos cruciais das empresas mais eficientes (identificadas por Jeffrey Pfeffer em seu livro *The Human Equation* [*A equação humana*])[9] consiste em equipes autogeridas e tomadas de decisão descentralizadas. Isso é, empresas em que os funcionários tenham poder de escolha e autonomia.

Quanto menos os líderes dirigirem seus funcionários, mais domínio e melhores desempenhos terão. Em 1983, por exemplo, a Toyota comprou uma fábrica de montagem falida da General Motors na Califórnia. A Toyota não trocou equipamentos nem operários. A única coisa que mudou foi de um sistema de produção baseado em regras formais para outro que dava muito mais autonomia aos trabalhadores. O resultado foi uma melhora drástica em produtividade e qualidade. Os custos trabalhistas caíram em quase 50%.

Ao contrário de regras formais, a cultura dá aos funcionários o poder de pensar e agir por conta própria, aumentando o comprometimento e melhorando seus vínculos. Mais que uma quebra de regras, decepcionar os colegas se torna uma preocupação genuína. Dessa forma, os membros da empresa passam a monitorar não apenas seus próprios comportamentos, mas também os comportamentos de seus colegas que fiquem contra os objetivos estratégicos da empresa. Isso isenta seus superiores, que não precisam mais microgerenciar e podem se concentrar no trabalho realmente importante de liderança: comprometer seus funcionários com a realização da meta da empresa.

Os relatos de empoderamento de funcionários no trato com clientes da Southwest Airlines são lendárias. Esta, por exemplo, de 2011: o neto de um homem de Los Angeles entrou em coma de tanto que apanhou do namorado da filha. A pobre criança estava à beira da morte. A esposa desse homem ligou para a Southwest pedindo-lhe um voo de última hora até Denver para que ele conseguisse se despedir da criança. Quando chegou a Los Angeles, porém, o aeroporto estava um caos e passar pelos procedimentos de segurança foi pior ainda. Ninguém no controle de segurança dava a mínima. Por fim, o homem chegou ao portão doze minutos depois do horário estimado para a decolagem... mas ficou em choque quando soube que o piloto tinha segurado o voo para ele. O homem não poupou elogios ao piloto, que respondeu: "Eles não vão a lugar algum sem mim e eu não ia a lugar algum sem você. Agora tente se acalmar. Vamos levar o senhor até lá. Eu sinto muito pelo que aconteceu."[10] Compare esse tipo de tratamento àquele dispensado pela United Airlines ao dr. Dao e entenderá por que os clientes prefeririam voar com a Southwest.

Empresas como a Southwest, Nordstrom, Zappos e outras que têm reputação de oferecer serviços excelentes[11] dão aos funcionários o poder de fazer o que for preciso pelos clientes. Logo que essas empresas começaram a operar, suas estratégias ficaram evidentes a todos; ainda assim, ninguém conseguiu copiá-las, pois suas culturas se tornaram mais fortes funcionário após funcionário, ano após ano. Essas empresas provam que cultura é a principal fonte de vantagem competitiva, pois demora anos até que qualquer concorrente seja capaz de copiá-la. É isso que a torna uma barreira forte contra a concorrência.

OS QUATRO PILARES DE UMA CULTURA EFICIENTE

Uma cultura eficiente é edificada sobre quatro pilares: *alto consenso, alta intensidade, conteúdo produtivo* e *alta adaptabilidade*.

Consenso é o grau a que os membros concordam sobre valores e normas. *Intensidade* é a força com que os membros sustentam esses valores e essas normas. Uma cultura eficiente precisa de ambos, consenso e intensidade. Se a intensidade for alta, mas o consenso, baixo, uma empresa pode se fragmentar em "facções beligerantes"[12] em que um grupo (digamos, vendas) luta contra outro (digamos, engenharia de produção). Se o consenso for alto, mas a intensidade, baixa, a empresa mergulhará na mediocridade. (Em uma cultura de descomprometimento, os membros entram em acordo sobre o que é importante, mas ninguém emprega forças suficientes para realizá-lo.)

Conteúdo consiste em atitudes e comportamentos específicos que são definidos pelas normas de conduta. Uma cultura de alto consenso/ alta intensidade que sustenta valores e comportamentos contraproducentes vai prejudicar a empresa. Por exemplo: imagine uma firma em que a malícia e a politicagem são os meios usados para conseguir status e poder. Em um lugar assim, as pessoas prejudicam umas às outras e o status de alguém é mais importante do que aquilo que faz ou diz. Em tal cultura, a meta é provar que você está certo, e os demais, errados; a crítica destrutiva é a forma mais segura de subir na escada corporativa. Uma empresa assim pode até professar um cultura e valores colaborativos, mas tais valores nunca viram ação. São empresas que atraem líderes e seguidores egoístas, hipócritas e narcisistas.

Há dois tipos de conteúdo organizacional: a plataforma e a estratégia. Normas de *plataforma* são as fundações de qualquer interação entre os membros da empresa e partes interessadas externas. (Nos capítulos a seguir, descreverei três normas de plataforma que considero essenciais a qualquer empresa: resposta-habilidade, colaboração e integridade.) Normas de *estratégia* são aquelas que atraem o foco dos funcionários para as variáveis-chave necessárias na execução integral da estratégia da empresa. Elas ajudam a negociar prioridades e a tomar decisões em nome do bem comum. Uma cultura eficiente deve apoiar a execução de estratégias; suas normas devem ser relevantes do ponto de vista estratégico. Na verdade, é impossível avaliar a eficácia de uma cultura sem relacioná-la à estratégia da empresa.

Considere a forma como a Southwest apoia sua estratégia com normas de plataforma. A estratégia simples da empresa de linhas aéreas consiste em oferecer voos curtos e convenientes a baixo custo. Para fazê-lo, utiliza apenas um tipo de avião (o Boeing 737) e elimina assentos de primeira classe. Como seus aviões voam de um ponto a outro sem forçar os passageiros a passarem por centros de baldeação, seus horários de chegada são coordenados com cuidado (sem que os clientes enfrentem os inconvenientes de fazer transferências). Ela não cobra taxas escondidas de seus passageiros, por exemplo, por malas despachadas. Como a Southwest cumpre as promessas que faz, tem uma ótima reputação de serviço.

Os valores que a Southwest defende em seus funcionários são "um espírito guerreiro" (que a empresa descreve como a coragem de dar aos trabalhadores tudo que precisam para ajudar os clientes); "um coração de servidor" (para tratar os outros com respeito, conforme a Regra de Ouro); e "uma atitude alegrona" (refletida na palavra "alegrona").[13] Os funcionários da Southwest sabem que devem "fazer o que for preciso para deixar o cliente feliz", inclusive piadas amigáveis, em voz alta, nos sistemas de som do avião (algo do tipo, "Oi, meu nome é Amanda da Silva. Sim, sou uma *pilota* e o bom disso é que, se nos perdermos no caminho, não vou ter medo de parar e pedir informações").[14] Eles têm espaço de trânsito entre as regras de modo a cumprir as promessas da empresa. Todos compreendem as metas da companhia e suas estratégias para realizá-las. E se importam com o que os colegas de trabalho vão pensar caso não promovam os valores e as normas da cultura.

A Southwest tem uma cultura de equipe em que todos se ajudam mutuamente na execução da estratégia de decolar e aterrissar na hora. Um articulista da *Forbes*, Carmine Gallo, descreveu esse aspecto da seguinte forma: "Como os mecânicos no pit stop de uma corrida, cada membro da equipe é responsável pelo sucesso de seus colegas." Um piloto contou a Gallo que "gostamos uns dos outros de verdade. E quando você gosta de alguém e vice-versa, todos se protegem. Cada um representa a equipe inteira". Ao que o fundador e ex-CEO da empresa, Herb Kelleher, acrescentou: "A atitude é muito importante e precisa ser sopesada junto à experiência e às habilidades. Alguém com QI alto, mas intrigueiro, é uma catástrofe à empresa. Alguém extrovertido, altruísta e de convívio alegre no trabalho será um bem valiosíssimo."[15]

Quando uma cultura de confiança respalda estratégias assim, uma empresa vira líder na indústria. Varejistas de confecção, como a Nordstrom e a Zappos, por exemplo, focam em estratégias de "atenção ao cliente" sustentada por pessoas com poder para fazer o que for preciso para deixar o cliente feliz. A estratégia de inovação da Apple é sustentada por pessoas incentivadas a pensar com criatividade e assim por diante. Em empresas com culturas eficientes como essas, as normas de estratégia alinham rápida e poderosamente as pessoas em torno dos impulsionadores de sucesso mais importantes que existem.[16]

A *adaptabilidade* é a facilidade com que as normas são capazes de mudar para manter a viabilidade organizacional face a mudanças conjunturais. Como argumentou Edgar Schein, do MIT, a cultura deve dar conta não apenas da integração interna, mas também da necessidade de adaptação externa.[17] Uma cultura eficiente precisa ter alta adaptabilidade para evitar os perigos da conformidade rígida, mantendo-se flexível, inovadora e criativa. A adaptabilidade age como uma espécie de antídoto contra o tradicionalismo, encorajando comportamentos divergentes como parte "daquilo que significa ser um de nós". Pesquisadores descobriram que empresas com alto consenso, alta intensidade e uma cultura estrategicamente relevante têm, a longo prazo, desempenho melhor que a concorrência, desde que tenham normas e valores que promovam a adaptabilidade.[18]

Enquanto uma cultura de alto consenso e alta intensidade pode melhorar a performance em um ambiente estático, ela pode piorar a situação em contextos turbulentos. Tal cultura oferece aos funcionários consenso, disciplina e desejo de realizar as metas da empresa. Normas muito fortes, porém, podem induzir os empregados a sempre tomar posições de acordo com o *status quo*, castigando quem quer que se desvie disso. Grupos coesos toleram menos variações de comportamento em seus membros, caindo com facilidade em posturas dogmáticas. Em ambientes turbulentos, isso limita a capacidade da empresa de responder a novos desafios. Por exemplo: quando fabricantes de carros japoneses entraram no mercado norte-americano na década de 1970, as empresas locais os subestimaram, com argumentos do tipo "japonês não sabe fazer carro", "os americanos não vão comprar carros japoneses de baixa qualidade", "os americanos não vão comprar carros pequenos", "economia de combustível não é um fator importante na escolha de um veículo" e assim por diante. Eles permaneceram apegados às suas crenças de alto consenso e alta intensidade até ser tarde demais para alcançar as empresas japonesas. Hoje, a Honda, a Toyota e a Nissan fabricam mais carros nos Estados Unidos do que a GM, a Ford e a Chrysler.[19]

Assim, uma cultura eficiente deve estimular a liberdade e o apoio necessários para que as pessoas superem suas premissas, assumam riscos, aprendam e cresçam.[20] Quando se sentem seguras, as pessoas tendem a oferecer ideias, a questionar o *status quo*, a buscar feedback, experimentar, refletir sobre seus resultados e discutir abertamente erros e resoluções inesperados. Se você incutir a percepção de que "assumir riscos inteligentes",[21] como dizemos no LinkedIn, é "nosso jeito de fazer as coisas por aqui", as pessoas vão ficar mais propensas a discutir problemas, a desenvolver novas ideias e a tentar coisas inéditas.

COMO A IBM MUDOU SUA CULTURA

Em 2003, ano em que Sam Palmisano assumiu como CEO da IBM no lugar de Lou Gerstner (que salvou a icônica empresa da falência durante a reviravolta massiva do mercado em meados dos anos 1990),[22] a companhia estava fazendo um experimento de três dias apelidado de Jam dos Valores. O objetivo era que os funcionários da IBM pensassem em conjunto para ajudar os valores centenários da empresa (escritos em 1914 pelo presidente Thomas John Watson Sr. sob a rubrica de "Princípios básicos": "respeito pelo indivíduo", "melhor serviço ao cliente" e "busca pela excelência"). Cinquenta mil dos 750 mil funcionários da empresa participaram de um fórum na intranet da empresa para responder à pergunta: "O que a IBM defende?"

"Infelizmente, com o passar de décadas, os 'Princípios básicos' de Watson foram se distorcendo e ganharam vida própria", disse Palmisano à *Harvard Business Review*.[23] "'Respeito pelo indivíduo' tornou-se um legitimador: não um trabalho justo para todos, nem a oportunidade de ter voz, mas um emprego garantido e uma cultura ditada por promoções. 'Busca pela excelência' virou arrogância: paramos de ouvir os mercados, nossos clientes, uns aos outros. Tivemos tanto sucesso por tanto tempo que não éramos capazes de ver de outro ponto de vista. E quando o mercado mudou, quase ficamos fora dele."

Palmisano imprimiu os 200 mil comentários da Jam dos Valores, levou-os para casa e leu tudo em um fim de semana. As pessoas extravasaram de tudo quanto é jeito e fizeram críticas ferozes. "A briga on-line foi esquentada, controversa e bagunçada", disse Palmisano. Ele mesmo foi bastante criticado, mas colocou seu ego de lado ("O que não é fácil para um CEO", notou). Para ele, a Jam dos Valores produziu um conhecimento inestimável do que precisava acontecer: "Eu poderia dizer: 'Meu Deus, liberei toda essa energia negativa'", afirmou. "Ou poderia dizer: 'Meu Deus, agora tenho a incrível função de mudar ainda mais a empresa.'" Na segunda-feira seguinte, Palmisano sugeriu que sua equipe executiva lesse cada um dos comentários. "Se acham que a gente tinha entendido a empresa de forma certa, pensem de novo", disse-lhes.

Depois de um processo longo e conturbado, a empresa entrou em acordo sobre três valores que hoje integram sua estratégia: 1) "dedicação ao sucesso de cada cliente", o que significa "comprometer-se de corpo e alma com o sucesso do cliente"; 2) "inovação que faz a diferença para nossa empresa e para o mundo", o que significa investir e construir produtos que façam diferença no planeta de forma positiva; e 3) "confiança e responsabilidade pessoal em todos os relacionamentos" (com funcionários, fornecedores, investidores, governos, comunidades).

Não são apenas valores de bem-estar; todas as decisões estratégicas da IBM são tomadas em sintonia com eles. Alinhada ao primeiro valor, "dedicação ao sucesso de cada cliente", a IBM mudou seu regime de remuneração administrativa. Bônus e aumentos para diretores passaram a ser baseados nas avaliações dos clientes e horizontes mais amplos deram aos gestores novos incentivos para satisfazer seus clientes a longo prazo.[24] "Acredito que valores criam equilíbrio na cultura e no sistema de administração da empresa: equilíbrio entre transações de curto prazo e relações de longo prazo, equilíbrio entre os interesses de investidores, funcionários e clientes", disse Palmisano. "Em todos os casos, você precisa tomar decisões. Os valores ajudam nisso, não segundo critérios *ad hoc*, 'com essa finalidade', mas de forma coerente com a cultura e a marca, com quem você é enquanto empresa."

Compreender que a IBM defendia seu segundo valor, "inovação que faz a diferença para nossa empresa e para o mundo", foi crucial para todas as suas cabeças pensantes. As pesquisas da companhia têm feito incursões para além dos limites da computação, em áreas como serviços médicos. Para citar um exemplo, a empresa desenvolveu, em parceria com a Pfizer, um sistema que acelera estudos clínicos de pacientes com Parkinson. Sensores avulsos e dispositivos móveis trabalham em conjunto para estabelecer as assinaturas digitais dos pacientes, ver como estão se sentindo e respondendo à medicação, e enviam a informação em tempo real para pesquisadores e médicos. Então, um componente com inteligência artificial busca conexões e informações clínicas, como que dosagem de medicamentos usar.[25]

"Existe um desejo inconfundível de que essa empresa seja grande", disse Palmisano em conclusão à Jam dos Valores. "Eles [os funcionários] querem fazer parte de uma companhia progressista que faz a diferença no mundo. Querem ser parte do tipo de empresa que incentiva pesquisas que ganham o prêmio Nobel, que muda a forma das pessoas pensarem os próprios negócios, uma empresa que tome posições firmes, baseada em princípios, sobre temas impopulares. Não podemos oferecer-lhes riqueza instantânea, como podem obter em uma startup, nem um emprego para a vida toda, como antigamente. No entanto, podemos oferecer-lhes algo em que vale a pena acreditar e pelo que vale a pena trabalhar."

Outra coisa que a IBM fez foi reservar a gestores de primeira linha um fundo optativo de até cinco mil dólares anuais para criarem negócios, desenvolverem e melhorarem a relação com clientes ou responderem a emergências. Confiar em decisões inteligentes dos gestores sobre como gastar esse dinheiro do dia a dia ajudou a IBM a cumprir seu terceiro valor: construir "confiança e responsabilidade pessoal em todos os relacionamentos".

"Em vez de estimular as pessoas através do medo do fracasso, é preciso estimulá-las com esperança e sonhos", disse Palmisano. "Criamos, assim, chances de tornar nossa empresa grande novamente — a maior do mundo, como a IBM já foi. Nossa esperança é que as pessoas sintam a mesma necessidade, a mesma urgência que nós, de chegar lá. Bem, creio que todos os IBMers, hoje, sentem essa urgência. Talvez a maior contribuição de nossa Jam de Valores tenha sido tornar esse fato evidente, visível a todos, público."[26]

DEFINA O PADRÃO

Estabelecer as normas de uma cultura é um processo em quatro passos que chamo de "os quatro D's": definir, demonstrar, demandar e dele-

LIDERANÇA & PROPÓSITO

gar. *Definir* significa deixar claro e explícito quais são os padrões de comportamento esperados (por exemplo, quando e como levar uma divergência de opiniões a níveis mais altos da hierarquia, como discuto no Capítulo 8). *Demonstrar* significa se comportar de acordo com o padrão estabelecido (por exemplo, acirrar de forma colaborativa as divergências de opiniões). *Demandar* significa confrontar que se desviar do padrão (por exemplo, desafiar quem entrar em divergências de opinião unilateralmente). E *delegar* significa pedir a todos da equipe que definam, demonstrem e demandem este padrão aos seus subalternos (por exemplo, mantendo as mesmas conversas sobre divergências de opiniões com suas equipes). Para além de qualquer padrão, no entanto, a principal norma de uma cultura eficiente é que todos na empresa busquem seu propósito de forma ética.

Depois de estabelecer os valores e as missões por meio da contribuição das partes interessadas, como a IBM fez através da Jam de Valores, o próximo passo é ter uma conversa com sua equipe em que todos concordem sobre os meios para executar a estratégia da empresa, alcançar sua missão e pôr em prática seus valores. Além disso, essa conversa deve estabelecer as formas de pensar e agir que vocês querem que sejam modelo para os demais na empresa. Descobri que as melhores conversas para criação de padrões seguem o seguinte modelo:

Proponha: explique por que você acha que dado padrão de comportamento pode ajudar o grupo a trabalhar de forma mais ética e eficiente. Eu, por exemplo, sempre começo meus workshops com a seguinte proposta: "Para conseguirmos trabalhar melhor juntos e respeitar a necessidade de todos se concentrarem no material, sugiro que coloquemos nossos celulares no modo silencioso e que não os usemos dentro da sala. Se alguém precisar muito atender uma ligação ou checar mensagens, a pessoa pode sair da sala e fazer isso."

Confira: certifique-se de que todos estão de acordo sobre o padrão ser exequível, ético e capaz de melhorar de verdade a eficiência. Por exemplo: depois de fazer a proposta sobre os celulares, acrescento: "Essa parece ser uma boa forma de trabalhar junto?" Se as pessoas responderem que sim, continuamos. Esse passo não é superficial. Existe a possibilidade de que alguém tenha problemas com a sugestão. Nesse caso, é preciso negociar.

Tive, por exemplo, mais de um participante que disse: "Foi mal, Fred. Estou esperando uma mensagem urgente que exige resposta imediata. Tudo bem sair da sala para lê-la e respondê-la, mas seria totalmente inconveniente me levantar e sair sempre que meu celular vibrasse. Eu gostaria de poder olhar rapidinho para ver se a mensagem é importante. Se for, eu saio. Se não for, espero até o intervalo e leio para ver o que é. Tudo bem por você?"

Faça um compromisso: ao cabo da negociação, peça para as pessoas entrarem em compromisso. Advertências, regras básicas ou acordos não significam nada se não virarem compromissos. O que leva os indivíduos a agirem de determinada forma é a palavra deles, não a minha. Pedir por uma promessa é um passo crucial para envolver a integridade de todos. É por isso que o padrão não pode ser apenas um pedido ou, pior ainda, uma ordem. Ele precisa ser um compromisso coletivo. (Falarei mais sobre isso no Capítulo 10, "Integridade".)

Em meus workshops, depois da negociação, concluo dizendo: "Entramos em acordo sobre deixarmos os celulares no silencioso. Podemos conferir para ver quem está ligando ou que mensagem entrou, mas qualquer coisa que demande mais de alguns poucos segundos deve ser feita fora da sala. Todo mundo aqui pode se comprometer com isso?" E então não continuo até conseguir um "sim" de todos os presentes.

DEMONSTRE OS PADRÕES

Como as crianças aprendem a cultura de sua família observando seus pais, novos membros aprendem a cultura de uma empresa observando seus líderes. Qualquer um que almeja uma posição boa dentro dela copiará os comportamentos dos que chegaram ao topo. Como líder transcendente, você deve se comportar de acordo com os padrões que estabeleceu. Afinal de contar, seus comportamentos — e os deles — são a marca da empresa.

Já apontei, no Capítulo 5, que nada torna as pessoas de uma empresa mais cínicas do que um líder que diz uma coisa e faz outra, sobretudo quando exige que as pessoas façam o que ele ou ela pedem. Imagine qual seria o efeito se, cinco minutos depois de definir juntos com as pessoas de meu workshop que "não vamos usar o celular na sala", meu telefone tocasse e eu atendesse. Seria devastador. Tal comportamento convenceria a todos que minha palavra não é confiável. Qualquer comportamento contraditório por parte de um líder destrói a confiança. E, sem confiança, os membros de uma empresa não são capazes de coordenar suas ações de forma eficiente, cumprindo suas promessas coletivas.

O problema é que, mesmo quando um líder não parece contradizer-se em suas declarações, outras pessoas podem ter uma visão diferente de como o padrão funciona em dada situação. É possível que você acredite estar se comportando de acordo com o padrão — mas alguém pode achar que não. É por isso que é crucial debater opiniões divergentes e tomar as ações necessárias para dissolver qualquer tensão. A permissão para questionar quem quer que pareça fugir ao padrão estabelecido, em especial o líder, é, em si, uma norma crucial.

Em meus workshops, incentivo as pessoas a expressarem qualquer dúvida que possam ter sobre meu comportamento. Explico que meu compromisso é firme, mas que, às vezes, posso agir ou cometer erros sem perceber, e que acolho críticas com prazer. Gosto sempre de discutir se estou ou não em alinhamento com as promessas que fiz. Todo líder é capaz de se recuperar de um erro. Porém, ele ou ela não são capazes de se recuperar de uma negativa à discussão desse possível erro sem destruir o padrão, sua identidade e o comprometimento da empresa.

Você não demonstra seus valores somente por ações pessoais e diretas. Você também expressa seus valores pelos sistemas formais e processos que institui. Talvez o mais importante de todos os processos seja o recrutamento e a seleção. Como escreveu o autor best-seller Jim Collins, "você deve colocar as pessoas certas no ônibus, mesmo antes de saber para onde ele vai".[27]

Líderes culturalmente inocentes concentram seus esforços de recrutamento em pessoas certas para o trabalho, desconsiderando a importância de pessoas certas para a cultura. A consequência inesperada de ignorar pessoas certas para a cultura é que essa mesma cultura crescerá de forma irregular, como grama, não como uma planta cultivada. Ela "comerá a estratégia como almoço", tornado sua execução inviável para a empresa.

CULTURA

É claro, se alguém recém-contratado tiver sucesso, ele ou ela crescerão em outras funções dentro da empresa. Essas funções talvez demandem aptidões diferentes, mas acontecerão dentro da mesma cultura empresarial. Por isso, é melhor contratar pessoas que se enquadrem na cultura, mesmo que não tenham as aptidões certas para a primeira função que vão exercer. As pessoas conseguem aprender novas habilidades com muito mais facilidade do que são capazes de incorporar novos valores e novas normas na estrutura de sua personalidade.

A Zappos, a loja de roupas e sapatos on-line, que é votada com frequência como uma das "Melhores empresas para se trabalhar" da *Fortune*,[28] contrata funcionários que se enquadrem nos principais valores da empresa:

- Obter um UAU (satisfação do cliente) pelo serviço.
- Abraçar e impulsionar mudanças.
- Criar descontração e um pouquinho de esquisitice.
- Ser aventureiro, criativo e ter a mente aberta.
- Buscar crescimento e aprendizado.
- Construir relações abertas e honestas com comunicação.
- Construir espírito positivo de equipe e família.
- Fazer mais com menos.
- Ser apaixonado e determinado.
- Ser humilde.

Seu CEO, Tony Hsieh, também quer pessoas altruístas para trabalhar na empresa. "Muitos de nossos candidatos vêm de outras cidades. Nós vamos buscá-los no aeroporto com a van da Zappos, fazemos um tour e usamos o restante do dia para entrevistá-los", contou Hsieh a um jornalista. "No final do dia de entrevistas, o recrutador vai até o motorista da van e pergunta como ele ou ela foi tratado. Não importa quão boas tenham sido as entrevistas, se nosso motorista não foi bem tratado, não contrataremos aquela pessoa."[29]

Todas as novas contratações, independentemente de suas habilidades e experiências, devem trabalhar no *call center* atendendo clientes por um mês, experiência que os faz mergulhar na cultura da empresa. Depois de uma semana nesse treinamento, as novas contratações recebem uma oferta de três mil dólares para deixar a empresa pois, se não estiverem se adaptando, a Zappos prefere que vão embora. Se aceitarem o dinheiro, não podem voltar. Quase 100% das novas contratações recusa a oferta.[30]

A cultura também estabelece o reconhecimento e a promoção de funcionários. Quem você premia ou promove e o motivo por que o faz envia a todos na empresa uma mensagem muito importante sobre a forma correta de se portar. Sua escolha sobre quem empoderar com a autoridade formal de gerir as pessoas de sua empresa é uma das mais fundamentais da liderança. O mesmo vale para quem você repreende, censura, sanciona, rebaixa e demite. Se o CEO da United Airlines tivesse demitido os comissários de bordo e o piloto do voo 3411 em vez de elogiá-los, teria mandado uma mensagem poderosa de que "não tratamos nenhum cliente assim".

Na Zappos, novas contratações são aculturadas cuidadosamente através da socialização (conhecendo diferentes funcionários, trabalhando no *call center* e assim por diante). A socialização é o processo pelo qual uma pessoa vem a integrar valores, habilidade, comportamentos esperados e conhecimento social essenciais para assumir um papel como membro de uma empresa.[31] Aspectos-chave da socialização incluem garantir que os funcionários adquiram conhecimento cultural e que estabeleçam vínculos uns com os outros.

No LinkedIn, novas contratações têm chance de revelar algo que não esteja em seu perfil no site do LinkedIn e de demonstrar um talento único ou uma habilidade especial nos encontros com a liderança, realizados por nosso CEO a cada duas semanas. Os funcionários são convidados a mostrar aos seus pares um lado mais pessoal de si mesmos. O benefício disso é quebrar o gelo.

DEMANDE OS PADRÕES

Não basta demonstrar os padrões. Como líder, você deve também confrontar as pessoas que pareçam se desviar deles. Se um participante atendesse uma ligação ou escrevesse uma mensagem no meio de meu workshop e eu não dissesse nada, as consequências seriam tão ruins quanto se eu mesmo atendesse ao celular. As duas ações seriam igualmente nocivas para a cultura que estou tentando estabelecer no workshop.

As pessoas podem interpretar de forma diferente o que certo compromisso demanda em determinada situação. Um dos membros da equipe pode achar que ele ou ela está se comportando de acordo com o padrão, enquanto você não julga ser o caso. É fundamental esclarecer a diferença de forma colaborativa; por isso, sugiro que toda confrontação comece com uma investigação sobre a perspectiva da pessoa que parece transgredir o padrão.

Demandar que o padrão seja seguido não é isento de riscos. Questões de autoestima e imagem pública podem surgir mesmo com o tratamento mais habilidoso. Nunca é demais dizer como um líder deve pisar em ovos quando deseja conscientizar sua equipe sobre agir de forma impecável. Uma de minhas lembranças profissionais mais tristes é justamente sobre meu fracasso em fazer isso certo.

Pedi atenção às pessoas na sala. Todos tinham voltado pontualmente — menos Max, líder da equipe. Perguntei aos presentes se Max avisou alguém que ia se atrasar. O silêncio constrangedor significou que minhas preces secretas não tinham sido atendidas.

Essa equipe de marketing de produto tinha a reputação entre seus clientes internos de não inspirar confiança. É por isso que Max me contratou para trabalhar com eles. O tema do compromisso era central no workshop. Logo antes do intervalo, discutimos sobre a importância de honrá-los. Concordamos em transformar aquele workshop num experimento de criação de uma cultura de confiança. "Para trabalharmos com eficiência e respeito, peço que todos voltem do intervalo na hora", tive que dizer. "Vocês conseguem se comprometer com isso?" Todos concordaram com a cabeça.

"Se, por algum motivo, descobrirem durante o intervalo que vão precisar de mais tempo", acrescentei, "por favor, avisem a alguém, para que ele ou ela informe ao restante do grupo. Vamos estabelecer como padrão de conduta de que tudo bem se atrasar, desde que nos avise com antecedência, mas que é um problema se não avisar. Isso é aceitável para vocês?". Mais uma vez, todos concordaram com a cabeça.

"Ótimo", falei. "Vou tomar seus acenos de cabeça por um sim. Acabamos de definir uma norma cultural. Vamos fazer um intervalo e a demonstraremos na volta."

Correndo o risco de parecer um tanto compulsivo, dei bastante ênfase na impecabilidade dos compromissos, sobretudo daqueles que definimos como norma do grupo. Meu desejo era que as pessoas na sala sentissem a tensão de ter que manter controle da hora durante o intervalo, de terem que ir ao banheiro no último minuto, de talvez terem que interromper uma conversa interessante no meio ou de não atender uma ligação para conseguir voltar a tempo. Preparando-me para o pior — e sem querer alienar quem cometesse um erro –, ofereci-lhes uma saída: "Se algo importante surgir", expliquei, "você poderão honrar o compromisso mesmo sem cumpri-lo. Se acabarem se atrasando e não encontrarem ninguém para nos avisar, por favor, peça desculpas quando voltar, diga que precisou cuidar de algo e que não teve como nos informar."

Achei certo que, depois de tanta ênfase (excesso de ênfase, diziam alguns rostos na plateia), todos voltariam no horário estabelecido, avisariam alguém caso se atrasassem ou pelo menos voltariam à sala com um pedido de desculpas. Eu não estava esperando que alguém quebrasse a regra, ainda mais o próprio Max. Por isso fiquei perplexo quando ele não voltou na hora e não disse a ninguém que ia se atrasar. Eu não sabia qual seria o desfecho da situação, mas entrei no tema seguinte: manter as pessoas responsáveis por seus compromissos.

Quinze minutos depois, Max entrou e sentou-se em silêncio no fundo da sala. Fiz um momento de silêncio significativo para que Max pudesse pedir desculpas. Minha última esperança era que ele pedisse desculpas e explicasse que, durante o intervalo, aconteceu algo urgente e que não teve como nos informar. Confessando o rompimento do pacto, explicando o que aconteceu e reestabelecendo seu compromisso, ele teria honrado sua palavra e preservado a confiança do grupo. Ele também teria tornado minha vida como líder de workshop muito, muito mais fácil.

Contudo, não tive tanta sorte. Max permaneceu em silêncio. Não acreditei que ele estivesse me testando; ele parecia ter se esquecido de que seu atraso exigia desculpas. Para piorar as coisas, ninguém parecia esperar outra atitude nem notou que havia um problema com o comportamento de Max. Não era de espantar que a reputação daquela equipe fosse abominável.

Respirei fundo. Eu queria ser um professor sábio e compassivo, mostrando a Max e à sua equipe a demanda pelo cumprimento de normas culturais como demonstração de apoio à missão e aos valores da empresa. Meu medo, porém, era perder todos ali responsabilizando Max na frente de sua equipe. Era um belo pepino para resolver. O pior era que, se eu não levantasse a questão, minha própria credibilidade seria destruída — se não aos olhos deles, pelo menos aos meus. Como o próprio Max tinha me contratado para conscientizar sua equipe sobre compromissos, eu estaria faltando com minha palavra se varresse a questão para debaixo do tapete.

— Max — falei, um pouco hesitante —, você chegou atrasado.

— Ah, sim, foi mal. Apareceu uma coisa — respondeu ele tranquilamente.

— Eu entendi — repliquei –, mas pensei que tivéssemos todos entrado em acordo de que, se isso acontecesse, avisaríamos alguém.

— Ah, certo. Foi mal — reconheceu. — Eu estava em meu escritório.

Pensei em perguntar a Max se não podia ter pedido ao seu assistente que nos contatasse ou questioná-lo por que não pediu desculpas quando entrou na sala, mas um dos participantes tomou a dianteira. Ou melhor, devo dizer, me deu uma *rasteira*.

— O que está tentando provar? — questionou-me o participante. — Por que está sendo tão desrespeitoso com Max?

— É, por que você está pegando no pé dele? — acrescentou outro. — Ele chegou só uns minutos atrasados.

A coisa estava indo rápido ladeira a baixo.

— Não quero pegar no pé de Max — respondi. — Estou tentando dizer algo sobre compromissos e normas de grupo, que é o tema desse workshop.

Uma das premissas do workshop, expliquei, é que a forma como lidamos com *um* compromisso é um bom indicador da maneira como lidamos com *todos*.

— Fui chamado aqui pois vocês querem aumentar sua confiança e fidedignidade enquanto equipe — disse. — Por isso precisamos investigar e mudar os comportamentos dos quais seus clientes internos estão reclamando. Acho que podemos transformar esse impasse em uma oportunidade, se o tomarmos como experiência de aprendizado.

Os rostos sérios foram ficando vermelhos, mas eu já tinha ido longe demais para recuar, por isso fui para o tudo ou nada.

— Nós concordamos em voltar pontualmente do intervalo. Depois, concordamos que se surgisse algum inconveniente, avisaríamos alguém. Max não fez isso. Pior ainda, entrou na sala e se sentou sem pedir desculpas. Quando o questionei sobre essa atitude, a resposta dele pareceu de um desdém tranquilo. Agora todos vocês estão tristes por eu apontar essa quebra explícita de nosso compromisso. Se eu fosse um observador externo, não confiaria nos compromissos dessa equipe. Você confiariam?

"Bem está o que bem acaba", escreveu Shakespeare, mas a situação não acabou nada bem. O restante do workshop foi constrangedor, mas essa foi minha última interação com a equipe de Max. Poucos meses depois, alguém me contou que Max tinha saído da empresa. Não sei se pediu demissão ou se foi demitido, mas tenho certeza de essa equipe precisava de um novo líder para recobrar a credibilidade.

Muitos anos depois, encontrei um dos participantes desse fatídico workshop, que se lembrava do que tinha acontecido. Infelizmente, a lição que tirou dele foi que eu era tão intolerante com atrasos que bati de frente com um dos líderes da empresa. Fiquei triste, pois com certeza não era o que eu queria transmitir nem a forma como eu queria ser lembrado. Percebi que eu não tinha conquistado a autoridade moral necessária para guiá-los por uma área tão espinhosa como a da integridade e da confiança. Confiei demais no meu taco como líder de workshop e perdi a oportunidade de fazê-los crescer.

DEMANDE OS PADRÕES EM DOBRO

Se quer liderar uma cultura saudável e eficaz, precisará transformar seus padrões de comportamento em normas sociais. Isso significa que todos os membros da equipe precisam se sentir pessoalmente responsáveis por sustentá-los — demandando inclusive que os demais o façam também.

Quando trabalho com equipes de liderança, por exemplo, estabeleço como padrão de comportamento que todos ouçam com respeito, sem interromper, os outros membros da equipe. Durante nosso encontro, inevitavelmente um dos membros da equipe quebra a regra.

Eis como lido com essas situações. Digamos que "Rob" interrompa "Rachel" no meio de uma frase. Em vez de apontar para a quebra de regra, permaneço em silêncio. Todos, quase sempre, fazem o mesmo. Quando Rob termina de falar, pergunto: "Alguém percebeu que Rob interrompeu Rachel?" Todos, é claro, perceberam; a maioria reprovou com a cabeça. Essa é minha deixa para a pergunta crucial: "Por que ninguém contestou Rob?"

Lembro a todos, então, que não interromper é uma das normas de conduta que estabelecemos em conjunto; não foi nem uma regra que lhe impus ou um compromisso que eles fizeram comigo. Não interromper foi um compromisso que todos nós fizemos com os demais. Explico que não estou pedindo apenas que os membros da equipe sigam a norma; estou pedindo que demandem isso uns dos outros.

"Não quero ser o policial chato que mantém todo mundo na linha", acrescento. "Espero que cada um de nós mantenha um ao outro — incluindo eu mesmo — responsável por nosso compromisso de ouvir o colega com respeito. Vocês estão prontos para partilhar dessa responsabilidade comigo?"

Em um artigo para a *California Management Review*, Jennifer Chatman, professora da Universidade de Berkeley, descreve em terceira pessoa sua experiência de ir comprar sapatos em uma loja da Nordstrom. Um vendedor chamado Lance mostrou-lhe nove pares de sapatos. Nenhum era do tamanho, da cor ou do tipo que ela procurava. "Enquanto estava indo embora", escreveu Chatman, "outro vendedor, Howard, aproximou-se e sugeriu ligar para outras lojas da Nordstrom em busca dos sapatos. Dez minutos depois, Howard informou-a, contente, que não tinha encontrado os sapatos em nenhuma das lojas da Nordstrom, mas que os tinha encontrado em uma loja da Macy's (uma das principais concorrentes da Nordstrom) ali perto.

"Em vez de mandá-la para a Macy's, Howard já tinha combinado tudo para que os sapatos fossem enviados à noite para sua casa. 'É claro', informou-lhe Howard, 'a Macy's vai cobrá-la pelos sapatos, mas a Nordstrom vai pagar pela entrega noturna.' Howard compreendia a importância do serviço ao consumidor e queria fazer mais que seu dever para garantir que a cliente de Lance ficasse completamente satisfeita. Além disso, enquanto deixava a Nordstrom, Chatman entreouviu algo que não era para escutar. Howard foi até Lance e disse: 'Não acredito que você não se empenhou mais para achar os sapatos para ela. Você nos decepcionou para valer.' Howard não era o chefe de Lance — eles tinham o mesmo cargo —; ainda assim, as normas da Nordstrom que incentivam o serviço ao consumidor são tão fortes que os membros da empresa punem uns aos outros de bom grado, independente do status, por não respeitar essas normas."[32]

DELEGUE OS PADRÕES DE COMPORTAMENTO

Como líder, além de demandar que todos os membros de sua equipe demonstrem os padrões e demandar seu cumprimento por parte dos demais, você deve insistir que eles, por sua vez, demonstrem e demandem os padrões dos membros de suas equipes, pedindo-lhes que deleguem o mesmo ao nível subalterno. Delegar é o que faz que os padrões se tornem virais. Se isso não acontecer, a norma cultural nunca vai vingar.

Muitas equipes de liderança que ajudei criam excelentes padrões fora de seu âmbito. A maioria faz um bom trabalho demonstrando e mantendo cada um responsável pelas normas. O erro mais comum que presencio diz respeito a esse último passo. Muitos líderes fracassam em replicar o que conversam com suas equipes, fazendo os padrões descerem pela escala hierárquica até as linhas de frente. Isso cria uma ruptura no tecido da empresa, uma vez que há um grupo "incluído" que respeita as normas e um grupo "excluído" que não as conhece ou não entende por que seus superiores agem de forma tão estranha fora de seus âmbitos — ficando irritados, por exemplo, com coisas que costumavam tolerar.

Quando um sistema de informação fracassa em produzir o produto esperado, a primeira coisa que os programadores olham é o programa executado, para corrigir qualquer falha. Se o programa está funcionando bem, precisam ir mais fundo, corrigindo o sistema operacional, presumindo que este não provê as capacidades de processamento necessárias.

Como líder, você precisa fazer o mesmo quando sua empresa fracassar em executar plenamente sua estratégia. Pode ser que a estratégia seja defeituosa, mas é mais frequente que não seja esse o problema. A falha no sistema vem de uma cultura inadequada.

Nos capítulos a seguir, explico três capacidades processuais fundamentais que são partes necessárias de qualquer cultura eficiente.

Capítulo 8
RESPOSTA-HABILIDADE

Para ser parte da solução, seja parte do problema.

> A principal diferença entre um homem comum e um guerreiro é que o guerreiro considera tudo um desafio, ao passo que o homem comum considera tudo uma benção ou uma maldição.
>
> — Don Juan, xamã mexicano

"Perdão pelo atraso. Minha outra reunião passou da hora." Quantas vezes você já usou essa desculpa?

Tacitamente, você está dizendo: "Não me culpe. Se minha reunião anterior tivesse terminado mais cedo, teria chegado a tempo." Essa justificativa pode até ser verdadeira, mas é enfraquecedora. Por quê? Porque ao dizer que o atraso não é culpa sua, você deve admitir que não tinha controle sobre chegar na hora. O preço dessa inocência falsa é a impotência.

O fato de a outra reunião ter passado da hora é apenas isso: um fato. Isso não fez você se atrasar; você se atrasou sozinho. Você tomou a decisão, deliberada ou inconsciente, de ficar e não ir embora. Pode não ser responsável pelo atraso da reunião, mas é responsável por sua escolha a partir do momento em que ela atrasa.

"Não é minha culpa!", você talvez diga. "Eu continuei na reunião anterior pois era mais importante para a empresa do que a seguinte. Dizer que a reunião anterior atrasou foi só uma forma educada de dizer que, para mim, a segunda reunião não era tão importante quanto a primeira."

Não estou dizendo que a culpa é sua. Tampouco estou dizendo que você fez uma escolha equivocada ou que devia ter deixado a outra reunião. Consigo imaginar inúmeras circunstâncias em que eu seria capaz de escolher me atrasar racionalmente. Estou dizendo apenas que é uma questão de escolha e que, se desejo estabelecer uma cultura de responsabilidade, preciso ser total responsável por minha escolha. Como líder, preciso ser o exemplo do que quero ver.

Mais do que isso, preciso assumir a responsabilidade de minimizar as consequências negativas para aqueles que esperaram que eu agisse conforme meu compromisso. Nesse caso, posso ter uma justificativa razoável para meu atraso; que eu estava, por exemplo, em uma reunião importantíssima com o CEO e a equipe de liderança da empresa. Mais difícil, porém, é encontrar uma justificativa razoável para não ter mandado uma mensagem rápida para as pessoas que esperam por mim. Como veremos no Capítulo 10, você, às vezes, precisa quebrar uma promessa e fazer besteira, mas sempre pode informar as pessoas na hora, pedir desculpas e consertar tudo.

É tentador se colocar na posição de "vítima" para fugir da responsabilidade e evitar constrangimentos, mas o preço de uma desculpa é caro. Se quer se tornar um líder transcendente, precisa assumir a responsabilidade integral por suas ações em qualquer circunstância, mesmo naquelas em que não tem culpa. Isso implica escolher conscientemente sua resposta para os eventos, em vez de inventar uma narrativa autojustificada em que os eventos impulsionam você. Se quer que sua empresa tenha controle do próprio destino, deve liderar da linha de frente. Em vez de se ver e se apresentar como vítima de forças que estavam além de seu controle, deve se ver e se apresentar como um protagonista que responde a desafios. Somente então terá a autoridade moral para exigir que os outros façam o mesmo.

Uma vez, enquanto eu escalava uma montanha com Leslie, colega minha que é instrutora na Outward Bound, nos encontramos em meio a uma tempestade. Amaldiçoei o tempo ruim. Leslie deu risada e compartilhou seu ditado favorito: "Não há tempo ruim, só roupa ruim." O ditado me fez pensar em outras ocasiões em que reclamei de coisas que estavam além de meu controle — e sobre como isso é infrutífero. A tempestade não está nem aí se estou feliz ou não, se vou sobreviver ou morrer. A tempestade é apenas uma força da natureza. Ela é o que é, isso e nada mais. Cabe a mim me vestir de forma apropriada e lidar com ela. Desde aquele dia com Leslie, adotei um novo hábito. Quando tenho que lidar com uma "pessoa difícil" — alguém que me apresenta um desafio ao qual não sei como responder de maneira adequada–, ligo o modo "Outward Bound". Vejo aquela pessoa como uma força da natureza. Ela é o que é, isso e nada mais. Cabe a mim agir de forma adequada no trato com ela.

Percebi também que não existem problemas difíceis, apenas situações que não tenho como resolver. Se você não é capaz de levantar determinado peso, não é porque ele é pesado, mas porque seus músculos não têm força suficiente para isso — ainda não, pelo menos. Com certeza há certos pesos que são pesados demais para qualquer pessoa levantar — agora ou em qualquer circunstância —, mas isso não contradiz meu raciocínio. O argumento é que nos empoderamos mais contando a história do protagonista: quando perco, é porque ainda não sei como responder de forma eficiente aos desafios que enfrento. E o mesmo é verdadeiro para você — ou pode ser, se quiser superar a falsa inocência como preço do poder.

A resposta-habilidade é o alicerce da liderança transcendente. Pense em dois jeitos de as pessoas em sua empresa justificarem um atraso: (a) "O projeto era difícil demais. Tinha muitas complicações e ninguém nos ajudou" e (b) "O projeto era desafiador e não sabíamos como lidar com esses desafios de forma eficiente. Fracassamos em pedir ajuda às pessoas de modo a suscitar seu comprometimento. E estávamos tão focados em terminá-lo a tempo que não deixamos que as pessoas soubessem do atraso a tempo de minimizar as falhas que causamos".

Neste capítulo, mostrarei que o que chamo de "resposta-habilidade" absoluta e responsabilidade ética formam uma filosofia eficiente na liderança, nos negócios e na vida. Exemplificando a resposta-habilidade enquanto líder e mantendo as pessoas fiéis às suas resposta-habilidades, você poderá transformar comportamentos defensivos em criativos, e sentimentos negativos como resignação e ressentimento em entusiasmo e compromisso genuínos.

UMA VIAGEM ACIDENTADA

Em uma ensolarada manhã de novembro em 2010, o voo 32 da Qantas Airways decolou de Singapura com destino a Sydney. Pouco antes de chegarem a oito mil pés, os passageiros ouviram uma explosão alta e um som de batida. Um dos motores estava pegando fogo. A explosão seguinte lançou fragmentos na parte de baixo do avião. Um alarme vermelho piscou no painel de controle do piloto. Uma sirene berrava na cabine. O avião sacudia. De repente, tudo começou a falhar: bombas de combustível, o sistema elétrico, o sistema hidráulico. Dos 22 sistemas principais, 21 ficaram danificados ou completamente inoperantes.

O piloto, Richard de Crespigny, direcionou o avião de volta para Singapura. Em descida de emergência, o sistema de computador gritava "Estol! Estol! Estol!"; Crespigny ignorou a voz automática e continuou focado em sua tarefa.

A pista era comprida o bastante para que o avião aterrissasse — se o capitão passasse do limite de asfalto, a aeronave colidiria com dunas. A cem metros das dunas, o aeroplano conseguiu parar. Nesse momento, Crespigny ligou o sistema de comunicação e disse aos passageiros: "Senhoras e senhores, bem-vindos a Singapura. São cinco minutos para o meio-dia no horário local dessa quinta-feira, dia 4 de novembro, e imagino que concordarão que essa foi uma das melhores aterrissagens que tiveram ultimamente."

Investigadores disseram depois que o voo 32 da Qantas foi o Airbus A380 mais danificado a conseguir pousar na história. Crespigny foi considerado um herói.[1]

Em meus workshops, peço que as pessoas se imaginem nesse avião comigo quando, de repente, ouvimos a explosão e vemos peças do motor caírem. Um minuto depois, o piloto sai da cabine e se senta com os demais passageiros. Em surto, perguntamos a ele o que está acontecendo. Ele responde que um dos motores está avariado.

— Então, o que diabos você está fazendo aqui? — perguntamos. — Por que não está na cabine?

Para o choque de todos, ele responde:

— Pois consertar motor não é meu trabalho; é um problema da manutenção.

A esse ponto, pergunto aos participantes: "O que vocês diriam a ele?" Depois de alguma discussão, o grupo sempre conclui que não importa quem ou o que causou o problema. O que importa é que o capitão tem responsabilidade absoluta pela segurança dos passageiros e da tripulação. Tudo que acontecer ali é de sua responsabilidade.

Tive que aplicar essa dura lição muitas vezes como capitão de meu veleiro, o *Satori*. Qualquer coisa que aconteça enquanto velejo é minha responsabilidade. Se uma tempestade surge de surpresa, não chequei a previsão do tempo direito. Se algo quebra, não inspecionei o equipamento com cuidado suficiente. Se um de meus tripulantes faz algo perigoso, não o treinei bem o bastante. Se um de meus passageiros se machuca, não lhe expliquei bem os procedimentos ou não conferi para ver se ele tinha entendido e era capaz de executar minhas instruções. Tudo o que acontece em meu barco está em minha conta.

Se você quer se tornar o capitão de seus negócios e de sua vida, deve aceitar responsabilidade e autoria de tudo o que se passa neles. Em vez de ser vítima de circunstâncias externas, deve ter domínio de suas ações — deve ser quem toma as decisões e produz consequências com resposta-habilidade total.

Na peça chamada *Seus negócios e sua vida*, você está no palco como personagem principal. Você não é espectador; é escritor, diretor e ator. Você contribui para os eventos acontecerem e molda o futuro... sempre. Como protagonista, está *no* jogo; você afeta o resultado. Como vítima, está fora do jogo; está à mercê daqueles para quem se rendeu no campo. Que tipo de líder quer ser? Mais importante, que tipo de líder escolhe ser?

O QUE É RESPOSTA-HABILIDADE?

Defino *resposta-habilidade* como a habilidade de escolher uma resposta própria a determinada situação. É focar nos aspectos da realidade sobre os quais se tem influência, em vez de se sentir vitimizado por circunstâncias que fogem ao controle. É se tornar o personagem principal da própria vida. Em vez de perguntar "Por que isso está acontecendo comigo?", uma pessoa com resposta-habilidade pergunta: "O que posso fazer quando isso acontece?" Resposta-habilidade significa não levar nada para o pessoal. Não está chovendo em você; está apenas chovendo, ponto final. Em vez de culpar a chuva, carregue um guarda-chuva para ficar seco quando chover. E se você se molhar, saberá que é porque não levou um guarda-chuva, pois não estava preparado.

O mesmo vale para sua equipe e sua empresa. Você e seus colegas estão aptos a escolher como responder a cada situação. Podem focar naquilo que é possível fazer, não no que não está sob seu controle, perguntando: "Como vamos realizar nossa missão apesar desse desafio?"

Muitas pessoas confundem a possibilidade de escolher uma resposta com a possibilidade de escolher um desfecho. Resposta-habilidade não significa "sucessabilidade". Não existem garantias de que as ações tomadas por você e sua equipe vão produzir os resultados desejados. A única garantia é que vocês podem responder às circunstâncias sempre em busca das metas e em alinhamento com os valores. É o melhor que podemos fazer como seres humanos — e não é pouca coisa. Nossa resposta-habilidade é expressão franca de nossa lucidez e livre-arbítrio. Para tornar-se um líder eficiente — para tornar-se plenamente humano, na verdade —, você precisa se tornar totalmente responsivo-hábil.

Quando você joga cartas, por exemplo, não tem controle da mão que vai receber. Se gastar todo o tempo reclamando e criando desculpas para suas cartas, vai se sentir enfraquecido e muito provavelmente perderá o jogo. Mas se ver a si mesmo como alguém capaz de escolher como jogar com essas cartas, seus sentimentos mudarão. Você terá um senso de possibilidade. Mesmo que não vença com aquela mão, poderá sempre dar seu melhor com as cartas que recebeu, jogar justo e tentar melhorar suas chances de ganhar o jogo.

Responsabilidade não é assumir a culpa. Você não é responsável *pela* conjuntura; você é responsivo-hábil *diante daquela* conjuntura. Para citar um exemplo extremo: você não é responsável pela miséria. Não foi você que a criou; não é culpa sua; não há por que censurá-lo. A miséria existe independente de você. Ela estava lá antes de nascer e continuará ali depois que morrer. Pensando de forma racional, a miséria não é problema seu. Você, no entanto, está apto a responder a ela. Se você nasce em meio à miséria, pode trabalhar duro e buscar meios para sair da pobreza. Se você se importa com a miséria que vê na sociedade, pode *torná-la* um problema seu. A miséria é um fato brutal — é possível aprender sobre ela, estudar formas de minimizá-la, dar tempo e dinheiro para causas e organizações certas, criar sua própria organização ou voluntariar-se ao Corpo da Paz. Você pode, se desejar, dedicar sua vida a ajudar os mais pobres.

Não somos autômatos. Somos, na verdade, *autônomos* — seres auto-orientados. Fatos externos são informação, não estímulos. Não atendemos ao celular *porque* ele toca. Escolhemos atender ao telefone, isso sim, *quando* ele toca, pois julgamos que é melhor atender a ligação do que rejeitá-la. Circunstâncias externas e impulsos internos influenciam nosso comportamento, mas não o determinam. Eles podem nos tentar, mas não nos "compelem a fazê-lo". Somos humanos; temos consciência; somos livres.

A maioria das pessoas define *liberdade* como a aptidão de fazer o que quiserem. Elas querem ficar "livres" das amarras. Esse tipo de liberdade depende de fatores que lhes fogem ao controle. Liberdade não significa fazer algo sem limitações ou consequências. Tal "liberdade" é uma fantasia impossível. A verdadeira liberdade é a capacidade de responder a uma situação exercitando sua vontade consciente. É seu direito de nascença. A verdadeira liberdade é atributo básico da existência humana. Sempre está em seu poder responder como quiser às situações. Não é possível tornar a realidade diferente do que ela é ou escolher se suas ações terão ou não sucesso. Você, porém, poder escolher a resposta mais coerente com suas metas e seus valores.

Quando você expressa tal liberdade responsiva-hábil, inspira outras pessoas a também serem responsiva-hábeis — dentro ou fora de sua empresa. Um líder transcendente exemplifica o poder das escolhas conscientes de modo a dar poder para que toda a empresa o faça também.

A VÍTIMA[2]

Em *Consciência nos negócios*, fiz uma distinção entre a "vítima" e o "protagonista". Nos dez anos que se seguiram à publicação, milhares de pessoas me disseram que essa distinção trouxe clareza, poder e controle às suas vidas. Líderes eficientes e transcendentes são protagonistas. Por isso, gostaria de apresentar um conceito central daquele livro (ou reapresentar, caso tenha lido meu trabalho anterior). Ainda que a distinção seja fácil de compreender, é um tanto difícil de aplicar — sobretudo quando é mais importante.

A vítima dá atenção exclusivamente aos fatores sobre os quais não pode influenciar, vendo a si mesma como sofredora passiva de consequências geradas por circunstâncias externas. A vítima quer evitar a culpa e alegar inocência. Como acredita que não tem nada a ver com o problema, não reconhece que contribuiu para sua criação ou que pode ajudar para sua resolução. Quando as coisas dão errado, a vítima quer pôr a culpa em algo ou alguém que não seja em si mesma. Em consequência disso, como não é parte do problema, não pode ser parte da solução.

Para a vítima, a vida é um esporte de espectador. Seu lugar predileto é nas laterais, não no campo. Ela adora criticar quem está no jogo. No entanto, suas opiniões destroem suas ações. Isso lhe dá uma sensação de segurança, pois, mesmo sem poder fazer algo para ajudar, não pode ser culpada se o time perder. A vítima tende a culpar os jogadores, o técnico, os árbitros, os adversários, o clima, o azar e o que for. Mesmo que suas explicações sejam tecnicamente corretas, elas a tornam mais fraca. A vítima dá poder a quem culpa.

Um dia em pleno verão, por exemplo, enquanto eu trabalhava neste capítulo, senti sede. Minha esposa, que estava trabalhando ao meu lado me perguntou se eu queria algo para beber.

— Sim — disse a ela —, uma água com gás. Obrigado.

Ela respondeu:

— Já trago, só vou responder a esse e-mail.

Enquanto esperava que ela me trouxesse o que beber, senti mais sede e uma pontada de frustração. Percebi que estava colocando nela a culpa de minha sede. Eu estava enfiado na cadeira, sentindo pena de mim mesmo. Então pensei: *Se estou com sede e quero água, por que não me levanto e vou buscar eu mesmo?* Foi o que fiz. Quando voltei, minha esposa me perguntou:

— Por que não esperou que eu terminasse?

Expliquei minha mentalidade de vítima... e minha necessidade de romper com ela. Dei esse parágrafo para ela ler e nós dois demos boas risadas.

Os seres humanos parecem predispostos à vitimização, da mesma forma que somos predispostos a comer açúcar. Ambos nos dão prazeres a curto prazo à custa de dores a longo prazo. Quando eram menores, meus filhos reclamavam que "o brinquedo quebrou". Nunca os ouvi dizer: "Eu quebrei o brinquedo."

Como criancinhas, optamos pela postura vitimizada de "não foi minha culpa" quando queremos nos proteger da responsabilização. Não é raro, em empresas, ouvirmos que "o projeto atrasou", "o cliente foi insensato" ou que "foram eles que começaram". Queremos parecer bem, projetar uma imagem de sucesso — ou pelo menos evitar as máculas que o fracasso traz.[3] A vitimização é a tentativa de cobrir nossos fracassos de modo a parecermos mais capazes do que somos de verdade. Gostando ou não de admiti-lo, muitos de nós dependemos da aprovação alheia. Assim, investimos uma bela quantidade de energia na construção de uma imagem pública "inculpável".

Além de isso nos tirar o poder de agir de forma apropriada frente à realidade, a narrativa da vítima nos impede de aprender. Enquanto nossos problemas não forem nossos, tenderemos a esperar que os outros mudem a situação ou os resolvam. Como líder e como protagonista, você precisa perguntar a si mesmo o que precisa aprender para responder melhor àquela situação ou como evitá-la no futuro com mais eficácia.

A vitimização é como uma droga que, ao mesmo tempo, nos relaxa e nos excita. Ela nos relaxa, pois o que quer que tenha acontecido não é culpa nossa. Ela nos excita, pois nos sentimos no direito de culpar os outros. A indignação correta da vítima inocente é viciante como heroína. Ela, porém, nos impede de olhar no espelho e nos perguntar: *O que preciso fazer para deixar de ser coautor dessa situação?*

Em vez de perguntar, *Quem ferrou tudo? Quem me injustiçou? O que eles deveriam ter feito? O que deve pagar?*, pergunte a si mesmo o que você pode fazer para resolver o problema ou prevenir que ele ocorra de novo. A culpa encobre quem ou o que está causando o problema. Quando algo dá errado entre um grupo de pessoas, cada um tem um pedaço da confusão. Entretanto, a maioria das pessoas não avalia as coisas dessa forma. Como diz o ditado: "O sucesso tem muitos pais, mas o fracasso é órfão".

A verdade é que cada um de nós contribui com uma situação ruim. Todos somos reponsiva-hábeis por encontrar um meio de corrigi-la. Será muito mais fácil resolver a situação se todos os envolvidos se tornarem protagonistas e reconhecerem sua contribuição. Chamo isso de "200% de responsabilidade".

O PROTAGONISTA

Líderes são protagonistas. O protagonista atenta para os fatores sobre os quais tem controle. Ele não nega que há muitas coisas que lhe fogem ao controle, mas escolhe não focar nessas coisas, exatamente porque não pode controlá-las. Em vez de se sentir esmagado por circunstâncias externas, vê a si mesmo como alguém capaz de responder a elas. Sua autoestima é fundamentada em dar seu melhor, expressar seus valores e aprender como ser cada vez mais capaz. Se algo além de seu controle acontece, sua explicação se concentra em sua participação no evento, uma vez que percebe a si mesmo como fator determinante do produto final. "Se quer ser parte da solução", raciocina, "precisa se ver como parte do problema. A não ser que reconheça sua contribuição para uma situação ruim, você não será capaz de mudá-la." Esse líder escolhe dar explicações empoderadoras que o coloquem no controle da situação.

Para líderes e protagonistas, o mundo é repleto de desafios que os convidam a responder como o "guerreiro" aludido pelo xamã Don Juan. O protagonista não se sente onipotente, mas encara os desafios direta e realisticamente, da mesma forma que administra suas emoções com serenidade. Ela sempre se descreve como parte de seus problemas. Quer assumir sua parcela de responsabilidade, pois isso a coloca no banco do motorista.

Como protagonistas se sentem empoderados, portam-se e falam com uma autoridade moral que inspira confiança nos demais. E as escolhas que fazem — mesmo quando o resultado não é perfeito — dão resultados de um jeito ou de outro ao longo do caminho. Comportando-se de forma responsiva-hábil, conferem uma dose extra de nobreza às suas vidas e à vida dos que são liderados por eles.

Portar-se como protagonista tem seus custos. Liberdade e responsabilidade ética são dois lados da mesma moeda. Se você, porém, assumir a autoria das próprias ações, poderá dizer o que motivou suas decisões e assumir a reponsabilidade pelas consequências. Responsabilidade ética é o preço do poder.

AUTORIA RADICAL

"Minha mente estava a mil", recorda-se Jocko Willink, comandante da SEAL norte-americana, na lição de liderança mais importante que aprendeu na vida, em que também relata o preço insuportável que quase teve que pagar por ela. "Era nossa primeira grande missão em Ramadi, e o caos reinava."

Quatro unidades da SEAL espalhadas em vários setores da cidade estavam trabalhando com forças do exército norte-americano e iraquiano para limpar, prédio por prédio, um bairro inteiro de insurgentes fortemente armados. No total, cerca de trezentas tropas norte-americanas e iraquianas — forças aliadas — estavam operando naquela área bastante disputada da cidade. A névoa de guerra "estava carregada de confusão, informações imprecisas, comunicações rompidas e tumulto".[4]

O posto de comando de Willink recebeu dois pedidos de ajuda: um dos conselheiros norte-americanos incorporados ao exército iraquiano e outro de uma equipe de atiradores de elite da SEAL. Ambos envolviam troca de tiros com insurgentes armados. Willink decidiu responder primeiro à posição do exército iraquiano. Quando chegou, um sargento de artilharia estava coordenando ataques aéreos para liquidar o que acreditava ser um núcleo de *mujahidin* em um prédio das cercanias. "Estou arranjando umas bombas para jogar neles", disse-lhe o sargento.

Willink teve um pressentimento ruim. Algo na conta não fechava. Eles estavam perto demais de onde a equipe de atiradores de elite da SEAL pediu ajuda. Além disso, os soldados iraquianos tinham entrado na região antes que os SEALs pudessem "acalmá-la" — ou seja, determinar sua localização exata e comunicá-la a todas as unidades aliadas envolvidas na operação. Willink não sabia que a troca de tiros tinha sido com o inimigo de verdade ou com a equipe de atiradores de elite da SEAL.

"Segure a onda aí, sargento", ordenou Willink. "Vou ver quem está no prédio." Ele se aproximou da porta do local, que estava entreaberta.

RESPOSTA-HABILIDADE

"Com meu rifle M4 pronto para disparar, escancarei a porta com um chute e vi um de meus chefes de pelotão da SEAL. Ele olhou para mim com os olhos arregalados de surpresa."

Willink e os SEALs naquele prédio logo perceberam que estavam no meio de uma situação de fogo amigo. Ele ficou consternado. "Me senti mal. Um de meus soldados tinha sido ferido. Um soldado iraquiano foi morto e outros estavam feridos."

Na opinião de Willink, fogo amigo é a pior coisa que pode acontecer em uma guerra. "Ser morto ou ferido pelo inimigo em batalha é ruim", reconheceu. "Mas ser morto ou ferido acidentalmente por fogo amigo por conta do erro de alguém é o pior destino que alguém pode ter."[5]

Quando os SEALs completaram a última missão do dia, Willink foi até o centro de operações táticas do batalhão onde instalara seu computador para receber e-mails de superiores. "Fiquei com medo de abrir e responder às inevitáveis perguntas sobre o que acontecera", recorda-se. "Queria ter morrido em batalha. Senti que merecia isso."[6]

Conforme foi coletando informação para a investigação oficial posterior, Willink descobriu erros graves de várias pessoas, tanto na fase de planejamento, quanto na execução em campo de batalha: "Os planos eram alterados, mas ninguém era notificado. O plano de comunicação era ambíguo, e uma confusão sobre a sincronização exata dos procedimentos de rádio levou a erros críticos. O exército iraquiano mudou seu plano, mas não nos avisou. Cronogramas foram aprovados sem esclarecimentos. A localização de forças aliadas não foi registrada. A lista de erros não tinha fim."

Nem todos os erros vieram dos iraquianos. A própria tropa SEAL de Willink cometeu erros parecidos. "A localização exata da equipe de atiradores de elite em questão não fora repassada para as demais unidades. A identificação dos supostos combatentes inimigos, que no final eram soldados iraquianos, foi insuficiente. Um SITREP (relatório de situação) cuidadoso não me foi transmitido depois que a troca de tiros começou."[7]

Willink preparou uma apresentação resumindo suas descobertas. A informação estava toda ali, mas ele sentiu que faltava algo. Ainda não havia identificado o ponto crucial de fracasso que gerou todo aquele incidente.

"Foi quando senti o golpe. Apesar do fracasso de pessoas, unidades e líderes, e apesar da enorme variedade de erros cometidos, somente um indivíduo tinha culpa por tudo que deu errado na operação: eu. Eu não estava com nossa equipe de atiradores quando eles começaram a trocar tiros com os soldados iraquianos. Não estava controlando os aliados iraquianos que entraram no complexo de prédios. Mas isso não importava." A lição que Willink tirou foi que, como líder superior da missão em campo, ele era responsável por tudo o que acontecesse e tinha autoria completa do que desse errado. "É isso que faz um líder (...) mesmo que signifique ser demitido."[8]

Willink apresentou suas conclusões aos seus comandantes em uma avaliação formal, como de costume, assistida por todos os seus soldados. Apesar do forte golpe à sua reputação e ao seu ego, ele assumiu autoria completa da situação e pediu desculpas ao soldado da SEAL ferido em batalha. Isso não apenas manteve a confiança de seus oficiais e o respeito de suas tropas, mas o ajudou também a continuar no emprego. A situação deu a todos a chance de aprender lições valiosas para evitar que tais erros se repitam. Essas lições foram incorporadas aos treinamentos de simulação da SEAL.

"Não existem unidades ruins, existem oficiais ruins", escreveu Willink depois. "Essa é uma ideia difícil e humilhante para qualquer líder aceitar. Porém, é uma mentalidade essencial para construir uma equipe de alto desempenho e vencedora." Ele concluiu que, em qualquer equipe ou organização, a responsabilidade principal pelo sucesso e pelo fracasso recai sobre o líder. "O líder deve assumir a autoria de tudo o que ocorre em seu universo. Não há ninguém mais para culpar. O líder deve reconhecer os erros e admitir os fracassos, assumir a autoria deles e criar um plano de vitória. Os melhores líderes não se responsabilizam apenas por seus trabalhos. Eles assumem 'autoria radical' de tudo que tenha impacto em suas missões."[9]

Concordo com o espírito que anima a conclusão de Willink. E gostaria de concluir outra coisa. Além de o líder assumir total responsabilidade por qualquer coisa que afete a performance de sua unidade, cada membro da equipe precisa assumir total resposta-habilidade frente a qualquer conjuntura que afete a missão. Cada pessoa tem responsabilidade ética pela forma como prepara, responde ou aprende com os desafios que confronta. Não há quem culpar para eventos que estão além de nosso controle, mas deve haver responsabilização completa pela forma de se preparar e lidar com eles de forma eficiente e íntegra.

RESPOSTA-HABILIDADE ABSOLUTA

"A gente se ferrou", reclamou Stu. "Anunciamos esse produto como o mais revolucionário desde a invenção da roda, mas depois de o vendermos aos nossos melhores clientes, o pessoal da produção e do financeiro percebeu que não era tão lucrativo quanto o anterior. Retiraram-no do mercado por conta disso. Agora ficamos com um monte de clientes furiosos que perderam a confiança em nós."

Stu é executivo de vendas de uma empresa de software à qual presto consultoria. Vários meses antes, a empresa tinha lançado uma nova versão bastante esperada do produto que é seu carro-chefe. Tinham divulgado o sistema atualizado aos seus principais clientes enquanto se preparava para lançar uma campanha de venda e conquistar novos clientes. Os vendedores tinham trabalhado duro para vender a nova versão aos seus clientes anteriores, que se mostraram interessados em adotá-la.

O produto, porém, provou ser bem mais difícil de operar do que qualquer um esperava. Altas exigências de treinamento e suporte técnico tornavam-no pouco econômico. Os custos com suporte erodiam as margens a ponto de a versão anterior ser muito mais lucrativa. Assim, a empresa decidiu retirar a nova do mercado. Essa decisão foi tomada sem a participação — ou negando informações até o último minuto — da organização de vendas. Para Stu, foi como um terrível golpe duplo. Frente aos clientes, os vendedores não ficaram queimados somente na condição de representantes da empresa: ficaram em uma posição ridícula por terem sido deixados por fora do que estava acontecendo — ou, se estavam por dentro, foram maliciosos por não querer informar o problema aos clientes até o último minuto.

Esse tipo de coisa deixa qualquer vendedor profundamente ressentido, sem falar nos clientes. O ressentimento se manifesta como perda de confiança na marca e nas pessoas que a representam. Nesse caso, os vendedores podem sentir uma raiva amarga do pessoal de desenvolvimento de produto, julgando sua postura como traição.

Quando dei um workshop sobre "tornar-se um consultor confiável" para os executivos de vendas dessa empresa de software, os participantes se colocaram na posição de vítimas. Eles sentiam que seus sentimentos eram justificáveis. Estavam loucos de raiva e tristes. "O pessoal de produtos ferrou com a gente. Não havia nada que pudéssemos fazer!", lamentavam-se.

Eles ficaram ainda mais loucos quando interrompi suas reclamações. "Eu discordo", contestei. "Sempre é possível fazer algo e ainda mais do que poderiam ter feito antes. Contudo, para ver o que poderiam ter feito, vocês devem abdicar dessa narrativa de vitimização e tomar posição de protagonistas."

Eis um relato do diálogo que tive com Stu, a mais expressiva das vítimas:

Stu: O pessoal de produtos ferrou conosco. Como é que os clientes vão confiar na gente agora?

Fred: A não ser que enfrentemos esse problema, os clientes nunca verão em vocês um "consultor confiável". Tem alguma ideia?

Stu: Claro! Se a noção de retirar um produto do mercado está sendo considerada, precisamos estar envolvidos nisso. E se a decisão for tomada, devemos formular uma estratégia para anunciar o fato aos clientes com tempo suficiente para se adaptarem ao novo cenário com o mínimo de consequências.

Fred: Me parece uma ótima ideia. Você é capaz de realizá-la?

Stu: Não. Não cabe a mim. É algo que o pessoal de produtos deve fazer. No momento, nós de vendas não temos voz no assunto.

Fred: Sua ideia parece sensata, mas você não é capaz de implementá-la. Onde isso deixa você?

Stu: Em um rio de merda sem remos no barco.

Fred: É aí que quer ficar?

Stu: Claro que não.

Fred: Então por que se ater a essa narrativa? Ela oferece uma justificativa, mas não uma solução.

Stu: Que alternativa existe?

Fred: Considere a situação como um desafio que está enfrentando, não como algo que alguém fez contra você. Consegue descrever a essência desse desafio?

Stu: O desafio é que estou tentando construir com os clientes um relacionamento pautado em confiança, em que acreditem que levo-os em consideração e que cuidarei de seus interesses, enquanto outras partes de minha empresa destroem essa confiança, suspendendo os produtos que vendi aos meus clientes.

Fred: Excelente. Agora vem a pergunta difícil de verdade. Como você contribuiu, fazendo ou não fazendo algo, para criar essa situação?

Stu: O quê? Está dizendo que a culpa é minha?

Fred: Não, Stu. Estou dizendo que você faz parte do sistema, por isso deve estar envolvido em alguma medida na criação dessa situação. Se quer ser a solução, você deve se colocar como parte do problema. A questão não são seus erros, mas sua habilidade de influenciar as coisas.

Stu: Está bem. Vou tentar. Se eu tivesse que me culpar...

Fred (interrompendo): Por favor, não se culpe, Stu. Estou pedindo que se empodere.

Stu (rindo sarcasticamente): Se fosse para eu me empoderar, diria que vendi o produto para os clientes e que estabeleci um compromisso tácito de que continuaríamos juntos por algum tempo. Nunca debati isso abertamente com eles, mas é uma conclusão óbvia. Jamais cheguei esse pressuposto com a organização de produtos. Na verdade, se fosse para ser bem duro comigo mesmo, eu teria que admitir que não é a primeira vez que algo assim acontece. Dessa forma, no fundo, eu já estava preocupado que nosso produto não fosse dar certo. Mas não disse nada aos clientes ou para o pessoal de produtos... Merda, eu me sinto péssimo dizendo isso.

Fred: Eu entendo, Stu. Mas está fazendo um ótimo trabalho. Esse é o preço do poder. Você pode fazer algo em relação ao problema e talvez recuperar a confiança do cliente. A pergunta seguinte é: poderia ter feito algo para prevenir o que aconteceu?

Stu: Evidentemente. Podia ter negociado com a Produção condições para manter o produto por algum tempo. Ou, caso não fosse possível, podia ter dito aos clientes que o produto estava em fase de testes e que não tínhamos como garantir sua manutenção. Podia ter negociado algumas condições com o cliente — eles, quem sabe, teriam testado o produto com desconto ou sido reembolsados se o recolhêssemos do mercado. Algo do tipo. Não sei se meu chefe me daria autorização para fazer isso, mas eu podia ter levantado a proposta.

Fred: E não perguntou?

Stu: Não. Acho que estava ansioso demais em vender o produto. E temia ser punido por não agir em equipe.

Fred: Como estamos treinando aqui, vamos levar a situação ao limite. Digamos que o pessoal de produtos não faça nada e que a empresa não lhe dê autorização para negociar com o cliente. Haveria algo que pudesse fazer para preservar a confiança frente ao cliente?

Stu: Devo responder que sim. Cara, que vergonha não ter pensado nisso antes... Na pior das hipóteses, eu podia ter dito a verdade ao cliente. Podia ter discutido a chance de todo novo produto não se tornar o que chamamos de "comercialmente viável", sendo cancelado de repente. Como esse produto está no mercado faz um ano e pouco e virou nosso carro-chefe, somos muito reticentes em modificá-lo, até que fique claro que o risco vale a pena. Se um cliente não quer assumir o risco, eu lhe recomendaria não comprar o produto, pelo menos não de imediato. Hoje, essa isenção de responsabilidade está literalmente naquelas letras miúdas que ninguém lê.

Fred: E como se sente a respeito de fazer isso?

Stu: Como se estivesse traindo minha empresa.

Fred: A mim parece que estaria agindo de forma responsável e íntegra. Se a empresa não quer apoiar o produto e coloca ressalvas em letras miúdas no contrato, não é traição de sua parte ser honesto com os clientes. Você sabe que a presunção deles de que o produto continuará tendo suporte é equivocada. Alertar sobre a verdade é o que todo vendedor confiável deveria fazer. Minha próxima pergunta é: o que pode fazer agora?

Stu: Posso conversar com o cliente e assumir o fato de que nós não fomos transparentes como devíamos ter sido acerca de nossos produtos.

Fred: Nós?

Stu: Perdão. Que *eu* não fui transparente como devia ter sido. Mas antes preciso falar com meu gerente e esclarecer as coisas. E também quero que meu gerente e meus colegas de equipe se reúnam para discutir o problema com o pessoal de produtos. E se não ficarmos satisfeitos, levamos o assunto até o CEO.

Fred: Que lição você tira dessa experiência e de nossa conversa?

Stu: É muito mais fácil ser vítima em uma situação dessas. Porém, a única forma de solucioná-la é sendo um protagonista.

UM DEFEITO É UM TESOURO

Os defensores japoneses da gestão da qualidade total dizem que "um defeito é um tesouro". Da mesma forma que uma febre alerta você sobre algo errado com seu corpo, um defeito o alerta sobre algo errado com seu negócio — ou com a esfera de sua vida em que aparece.

O defeito, em geral, está enterrado sob a superfície. Para encontrá-lo, é preciso evitar a tentação de apenas consertar o problema sem buscar a causa raiz. Se diminuir a febre com medicação, vai suprimir o sintoma, mas nunca encontrará a infecção oculta. Tratar os sintomas em vez da causa traz graves consequências, a maior sendo que o motivo real do problema continua a incomodar. Para encontrar a cura, você deve diagnosticar a fonte da febre e prescrever um tratamento para ela.

A recomendação da gestão de qualidade total é "pergunte cinco vezes por quê". Sob esse exame, o defeito revela sua fonte. Se descobrir e tratar da causa raiz, vai melhorar o sistema em um nível fundamental. Não solucionará apenas o problema específico que captou sua atenção, mas também muitos outros problemas que um processo descontrolado poderia gerar. Quando usuários ou clientes do LinkedIn relatam um erro, por exemplo, nossos engenheiros não correm para consertá-lo. Eles "abrem o capô" para depurar o sistema.

Um defeito, para generalizar, é qualquer lacuna entre o que você deseja e o que obtém, entre sua visão e a realidade. A tensão entre esses dois polos é como a que existe entre os dois polos de uma bateria. A diferença de carga positiva e negativa gera a eletricidade capaz de energizar o circuito. A ação nasce da insatisfação. A insatisfação com um determinado estado impulsiona seus esforços em moldar outro futuro.

Antes de prescrever, é preciso diagnosticar. Antes de tomar ação efetiva, você precisa encontrar a causa raiz do problema. Quando tiver um resultado que deseja mudar, pergunte-se primeiro por que ele ocorreu. Muito frequentemente, nosso primeiro impulso é atribuir a causalidade a fatores que estão além de nosso controle. Como argumentei, pode até haver uma parcela de verdade nisso, mas é a verdade da vítima. Esse tipo de explicação descarrega a bateria e nos torna inaptos a melhorar algo.

DE VÍTIMA A PROTAGONISTA

Um passo essencial para mudar de vítima para protagonista é modificar seu modo de explicar os eventos. Em vez de dizer "a reunião me atrasou", diga: "Fiquei até mais tarde na reunião." Eis alguns exemplos de afirmações de protagonistas: "Não fiz *backup* dos arquivos"; "Passei do prazo"; "Perdi a noção do tempo e demorei"; "Não descobri meios de alcançar nossa meta de lucros"; "Não estabeleci uma boa relação com o cliente"; "Não consegui convencer meus superiores a apoiar o projeto".

Mesmo quando eventos inesperados ocorrerem, adote a linguagem do protagonista. Em vez de focar no evento, assuma que não previu as possibilidades. Você pode dizer, por exemplo, que "eu não tinha me preparado para um trânsito tão ruim"; "não previ que o clima ia mudar tanto"; "não considerei que nossos fornecedores não entregariam a tempo" ou "subestimei os riscos do projeto".

As palavras exatas importam menos que a mentalidade. Veja a diferença entre a primeira e a segunda coluna nos seguintes pares de declarações:

VÍTIMA	PROTAGONISTA
É impossível.	*Ainda não encontrei um jeito.*
Alguém devia ter feito isso.	*Eu não vi como estava indo.*
Eu não consegui fazê-lo.	*Eu escolhi não fazê-lo.*
Você não deveria fazer isso.	*Peço que não faça isso.*
Estou sendo expulso daqui.	*Preciso liberar o caminho.*

Em cada um dos pares, a declaração da vítima diz: "Eu não estou no comando." O protagonista afirma: "Eu tomo a decisão."

Em meus workshops, ajudo as pessoas a entenderem essa mudança de vítima para protagonista através do seguinte exercício:

"Pense em uma experiência ruim que você teve ou está tendo no momento: uma reunião inútil, uma conversa espinhosa, um problema de negócios ou pessoal. Escolha uma situação que acredite ter sido criada por pessoas ou forças externas a você. Agora, responda às seguintes perguntas da perspectiva de vítima." As perguntas para provocar a narrativa de vítima são:

1. O que aconteceu com você?
2. De quem é a culpa?
3. O que essa pessoa deveria ter feito?
4. O que essa pessoa deveria fazer agora?
5. Que punição essa pessoa merece?

Faço esse exercício com grupos pequenos. Enquanto um membro do grupo reclama, incentivo os demais a "ajudarem-no" com declarações de apoio como "Não acredito que fizeram isso com você"; "Que injustiça"; "Eles não deviam tratá-lo assim"; "Que gente má" ou "Você merece tratamento melhor que esse".

Depois de todos responderem às perguntas, peço às pessoas que olhem em volta da sala. Todos estão alegres e sorridentes. O clima é radiante. Como disse, a vitimização é uma droga.

Revelo às pessoas no workshop, então, a dura verdade: "Validar o desamparo da vítima não é benéfico", digo. "Da mesma forma que você não ajuda um alcoólatra dando-lhe outra bebida, não ajuda a vítima dizendo que ela foi tratada de forma injusta. Justificativas para beber e se vitimizar podem até aliviar quem sofre disso, mas, no final das contas, são destrutivas. Seu traficante não é seu amigo. Um amigo de verdade oferece bem-estar a longo prazo, não satisfação imediata. Ele mistura o reconhecimento solidário com sua dor a uma contestação feroz de suas crenças enfraquecedoras." Nesse ponto, as pessoas deixam de sorrir e ficam um tanto sérias.

No workshop, então, passo para uma segunda rodada de perguntas. Permita-me, porém, fazer uma pequena advertência aqui, antes de continuarmos. Na vida real, se você está tentando ajudar alguém a se tornar protagonista, não basta somente fazer apenas perguntas. Primeiro, é preciso validar o impacto negativo que a situação tem em seu interlocutor enquanto, ao mesmo tempo, você não cai na narrativa da vítima que ela está construindo. (A melhor forma de fazer isso é ouvir e fazer perguntas com empatia, o que descreverei no próximo capítulo.) Ser protagonista não quer dizer ser o Super-Homem ou a Mulher-Maravilha. Com certeza ficamos tristes com problemas causados pela negligência ou atitudes alheias ruins. Ser protagonista não implica negar esses fatos dolorosos da vida; mais do que isso, implica que não ficará empacado neles. Seus sentimentos são o começo da história, não o desfecho.

Quando alguém tiver passado pela oportunidade de expressar e aliviar seu pesar e raiva, você pode convidá-lo a responder às seguintes perguntas da perspectiva do protagonista. É fundamental que *trate da mesma situação*. Os fatos continuam os mesmos; o que muda é a narrativa. O propósito desse exercício é ver como a perspectiva do protagonista lança luz sobre oportunidades de ação e aprendizado que antes estavam escondidas. A narrativa do protagonista não é menos verossímil que a da vítima, mas é mais eficiente, pois tira o protagonista do banco do carona e o coloca no banco do motorista.

As perguntas para produzir a narrativa do protagonista são:

1. Qual é o desafio?
2. Como você contribuiu (fazendo ou não fazendo algo) para criar essa situação?
3. O que é realmente importante para você?
4. O que pode fazer para realizá-lo?
5. O que pode aprender com essa experiência?

Essas perguntas são úteis tanto em situações pessoais quanto profissionais. Um gestor pode usá-las para ajudar seus funcionários a abandonar a narrativa de vítima, um cônjuge pode usá-las para ajudar seu marido ou sua esposa, e pais podem usá-las para ajudar seus filhos a lidar com desafios. O mais importante a lembrar é que, quando você apresenta essas perguntas como um desafio de amor, o amor — em forma de empatia e compaixão pela dor dos outros — vem primeiro, e o desafio — como pedido desesperado para que alguém assuma seu poder e suas responsabilidades — vem depois.

UMA HISTÓRIA DE CRIME

Andrés, um argentino que participou de um de meus workshops, voltou para sua casa na periferia de Buenos Aires. Ele chegou por volta das seis horas da tarde e estacionou o carro na rua. Enquanto saía do veículo, dois assaltantes armados o abordaram.

Os ladrões apontaram suas armas para Andrés e mandaram que abrisse a porta de sua casa. Andrés lhe disse tranquilamente: "Caras, escutem, minha esposa e minha filha estão lá dentro. Se eu entrar com vocês, elas vão surtar e começar a gritar. Não tem como algo dar certo assim. Vocês podem levar meu carro, minha carteira, meu celular, até minha vida, mas não vão levar minha família. Eu não vou abrir a porta."

Os assaltantes tomaram todos os seus bens de valor e fugiram.

Andrés me contou depois o que tinha ocorrido. Depois de expressar minha tristeza e indignação, perguntei-lhe o que tinha pensado no momento crítico. Ele respondeu: "Eu não ia abrir aquela porta. Deixei claro que teriam que atirar em mim se quisessem entrar na casa. Fico feliz que só tenham me roubado. Mas, mesmo que tivessem atirado em mim, ainda sentiria que fiz a coisa certa."

"Se eles atirassem em mim no meio da rua porque eu não abri a porta", continuou Andrés, "Deus sabe o que teriam feito com minha esposa e minha filha lá dentro. Mas se tivessem atirado, o barulho talvez alertasse os vizinhos, que teriam chamado a polícia. Eu correria risco de morrer, mas eles fugiriam e assim eu talvez salvasse minha mulher e minha filha." E deu risada. "Não seria um final feliz, mas tampouco seria o pior de todos."

Andrés foi mais que um protagonista; foi um herói. Ele foi claramente vitimizado por dois bandidos impiedosos. Era inocente. Não fez nada de errado nem atraiu essa situação sobre si. Ele enfrentou uma terrível ameaça com serenidade; permaneceu tranquilo e escolheu como responder a ela com coragem e amor... mesmo com uma arma apontada para sua cabeça. Ele é um exemplo para mim. Sempre que você achar que não tem mais escolha, sugiro que faça o que eu faço: lembre-se da história de Andrés e perceba que, ainda que não goste das opções apresentadas ou de suas consequências, você sempre, *sempre*, tem uma escolha.

Capítulo 9
COLABORAÇÃO

Acirramento não é afrontamento.

Se quiser ir rápido, vá sozinho. Se quiser ir longe, vá acompanhado.
— Provérbio africano

Antes de trabalhar para o LinkedIn, fui líder na Axialent, a firma de consultoria da qual fui cofundador. Nosso centro de operações ficava em Buenos Aires, de onde coordenávamos administração, finanças, marketing, assistência executiva e produção de materiais. Era um arranjo que nos permitia servir clientes do mundo inteiro de forma barata e eficiente.

Em reunião pessoal, Skip, gerente de nossa subsidiária para a região da Ásia-Pacífico em Sydney, reclamou que não estava obtendo o serviço que precisava de Buenos Aires. Por conta do fuso horário de onze horas de diferença, a coordenação era desajeitada, os materiais não ficavam prontos a tempo, marcar reuniões com clientes demorava uma eternidade e as comunicações, em geral, eram extremamente incômodas — esmagadas em um intervalo de uma hora desconfortável para as duas partes. "Quero contratar um administrador, mas Charlie (gerente do centro de operações) está me impedindo", disse-me com certa amargura. Ouvi Skip e respondi que ele tinha razão, então falei com Charlie (algo de que me arrependi depois).

Liguei para Charlie e contei sobre minha conversa com Skip. Seu primeiro comentário foi uma expressão argentina intraduzível e irreproduzível referente aos órgãos genitais de um periquito fêmea. Isso, e algo sobre Skip ser um traíra filho da puta, me fez adivinhar que Charlie não estava nada feliz com o fato de Skip ter vindo falar comigo. Depois, ele começou a me lembrar de que era a política da empresa centralizar operações em Buenos Aires e que essa política foi estabelecida (por mim, principalmente) por vários bons motivos: era mais barato, era melhor para gerenciar os funcionários de operações, criava senso de comunidade entre eles e nos permitia impulsioná-los, pois poderiam mudar de uma parte para outra conforme aumentos de demanda, e assim por diante. Disse-lhe que seu argumento fazia sentido, então fui falar de novo com Skip (acabei me arrependendo disso também).

Depois de várias conversas privadas com Skip e Charlie sem chegar a qualquer solução, percebi que havia um defeito em nosso processo de gestão. Fiquei cansado daquelas idas e vindas de diplomacia virtual entre Buenos Aires e Sydney, do acirramento das tensões entre Charlie e Skip, e me lamentava de ter que encontrar uma solução para o impasse sozinho. Assim, me sentei e criei um processo de resolução de conflitos que prevenisse tudo isso. Chamei-o de "acirramento colaborativo". Antes de descrever o processo, gostaria de explicar o que acontece quando as pessoas têm que trabalhar juntas sob pressão.

COLABORAÇÃO *VERSUS* AJUDA

Um gasoduto explode em uma cidade árida e com escassez de água. Bombeiros e ambulâncias vão correndo para o cenário digno de pesadelo: há labaredas espessas subindo por arbustos e árvores secos, fumaça preta, casas e celeiros em chamas, animais gritando e vítimas de queimaduras pelo chão. Um dos primeiros socorristas manda um rádio para o pronto-socorro do hospital local.

— Temos pelo menos dezoito vítimas de queimadura aqui. Quantas mais vocês comportam?

— Não temos mais pessoal aqui para lidar com a situação — respondeu o responsável pelo pronto-socorro. — Vocês vão ter que fazer uma triagem.

Em prontos-socorros, catástrofes e campos de batalha, triagem é o processo de separação das vítimas baseado em suas necessidades de tratamento imediatas com recursos médicos limitados. Para maximizar o número de sobreviventes, socorristas e equipes médicas dividem as vítimas em três categorias: (1) os que têm mais chance de sobreviver, independente do cuidado que recebam; (2) os que têm menos chances de sobreviver, independente do cuidado que recebam; e (3) aqueles para quem cuidados imediatos podem significar vida ou morte. Somente as pessoas do último grupo recebem atenção médica imediata.

À primeira vista, a triagem pode parecer cruel, pois algumas pessoas são deixadas no sofrimento e outras morrem, mas é a única resposta racional a esse tipo de situação: a única que maximiza o número de sobreviventes. Erros cometidos pelos socorristas podem resultar em mortes desnecessárias. Existem três possíveis erros: (1) tratar de alguém que vai sobreviver mesmo sem o tratamento; (2) tratar de alguém que vai morrer mesmo com o tratamento; e (3) não tratar de alguém que poderia sobreviver com o tratamento e morrer sem ele. Os dois primeiros são chamados de "falsos positivos", pois o socorrista aceitou um paciente que devia ter sido rejeitado, gastando dessa forma recursos preciosos. O terceiro erro é chamado de "falso negativo", pois o socorrista rejeitou um paciente que devia ter sido aceito. Como pode imaginar, ter que tomar uma decisão rápida, de vida ou morte, em situações de emergência coloca os socorristas sob enorme tensão.[10]

Imagine agora que você e eu somos socorristas tratando de duas vítimas de queimadura. Ambas foram avaliadas como carentes de atenção médica, ou seja, podendo sobreviver com o tratamento e morrer sem ele. Enquanto trabalhamos juntos, seu paciente tem uma parada cardiorrespiratória. Você com certeza aceitaria minha ajuda de bom grado para salvá-lo. Quando, porém, você está prestes a pedir minha ajuda, vê que meu paciente também está em estado grave. Você ia querer que eu parasse o que estou fazendo para ajudá-lo? Você me acusaria de não colaborar caso eu continuasse concentrado em meu paciente?

Se estiver comprometido em salvar o número máximo de pessoas, a resposta para ambas as perguntas será "não". Nesse caso, colaboração em equipe não é tentar ajudar uns aos outros "horizontalmente", como amigos fazem, mas trabalhar em conjunto "triangularmente" na busca de uma meta comum. Por mais paradoxal que seja, a melhor forma de colaborar pode não ser ajudando um ao outro, uma vez que o que cada um está fazendo é igualmente importante para a meta. Assim, podemos trabalhar lado a lado, sem qualquer interação, e ainda estarmos colaborando.

Enquanto essa lógica é indiscutível para algumas pessoas, como o sr. Spock de *Star Trek*, emoções humanas normais podem bloquear esse tipo de procedimento racional. Levamos para o pessoal quando outras pessoas negam nossos pedidos de ajuda; sentimos que não estão sendo colaborativas. Ouvi pessoas reclamarem que alguém não estava colaborando quando o que queria dizer, no fundo, era que "ele se recusou a fazer o que eu precisava".

Aqui surge o conhecido "viés de atribuição". Parafraseando o Evangelho de Mateus 7:5, tendemos a ver o cisco nos olhos de nosso irmão e ignoramos a trave em nossos. Usamos um padrão totalmente diferente para descrever a não colaboração de alguém que nega nos ajudar ("Ela só se preocupa com suas próprias necessidades!") do que quando fazemos o mesmo com ele ("Estou concentrado no que a empresa mais precisa!"). Quando meus clientes em treinamento reclamam de quem não colaborou com eles, pergunto-lhes: "*Você mesmo* acha que deve aceitar todos os pedidos de ajuda daqueles ao seu redor?" Na maioria das vezes, são pegos desprevenidos.

Mostrei anteriormente como o descomprometimento, a desorganização, a desinformação e a desilusão podem despedaçar uma empresa. Como as pessoas trabalham para atingir seus próprios indicadores-chave de desempenho (KPIs), acabam otimizando seus subsistemas e, assim, negligenciando o sistema como um todo. Consideram colaborativos os que contribuem para suas metas individuais e não cooperativos os que não o fazem. A verdadeira colaboração desaparece, pois ninguém quer levar em conta a melhor forma de ajudar o time a vencer — indiferentemente se isso implica atingir seus indicadores-chave de desempenho ou adiar suas próprias tarefas para ajudar alguém a cumprir uma meta mais importante. É assim que muitas empresas tropeçam, comportando-se de forma ineficiente, incoerente e autodestrutiva.

Retomando a metáfora dos homens cegos e do elefante do Capítulo 4, cada um de nós detém informações exatas sobre nosso pedaço da empresa, mas ninguém — nem mesmo os administradores de alto escalão que só veem os contornos do elefante a distância — é capaz de traçar o melhor plano de ação. Mesmo as pessoas envolvidas para valer, comprometidas com a realização da missão da empresa, podem vir a discordar acerca de escolhas estratégicas. Elas podem estar alinhadas em torno da meta, mas desalinhadas quanto à forma de alcançá-la. É por isso que conflitos são um fato incontornável da vida, mesmo nas empresas mais bem-lideradas.

Skip e Charlie estavam tateando partes diferentes do elefante. Skip queria servir aos clientes de sua região de forma rápida e pontual; Charlie estava preocupado com eficiência, flexibilidade e contenção de gastos. Seus interesses os conduziam a direções opostas. Ambos queriam que a empresa fosse bem-sucedida, mas discordavam veementemente sobre como isso aconteceria. Para piorar as coisas, atinham-se tanto às suas opiniões que viam um ao outro como inimigo, o que os levou a uma rixa pessoal, à perda de coesão e a decisões empobrecidas.

COMO NÃO RESOLVER CONFLITOS

Quando pessoas discordam entre si, é típico que suas discussões virem um cabo de guerra em que cada um tenta convencer o outro que ele ou ela tem razão e que o outro está errado. Essa dinâmica de soma zero sempre termina em impasse ou briga, com cada um tentando provar seu ponto e minar o do colega, tornando impossível (a) que ambos aprendam algo novo ou (b) que ambos trabalhem juntos de forma criativa na criação de novas soluções.

Quando duas partes fracassam em chegar a um acordo nessas interações unilaterais, resta-lhes apenas "concordar em discordar" ou "fugir do acordo". Quando as partes, porém, são membros de uma equipe com um objetivo em comum, isso não é possível. Devem encontrar alguma forma de trabalhar juntas na busca da meta da equipe. Por isso, quando ambas as partes fracassam em chegar a um acordo em âmbito organizacional, cada uma lança mão de um tipo de pressão que chamo de "acirramento unilateral" — o equivalente entre irmãos de "dedurar" o outro para o papai ou para a mamãe. Cada parte vai ao gerente (em geral pelas costas) para argumentar a seu favor e contra o outro. O objetivo de ambas é angariar o gerente para a própria causa, obtendo superioridade para superar o oponente. Isso acirra o conflito e corrói ainda mais a relação. O "perdedor" se sente derrotado e ressentido, o que é particularmente ruim a longo prazo em uma relação de trabalho.

Esse tipo de contenda cria, também, uma atmosfera política, cria uma divisão entre vencedores e perdedores, e coloca o gerente na posição de ter que escolher um favorito. Em vez de reforçar o comprometimento com a meta comum, tais discussões criam um tipo de obediência maliciosa. A parte derrotada pode querer mostrar que ele ou ela tem razão sabotando a decisão enquanto sob a aparência de acatá-la, somente para provar seu ponto. Como me disse um cliente certa vez: "Uma das maiores satisfações na vida é poder dizer 'Eu avisei' àqueles que tomaram uma decisão errada."

Quando um gestor precisa conversar em separado com cada uma das partes envolvidas para descobrir qual pedaço do elefante estão tocando, o tempo de todos é jogado no lixo. Não existe resolução de problema em conjunto; alternativas criativas não são exploradas. A produtividade voa pela janela. Em resumo, esse tipo de triangulação é um desastre. Infelizmente, tal comportamento é prática padrão na maioria das empresas.

COMO RESOLVER CONFLITOS

O acirramento colaborativo permite que as pessoas se expressem e compreendam as necessidades do outro, criando novas soluções. Ela envolve a dimensão do Isso do trabalho pela tomada inteligente de decisões, a dimensão do Nós do relacionamento pelo respeito mútuo e a dimensão do Eu da autovalorização pela consideração das necessidades e dos valores de todos. E tudo isso no contexto da meta comum buscada pela equipe.

No acirramento colaborativo, as pessoas se empenham em vencer *com* o outro, não *contra* o outro. Os colaboradores passam a entender que, para gerar mais valor, precisam de uma relação funcional e que só é possível fundar tal relação sobre o respeito pelos interesses de cada uma das partes. Esse enfoque revela as preferências e restrições de cada

COLABORAÇÃO

pessoa, envolvendo todos na construção de soluções que superem as alternativas iniciais, maximizando a eficiência por meio da cooperação.

No acirramento colaborativo, as partes discordantes trabalham juntas para preparar uma narrativa compartilhada que integre todos os argumentos sem hostilidade. Se não conseguirem chegar a um acordo depois de negociações integrativas, seguindo as regras do acirramento colaborativo, devem convidar um superior para assumir a posição de facilitador/árbitro da discussão. A função do superior é contextualizar a informação de ambas as partes, trazer um ponto de vista mais sistêmico e tomar a decisão final necessária.

O acirramento colaborativo não garante a decisão certa, mas produz um processo mais inteligente que fortalece o relacionamento e faz com que todos se sintam valorizados como contribuintes. O objetivo é usar a informação disponível e o poder criativo da equipe para chegar a uma decisão melhor, decisão à qual todos vão aderir e se empenharão em implementar, pois tomaram parte em sua criação. O acirramento colaborativo mantém os funcionários comprometidos com o cumprimento da missão organizacional, sem qualquer tipo de amargura entre aparentes vencedores e perdedores.

OS SETE PASSOS DO ACIRRAMENTO COLABORATIVO

O acirramento colaborativo exige as atitudes e habilidades que expliquei em meu livro anterior, *Consciência nos negócios*.[11] Não vou repetir a explicação aqui; em vez disso, vou resumir as instruções pontuais do processo. Incentivo-o a tornar esse processo como norma em sua empresa e a usá-lo para resolver, desde o primeiro dia, conflitos entre seus funcionários.

Quando duas pessoas com pontos de vista divergentes entram em discussão, a meta delas não deve ser "vencer" ou provar quem tem razão, mas descobrir a melhor decisão para a equipe. As regras são:

1. As pessoas em conflito devem estruturar o problema de forma colaborativa. Qualquer disputa entre membros de uma empresa diz respeito à melhor estratégia para atingir a meta comum. A divergência de opiniões sobre que fazer vem à tona no contexto mais amplo da colaboração pelo cumprimento de uma missão em que ambos estão empenhados.

2. Em diálogo sem a presença do gerente, cada um apresenta sua perspectiva. O outro deve ouvir com apreço (como descrevo a seguir). Para definir seus pontos de vista, cada orador deve responder a cinco perguntas apresentadas pela contraparte:

LIDERANÇA & PROPÓSITO

(a) O que você quer?
(b) O que planeja obter com isso?
(c) Como isso promoverá a missão da empresa?
(d) O que o leva a pensar assim? (Que fatos e que lógica?)
(e) O que propõe que façamos?

3. Cada pessoa pergunta, tentando entender não somente o ponto de vista do outro, mas também seu raciocínio e o contexto mais amplo em que tal ponto de vista faz sentido. Ambos investigam respeitosamente os fatos e a lógica presentes no argumento do outro, esclarecendo seus pressupostos, suas crenças e suas conclusões.

4. As duas partes usam da resolução criativa de problemas e da negociação integrativa (veja a seguir em "Como ser compreendido") para *dissolver* o conflito. Isso é, trabalham para descobrir um meio em que ambas obtenham o que precisam respeitando a restrição de recursos. Se conseguirem, o conflito se encerra e todos se comprometem em aplicar a decisão.

5. Se as partes não encontrarem um meio de todos obterem o que precisam, devem procurar um meio-termo aceitável. Se conseguirem, o conflito se encerra e todos se comprometem em aplicar a decisão. (Se não encontrarem um meio-termo, é essencial que nenhuma das partes se renda para "evitar alarde", "seguir com o programa" ou, ironicamente, "jogar em equipe". Ambas devem manter seus posicionamentos de modo que a empresa obtenha um novo equilíbrio através dos passos 6 e 7.)

6. Se nenhum meio-termo é aceitável para ambas as partes por prejudicar a capacidade de contribuição de uma ou outra na busca da meta, os participantes devem explorar como *afrouxar* certas restrições pode dissolver o conflito ou ajudar na obtenção do meio-termo.

7. As partes, então, devem acirrar o conflito de forma colaborativa, levando-o aos superiores. Juntos, reúnem-se com o gerente e pedem sua ajuda na resolução criativa do problema, afrouxando as restrições ou priorizando uma alternativa por decisão subjetiva.

Acirramento colaborativo significa que todas as partes no conflito envolvem seus superiores em conjunto, não separadamente. Está fora de cogitação pedir ao gerente que intervenha ou resolva a situação sem a presença da outra parte. Tampouco um gerente pode intervir unilateralmente na disputa ou, pior ainda, discutir o problema com outros gerentes.

A ESCUTA APRECIATIVA

É claro que há vezes em que alguém pode estar absolutamente errado. Essas vezes, porém, acontecem menos do que você imagina e, mesmo quando ocorrem, é melhor primeiro entender a linha de raciocínio que levou a pessoa àquela conclusão equivocada, buscando compreender seu ponto de vista. Assim, você será capaz de explicar com mais clareza por que a julga errada.

Digamos que você e um colega estejam tocando partes diferentes do elefante, como Skip e Charlie estavam fazendo. Para evitar o desencadeamento de um conflito, imagine que você e seu interlocutor mantenham suas opiniões, pois possuem pontos de vista, experiências, crenças, pressupostos, necessidades e objetivos táticos diferentes. Contra todos os instintos, vocês devem descobrir como a contraparte, quem discorda de você, está "certa" — ou seja, como seu posicionamento faz sentido dada suas informações, crenças, pressupostos, metas e valores. Ainda mais, você deve fazê-lo ver que compreende de verdade seu "ponto de partida". É isso que se faz com uma escuta apreciativa.

"Busque compreender antes de ser compreendido" é uma recomendação espetacular. A maioria das pessoas, porém, não faz ideia de como colocar isso em prática. Em meus muitos anos ensinando pessoas como comunicar, não encontrei um único cliente que, sem treinamento intensivo, fosse capaz de aplicar consistentemente, sob o menor sinal de estresse emocional, os cinco itens que descrevo abaixo:

1. Ouça em silêncio, sem interromper ou completar as frases da outra pessoa.
2. Faça com que a outra pessoa saiba que está ouvindo, concentrando toda sua atenção nele ou nela (e não no celular), mantendo contato visual, concordando com a cabeça e dizendo "hum-hum". De vez em quando, encoraje-a dizendo frases curtas como: "Prossiga, por favor", "Me conte mais" ou "E como isso foi para você?" Uma técnica muito eficaz é repetir em tom de pergunta as últimas palavras que o outro disse.
3. Quando a pessoa terminar uma ideia, resuma a essência dela e pergunte se entendeu corretamente o que foi dito. Permita que o

outro mude ou acrescente ao que você compreendeu até que ele ou ela fique satisfeito por você ter "sacado" o que foi dito.
4. Formule perguntas para compreender o raciocínio que levou seu colega àquele ponto de vista. Use as perguntas mais abertas possíveis e evite questionamentos conflituosos (você poderá desafiar as ideias do outro no final da conversa). Enquanto as perguntas são respondidas, continue aplicando os itens 1, 2 e 3.
5. Confirme que a perspectiva do outro faz sentido e pareça razoável (dadas suas crenças). Se discordar de algo do que o outro disse, não entre em discussão; em vez disso, reconheça o ponto de vista dele ou dela e espere sua vez de se explicar para apresentar qualquer discordância.[12]

Há uma anedota engraçada que ilustra quão radicais essas simples instruções podem ser. Eu estava em Xangai, ministrando um workshop para executivos de uma companhia de serviços financeiros. Como de costume, dei-lhes uma tarefa depois de explicar o processo de "buscar entender". "Voltem para casa e, sem dizer nada sobre o workshop, pergunte a alguém de sua família (ou a um amigo), 'No que você tem pensado ultimamente?' (ou simplesmente 'Como foi seu dia?'). Depois, busque entender a resposta sem dizer nada ao menos pelos próximos dez minutos."

Antes que eu pudesse dizer "bom dia" no dia seguinte, um dos participantes quis compartilhar algo com o grupo. Ele estava tão ansioso que lhe cedi espaço. Ele pegou o celular e nos contou que ligou para a mulher (em Pequim, onde moravam) e teve uma conversa com ela, que foi gravada. Ele colocou o celular perto do microfone e deu play. Eu não consegui entender nada, pois a gravação era em mandarim, mas, trinta segundos depois, a sala caiu na gargalhada. As pessoas estavam rindo tanto e falavam em tom tão animado, que fiquei bastante curioso. Depois que todos voltaram ao normal, o dono do celular traduziu para mim. A conversa foi mais ou menos assim:

Marido: O que você tem pensado?

Esposa: Por que está perguntando?

COLABORAÇÃO

Marido: Estou interessado em ouvir você.

Esposa: O que aconteceu de errado?

Marido: Não aconteceu nada, só quero saber no que você tem pensado.

Esposa: Algo de errado aconteceu. Você nunca me ouve.

Marido: Hoje eu quero ouvir. Você não gosta da ideia?

Esposa: Não! Me faz pensar que há algo de errado.

Mudei as instruções em meus workshops para que os participantes não saíssem chocando as pessoas no trabalho e na vida pessoal por agirem de forma estranha tão repentinamente. "A maioria das pessoas está habituada a que vocês não busquem entendê-las", digo aos participantes, "por isso, ao agirem de repente como proponho, elas podem ficar suspeitas. Recomendo que vocês expliquem o que aprenderam e façam um acordo de experimentá-lo, como exercício."

As pessoas podem usar perguntas apreciativas de forma traiçoeira, da mesma forma que podem mentir sobre seus sentimentos e suas intenções. Porém, perguntas apreciativas não são instrumentos de manipulação. São uma ferramenta ética de aprendizado mútuo segundo a regra de "Busque compreender os outros como gostaria de ser compreendido".

COMO SER ENTENDIDO

Se deseja que um colega ou funcionário entenda você mais facilmente, precisa apresentar sua visão como uma perspectiva pessoal, não como a "verdade exclusiva". Em vez de dizer, "Você está enganado, e eu estou certo", sua atitude deve ser, "Você tem motivos válidos para defender sua opinião, assim como eu". Eis o que sugiro.

1. Explique à sua contraparte que você não quer argumentar que tem razão. Pelo contrário, quer apresentar a ela o que considera um argumento digno de consideração. Você gostaria que a pessoa entendesse seu ponto de vista de modo a compará-lo com seu próprio, corrigi-lo se parecer errado ou integrá-lo se parecer útil.

2. Apresente seu ponto de vista na primeira pessoa. Fale "Minha opinião é que", "Eu acho" ou "Eu acredito que". Evite utilizar o pronome você, pois isso pode inflamar a conversa. "Você está errado", "Você deveria", "Você não sabe" e expressões do tipo vão certamente tirar a conversa dos trilhos. Evite também usar a terceira pessoa. "As coisas são assim" ou "A questão é que" são tão ruins quanto "Você está errado". Evite também usar a primeira pessoa do plural. "Precisamos", "Nós deveríamos" ou "Temos que fazer isso" soarão, para o outro, como "Você deveria", o que acarretara em sua reação. Não há "nós" sem alinhar os "eus". Na verdade, a única forma segura de falar é na primeira pessoa. (E não vale trapacear. Você não pode dizer "Eu acho que você está errado". "Eu acho que você é um idiota" não é melhor do que "Você é um idiota".)

3. Explique por que você pensa como pensa; compartilhe as evidências e os raciocínios que o levaram a essa conclusão. Ilustre seu argumento com exemplos e histórias concretos. Diga à sua contraparte ou membro da equipe quais você acredita serem as implicações por agir segundo seu raciocínio e o que você gostaria de ver acontecer. Inclua qualquer proposta aos próximos passos de seu plano.

4. Disponha-se a esclarecer o que quer que a pessoa deseje compreender melhor. Convide-o a fazer qualquer pergunta sobre seu ponto de vista.

5. Convide o outro a questionar a exatidão ou minúcia de suas evidências e raciocínios.

6. Peça a opinião do outro sobre seu ponto de vista. Esse é o meio de começar a próxima fase da conversa, em que você tenta integrar os argumentos em uma única narrativa.

CHEGANDO AO SIM

Se você está em desacordo com alguém, a forma de promover uma resolução construtiva é abordando o problema de forma colaborativa, construindo uma narrativa que gere efeitos mutuamente benéficos à conversa. É o caso óbvio para pessoas da mesma empresa, mas mesmo em situações de aparente oposição, é possível abordar problemas de forma colaborativa.

Por exemplo: em vez do comprador dizer "Meu objetivo é comprar o produto pelo preço mais baixo possível" e do vendedor dizer "Meu objetivo é vender o produto pelo preço mais alto possível", ambos podem dizer "Nosso objetivo é buscar uma transação mutuamente benéfica". Então, vocês poderão reconhecer os interesses, preocupações e necessidades um do outro e discutir a melhor forma de saná-los em ambos.

Na obra clássica sobre negociação, *Como chegar ao sim*, Roger Fisher e William Ury mostraram como pessoas em discordância chegam a resultados em que todos vencem. Eles chamam esse processo de "negociação integrativa". A chave para a negociação integrativa é negociar baseado em interesses, não em posicionamentos. Por exemplo: se minha esposa sugerir sairmos para jantar, posso responder "Não quero sair hoje à noite". Quando apresento meu posicionamento dessa forma, crio terreno para um impasse, pois ela com certeza responderá "Bem, eu quero". Se meu objetivo for resolver a situação, posso perguntar: "Por que comer fora hoje à noite é importante para você?" Suponhamos que ela responda: "Estou cansada e prefiro não ter que cozinhar ou lavar a louça." (Nosso acordo é que um cozinha e o outro lava a louça.) Nesse caso, tenho várias opções. Eu poderia dizer: "Gostaria de assistir ao jogo de hoje à noite. Você se importaria de jantar em casa e eu cozinho e trato de lavar a louça depois do jogo?", "Você se importaria se pedíssemos comida?" ou "Tudo bem se formos a um bar de esportes no shopping?" Poderíamos explorar várias opções que permitiriam a mim ver o jogo e a ela não cozinhar ou lavar a louça. Identificando os interesses que motivam ambos, você é capaz de criar soluções criativas que integrem as necessidades de todos.

QUANDO NÃO OUVIR SEUS FUNCIONÁRIOS

A Regra de Ouro é o primeiro requisito para qualquer processo justo. Quando Skip e Charlie acirraram unilateralmente o debate e levaram-no a mim como gerente, eu podia ter lhes perguntado: "Como você se sentiria se seu colega viesse até mim sozinho para advogar em interesse de uma decisão que o favorecesse? O que gostaria que eu fizesse se esse fosse o caso?"

A resposta mais óbvia seria algo como o xingamento efusivo em espanhol de Charlie. Ambos queriam que eu ouvisse seu lado da história.

A única forma de fazê-lo de forma justa é com uma conversa triangular. (Exceto quando um funcionário teme represálias, em casos de delação ou abuso. Nessas circunstâncias, o funcionário deve conversar com o gerente em particular.) Percebi que, discutindo o problema com apenas uma das partes em conflito, estava premiando o acirramento unilateral e incentivando essa prática no futuro. Estava recebendo apenas informações tendenciosas e incompletas, colocando-me entre duas pessoas que nunca aprenderam a trabalhar em conjunto para superar suas diferenças.

Para cortar essa dinâmica pela raiz, líderes transcendentes devem estabelecer um compromisso com todos na empresa de que se atenham aos princípios do acirramento colaborativo. Todos devem entender que essa é a única forma de resolver conflitos e que todo e qualquer desvio será censurado. Isso, é claro, não impede que alguém divida informações ou peça orientação de seu gerente; apenas acirramentos unilaterais são desencorajados. Às vezes, a fronteira não é muito clara, mas, na maioria dos casos, gestores sabem dizer quando um pedido de ajuda, comunicação ou orientação é genuíno, ou quando é uma forma sutil de advogar em causa própria, violando o processo de acirramento colaborativo.

Se um funcionário tentar levar um problema até você unilateralmente, é sua obrigação demonstrar o padrão, mantendo-o responsável por sua aplicação. Na primeira vez que alguém testa os limites, tendo a ser brando, ensinando-lhe as regras do processo. Depois disso, tendo a ser duro, confrontando a pessoa por ter quebrado o compromisso de somente acirrar os conflitos de forma colaborativa, nunca unilateral.

Sabendo o que sei agora, eis como teria respondido quando Charlie veio me jogar contra Skip:

1. Eu perguntaria a Charlie: "Você já discutiu isso com Skip?" Se ele respondesse que não, eu pediria que se lembrasse de nosso compromisso de não fazer acirramentos unilaterais e perguntaria por que estava trazendo aquele assunto até mim sem discuti-lo antes com seu colega. Explicaria que estou disposto a ajudar ambos a encontrar uma solução caso não consigam sozinhos, mas que só participarei de uma negociação triangular se ela tiver sido preparada de maneira adequada.

2. Se Charlie responder que sim, eu perguntaria: "Você convidou o Skip para vir conversar comigo?" Se ele responder que não, eu pediria que se lembrasse do nosso compromisso de não fazer acirramentos unilaterais e perguntaria por que estava trazendo aquele assunto até mim sem ter convidado o colega. Explicaria que estou disposto a ajudar ambos a encontrar uma solução caso não consigam sozinhos, mas que participarei apenas de negociações triangulares.
3. Se Charlie responder algo como "Sim, convidei, mas ele disse que não valia a pena", eu perguntaria: "Você disse a Skip que viria sozinho conversar comigo?" Se ele responder que não, pediria que dissesse, pois se não o fizesse, Skip muito provavelmente pensaria que Charlie foi conversar comigo "pelas costas".
4. Se Charlie responder que sim, eu agradeceria por trazer o problema até mim e explicaria que gostaria de discuti-lo na presença de ambas as partes. Então, chamaria Skip e lhe perguntaria por que se recusou a levar a questão até mim em conjunto. Explicaria que não tinha escolha quanto a isso, uma vez que nosso compromisso estipula que, não havendo acordo, as partes devem acirrar o debate de forma colaborativa.

No LinkedIn, criamos uma regra básica chamada de "alinhamento de cinco dias". Ela estipula que, se duas pessoas não concordarem em uma decisão no prazo de cinco dias, vão automaticamente levá-la em conjunto aos seus gerentes. Criamos essa regra depois que algumas decisões, atrasadas havia semanas e meses, foram levadas por fim à equipe de liderança e resolvidas em menos de uma hora. Na empresa, é de entendimento geral que negar-se a fazer o acirramento colaborativo depois de cinco dias de fracasso nas negociações vai contra nossas normas culturais.

O PAPEL DO GERENTE

O acirramento colaborativo copia o sistema do poder judiciário; os gerentes são análogos aos juízes de apelação e a equipe sênior de liderança é como a Suprema Corte. Depois das primeiras negociações, sem resultados satisfatórios, ambas as partes vão ao gerente juntas, com uma narrativa comum e o mesmo objetivo. Nenhuma delas pode defender sua proposta argumentando que afetará seu desempenho individual ou de equipe. Tal argumento será rejeitado como ilegítimo. A meta não é pontuar para sua subequipe, mas vencer o jogo como parte da equipe da empresa.

Os gerentes possuem autoridade para decidir, pois representam os "direitos de propriedade" dos donos da empresa. Tomam decisões não porque estão certos, mas porque os donos da empresa lhes delegaram esse poder. Os gerentes, em contrapartida, têm responsabilidade fiduciária de agir em nome dos donos. Se cometerem um erro, o preço será pago pelos proprietários — que, por sua vez, perdem confiança na administração. Assim, autoridade de gerência exige responsabilidade e transparência. Os gerentes tomam uma decisão pois veem a perspectiva mais ampla da empresa, podem internalizar custos e benefícios que são externos às partes em conflito e porque é o pescoço deles que vai para a forca se errarem. Eles agem conforme os interesses dos proprietários e têm que se explicar a eles se os resultados não forem os esperados.

É importante que todos entendam que, nesses processos, não há vencedores ou perdedores. Gerentes não tomam a "decisão certa". Eles tomam a decisão que lhes parece a melhor, podendo estar errados. Quando um gerente decide em favor de uma alternativa em detrimento de outra, é fundamental que expliquem a todas as partes em disputa por que o fizeram, em alinhamento com a missão e valores da empresa. O gerente também deve elogiar quem acirrou o conflito de forma colaborativa, permitindo-lhe conhecer os detalhes necessários para tomar uma decisão inteligente. É fundamental que o gerente nunca puna quem tenha feito um acirramento colaborativo.

Uma vez que a questão estiver resolvida, o "caso" se torna precedente para que os membros da empresa saibam como o tribunal (os executivos seniores) tendem a julgar (decidir) em casos semelhantes. Se um gerente achar que um problema está sendo acirrado de forma inadequada, ele ou ela poderá se recusar a ouvir, enviando a causa de volta para a "instância inferior".

COLABORAÇÃO

O acirramento colaborativo permite aos gerentes preservar a integridade cultural da empresa pois exclui da equação qualquer manobra escondida. Forçando os colegas de equipe a conversar respeitosamente *antes* de apresentar aos supervisores suas evidências, pontos de vista e descrições detalhadas de suas preocupações e seus interesses, a gerência sublinha também que relações interpessoais e o comprometimento individual são essenciais para a saúde da empresa.

Depois de refletir muito sobre o acirramento colaborativo em minha firma de consultoria, a Axialent, decidi que precisávamos exigi-lo como norma cultural. Expliquei a todos os funcionários por que esse processo seria bom para tratar qualquer conflito e discuti com eles o que pensavam sobre o assunto. O que, além de minhas determinações, recomendariam para serem capazes de se comprometer com o processo? Ao final da conversa, concordamos todos sobre as regras básicas, inclusive Skip e Charlie.

Como Skip e Charlie não conseguiram chegar sozinhos a um acordo, nós três combinamos uma reunião por videoconferência.

— Fred — disse Charlie —, precisamos de sua ajuda, pois não conseguimos chegar a um acordo sobre o melhor plano de ação para a empresa.

Depois de pedir detalhes sobre quais eram os prós e os contras, perguntei que ideias criativas eles tinham explorado, mesmo sem chegarem a um acordo.

— Falamos em contratar alguém em Buenos Aires para trabalhar em um turno diferente — explicou Skip. — Essa pessoa entraria às cinco da tarde em horário de Buenos Aires, ou seja, seis da manhã em Sidney. Ela poderia passar uma hora com o restante da equipe de operações para coordenar tudo e ficaria até, digamos, uma da madrugada, ou seja, duas da tarde em Sidney. Isso daria a todos bastante tempo para conversar com os funcionários da região Ásia-Pacífico, além dos clientes.

— O problema é que não podemos deixar o escritório aberto até uma da madrugada com um funcionário novo — falou Charlie. — E seria triste para a pessoa trabalhar sozinha em um espaço tão grande. Além disso, a região da cidade onde fica o escritório não é muito segura à noite.

Não gostaria de ter um de nossos funcionários na rua depois do horário comercial.

Antes que eu pudesse falar, Skip tirou as palavras de minha boca:

— Espera aí. Eu não preciso que a pessoa esteja fisicamente no escritório. Ela poderia muito bem trabalhar de casa. Se precisar de algo do escritório, podemos dar um jeito de lhe entregar em casa ou ela talvez possa pegar durante a tarde.

— Quem quer que contratemos deverá se reportar principalmente a você, Charlie — falei —, informando a Skip, mas deverá trabalhar de casa com foco principal nas necessidades da região Ásia-Pacífico. Tudo bem por vocês?

— Por mim, sim — disse Charlie com cautela —, mas não tenho dinheiro para contratar mais uma pessoa. No momento, minha equipe regular cuida dos pedidos da região Ásia-Pacífico durante o horário comercial. Não tenho alguém em especial que possa mudar de turno e não quero demitir ninguém de minha equipe, já que estão trabalhando tão bem nas operações da América e da Europa.

Voltei-me a Skip e perguntei-lhe se estaria disposto a financiar o novo funcionário com sua verba.

— Para você, seria muito mais barato contratar alguém em pesos argentinos do que em dólares australianos.

— Eu o faria, sem nenhum problema — respondeu Skip —, mas ele teria que se reportar a mim, apenas informando a Charlie. Se vou pagar pela contratação, quero poder fixar suas tarefas de acordo com minhas prioridades.

Antes que eu pudesse perguntar, Charlie disse:

— Por mim está ótimo.

No fim, contratamos uma australiana que tinha se mudado para Buenos Aires depois de se apaixonar por um argentino. Ela fez um trabalho tão bom que implementamos um sistema parecido em nossos escritórios na Europa. Skip e Charlie acabaram a conversa em bons termos, com a sensação de que suas necessidades entraram em acordo por um processo justo, em grande parte conduzido por eles. (De fato, eles poderiam ter chegado a todos os pontos do acordo — menos o último, sobre os orçamentos, sobre o qual eu tinha autoridade final — sem mim.)

* * *

Da mesma forma que as regras de triagem buscam salvar vidas e tomar decisões inteligentes em situações de crise, o acirramento colaborativo oferece a líderes uma ferramenta crucial na construção de uma cultura coesa, respeitosa e de alto rendimento. Ele obriga as pessoas a se afastarem do desejo raivoso e presunçoso de estarem "certas", mostrando às outras que elas estão "erradas". Ele responde à pergunta "Qual é o objetivo de verdade aqui?" com "a missão da empresa". Ele cria uma norma cultural de cooperação com interesse no propósito da companhia. Ele dá aos gerentes um meio de explorar as forças do conflito, impulsionando a empresa adiante — como a tensão de uma bateria que energiza um circuito. Se, na condição de líder, você for capaz de realizar isso, sua empresa obterá grande vantagem competitiva.

Capítulo 10
INTEGRIDADE

Sua palavra é sagrada.

Del dicho al hecho hay gran trecho. ("Do dizer ao fazer há grande distância.")
— Provérbio espanhol

Cinco sapos estão em um tronco. Quatro decidem pular. Quantos sobram? Resposta: cinco. Por quê? Porque há uma diferença enorme entre decidir e fazer.

Decisões são inúteis se não virarem compromissos, mas compromissos são inúteis se não forem feitos, mantidos e honrados com integridade. Integridade é uma condição essencial para um trabalho eficiente. Quando as pessoas não conseguem contar umas com as outras na manutenção do compromisso, é impossível executar planos e alcançar metas. Além de perdas materiais, a falta de integridade tem um custo enorme em relações humanas e estresse pessoal. Trabalhar em uma comunidade sem integridade é muito desmoralizador.

O impacto da integridade (ou a falta dela) é semelhante ao da honestidade. Imagine quão desestabilizador seria trabalhar em uma empresa em que as pessoas são desonestas, em um lugar onde você nunca sabe se alguém está dizendo a verdade ou não. Seria impossível realizar qualquer coisa. Pior ainda, seria impossível criar qualquer tipo de vínculo que não fosse fingido. Imagine quão descomprometido e desanimado você não ficaria rapidamente.

Mentir é simples: é o oposto de dizer a verdade. A integridade, porém, é mais difícil de definir: nem sempre temos muita clareza de quando a violamos. Mesmo entendendo em termos abstratos que a falta de integridade é algo ruim, consideramos sua transgressão um problema menor. A integridade, no entanto, é tão importante quanto a honestidade para que uma relação funcione, seja nos negócios ou na vida em geral. Precisamos de uma definição prática que nos permita entender o que estamos transgredindo. E precisamos entender que, independente de qualquer benefício a curto prazo que acreditamos ganhar com a falta de integridade, eles são eclipsados pelos extraordinários custos a longo prazo nas dimensões do Isso, do Nós e do Eu.

Defino *integridade* como honrar a própria palavra. Uma pessoa com integridade mantém suas promessas sempre que possível e ainda as honra mesmo quando não é capaz de mantê-las. Você faz uma promessa fundamentada quando se compromete a fazer o que acredita ser capaz de fazer. A promessa é mantida quando você faz o que disse. E mesmo que não consiga, ainda pode honrar a promessa ao informar sobre a situação e cuidar das consequências.

Certos compromissos são explícitos. Por exemplo: prometer entregar um produto até o dia 9 de abril ou prometer pagar o financiamento até o dia 10 de outubro. Outros compromissos são tácitos: todos esperam que você siga normas sociais de vestimenta, discurso, ação e assim por diante. Outros compromissos, por sua vez, são um meio-termo: quando você entra em uma relação de trabalho, se compromete a seguir as políticas da empresa e tem responsabilidade fiduciária de agir da melhor forma pelos interesses dos proprietários.

Em entrevista antes de uma luta pelo campeonato mundial, um jornalista perguntou ao oponente de Mike Tyson qual era seu plano para a luta. Um pugilista deu uma descrição minuciosa de como lutaria contra Tyson. Então, o jornalista se virou para Mike Tyson e perguntou: "O que acha disso, Mike?" A resposta dele foi tão sucinta que virou manchete: "Todo mundo tem um plano até tomar um soco na boca."[1]

A realidade nos dá socos na boca com frequência. As coisas podem dar errado por inúmeros fatores que fogem ao nosso controle. Às vezes a natureza nos atrapalha na forma de uma enorme tempestade. Na maioria das vezes, porém, os fatores perturbadores vêm da natureza humana. O problema não é que as coisas saiam de nosso controle. O que mina a capacidade de uma empresa de executar frente a surpresas inevitáveis é as pessoas não agirem com integridade. Pior que isso, a maioria delas nem sabe o que significa integridade.

Neste capítulo, mostrarei como construir e operar um sistema de execução baseado em integridade. Sua meta é tríplice: entregar resultados (o Isso), aumentar a confiança (o Nós) e conduzir-se com integridade (o Eu). Você aprenderá a estabelecer compromissos de forma a aumentar a confiança e promover a eficiência. Mais importante, aprenderá como preservar a integridade, a confiança e a eficiência quando as coisas mudarem e você ou os demais não puderem manter o compromisso.

UM ERRO CARO

Jared, CEO da SuperNozes Inc. (empresa de mentira que substituirá aqui um cliente meu real que atua em outra indústria), estava furioso. Ele perdeu o maior contrato de terceirização da história da empresa graças a um erro de Victor, seu gerente de operações. Além disso, o erro de Victor violava as políticas da empresa, às quais ele conhecia muito bem. Jared queria falar umas poucas e boas para Victor, mas temia que este ficasse triste demais e pedisse demissão. Mesmo furioso, Jared queria manter Victor, pois ele era um de seus funcionários mais antigos e respeitados.

Quando Jared me pediu ajuda, minha primeira pergunta foi: "O que aconteceu?"

"Victor pisou na bola mesmo", respondeu. "Assinamos um acordo de terceirização gigante com o Armazém de Comida Orgânica para produzir a manteiga de amêndoa deles. O contrato especificava que, para evitar contaminações, a fábrica que produziria a manteiga de amêndoa não poderia manipular nenhum produto à base de amendoins. Assinei o contrato sem pensar duas vezes, pois nossa empresa tem a mesma política."

"Na semana passada, enquanto preparávamos as instalações, o Armazém de Comida Orgânica enviou de surpresa uma equipe de auditoria à fábrica que ia produzir a manteiga de amêndoa deles. Eles analisaram contêineres vazios e encontraram traços de amendoim.[2] Eles perguntaram aos trabalhadores na fábrica se havia amendoim sendo processado em algum lugar ali e eles confirmaram que, em outro setor, havia uma linha de produção de manteiga de amendoim.

"Quando os auditores reportaram suas descobertas, o gerente de terceirizações do Armazém ficou uma fera. Ele levou o problema aos advogados da empresa que nos notificaram a rescisão do contrato por incumprimento. Como se isso não bastasse, informaram-nos que estavam pensando em nos processar. Uma zona!"

Jared me disse ter descoberto que, vários meses antes, Victor tentou aumentar a eficiência e o aproveitamento da empresa produzindo manteiga de amêndoa e de amendoim em linhas diferentes da mesma fábrica. Ele e o gerente da fábrica pensaram em um procedimento de limpeza para evitar contaminações nos contêineres. Victor pediu ao gerente da fábrica que fizesse testes rigorosos para checar se o procedimento era seguro. Descobriram que sim, então Victor mandou fazerem a linha de produção de manteiga de amendoim na fábrica de manteiga de amêndoa. O processo de descontaminação funcionou — e tão bem que, ao longo de vários meses, não houve um incidente sequer. Foi por isso que ninguém de fora da fábrica soube que a política da empresa estava sendo burlada.

"Na verdade, os auditores do Armazém não encontraram contaminação; eles encontraram apenas pequenos traços da molécula errada em alguns dos contêineres. Nunca teriam descoberto nada sem o equipamento supersensível deles, pois as quantidades microscópicas estavam bem abaixo do limite de detecção em qualquer teste de produto. Mas, fazer o quê? Eles descobriram e tudo virou um inferno."

"Isso não nos trouxe apenas perdas financeiras", continuou Jared, "mas virou também um pesadelo de relações públicas. O Armazém divulgou os motivos para a rescisão do contrato à mídia especializada. Nosso ramo é pequeno, então todos ficaram sabendo que pisamos na bola com um cliente importante. Levamos um golpe duro em nossa reputação e credibilidade, isso sem falar na vergonha pessoal que estou sentindo."

Jared queria ter uma conversa construtiva com Victor, mas temia perder a mão. Por isso propus que Jared e fizéssemos o "Houdini", exercício de encenação que batizei com o nome do grande mestre da fuga Harry Houdini. Eu faço o papel do meu interlocutor e entro em um barril conversacional. Então, como Houdini, faço o que posso para escapar de dentro do barril antes de afundar nas metafóricas cataratas do Niágara. A encenação do Houdini permite-me moldar comportamentos construtivos de meu cliente (Jared), ajudando-o a se solidarizar com seu colega (Victor). Também permite a Jared descobrir como pode ser desconcertante conversar com alguém que usa um método habilidoso de conversação.

Nessas encenações, tudo o que eu disser deve estar em sintonia com as crenças, as emoções e os valores da pessoa com quem estou trabalhando. Devo representar meu cliente com maior autenticidade, cooperação e integridade do que ele mesmo seria capaz de se representar. Essa encenação é bastante eficiente e emoção pura para os dois participantes.[3]

Em meu diálogo do Houdini com Jared, disse-lhe que eu faria seu papel, e ele faria Victor. Antes de começarmos, perguntei a Jared o que queria obter com aquela conversa. Perguntei sobre seus objetivos quanto ao que fazer, em sua relação a Victor e a si mesmo.

Eis o que falamos um para o outro:

Jared: Eu gostaria de entender o que aconteceu como e por que Victor decidiu, contra a política da empresa, levar a produção de manteiga de amendoim para a fábrica sem me avisar. Quero deixar claro para ele que foi um grande erro e garantir que isso nunca mais aconteça. Quero que Victor e todos os outros sigam as regras.

Fred: Algo mais?

Jared: Eu gostaria de consertar as três dimensões que você mencionou, do Isso, do Nós e do Eu. Quanto ao que fazer, gostaria que Victor me ajudasse a lidar com seu erro, pedisse desculpas ao Armazém de Comida Orgânica e que reconsiderassem a decisão de rescindir o contrato. Como foi ele que tomou a decisão, quero que esteja na sala comigo quando me reunir com os executivos do Armazém. Quanto à nossa relação, gostaria de reestabelecer a confiança. Sinto-me traído e minha confiança no Victor ficou abalada. Há anos ele é um colaborador importante, por isso não queria perdê-lo por conta desse incidente. Quanto aos meus sentimentos e valores pessoais, gostaria de reestabelecer um senso de integridade. Gostaria que Victor pedisse desculpas para perdoá-lo. Não quero que ele sinta rancor ou ressentimento.

Fred: Tenho a impressão de que o problema não é apenas Victor. Havia na fábrica muitas pessoas que deviam saber da política da empresa de manter produtos à base de amendoim separados. Me preocupa o fato de ninguém ter feito um alerta quando Victor instalou a linha de produção de manteiga de amendoim lá. O fato de ninguém ter dito algo me diz que o problema é muito mais profundo do que somente a decisão equivocada de uma pessoa.

Jared: Você tem razão. Não é apenas um problema com Victor. É uma questão cultural que ele e eu precisamos tratar com o restante dos funcionários.

Fred: Então vamos pedir também que Victor ajude a reiterar os padrões e as normas da empresa.

Jared: Me parece ótimo.

Fred: Vamos começar com a encenação. Eu vou fazer você, Jared, e você vai fazer Victor. Vou dizer algumas coisas que podem surpreendê-lo, por isso você precisará improvisar. Deixe sua intuição guiá-lo e não se importe muito com a exatidão em fazer Victor. Não tente torná-lo mais bonzinho ou desagradável do que é. Coloque-se no lugar dele e diga o que sente. Vamos fazer a cena em meu escritório (ou seja, no escritório do Jared). Eu chamei você (Victor) para discutir o problema com o Armazém de Comida Orgânica.

(Agora começa a encenação. Marquei o diálogo a seguir com asteriscos para distingui-lo do anterior.)

Victor* (interpretado por Jared): Desculpe, Jared. Essa auditoria ferrou mesmo com a gente. A gente tinha um processo muito

LIDERANÇA & PROPÓSITO

confiável de descontaminação, mas esses caras vieram atrás de sujeira. Os vestígios de manteiga de amendoim que encontraram nunca teriam nos causado problemas.

Jared* (interpretado por Fred): Victor, entendo que a auditoria encontrou um resíduo minúsculo de manteiga de amendoim nos contêineres.

Victor*: Sim, era quase indetectável.

Jared*: Victor, eu gostaria de conversar com você sobre o que aconteceu. Meu objetivo é entender o que o levou a tomar a decisão de produzir manteiga de amendoim na fábrica de manteiga de amêndoa, e por que fez isso sem discutir comigo antes. Também gostaria de descobrir se existe uma forma de deixar as coisas menos piores do que estão, não apenas com o Armazém, mas dentro de nossa empresa . Houve uma quebra de confiança que precisamos consertar em equipe. Tudo bem por você?

Victor*: Sim. Eu me sinto péssimo pelo que ocorreu.

Jared*: O que de fato aconteceu, Victor?

Victor*: A fábrica tinha excedente de capacidade e nossa outra fábrica, que produz manteiga de amendoim, não estava dando conta da demanda. Por isso pensei que, se pudéssemos garantir que as duas substâncias nunca se misturassem, seria ótimo usar nosso excedente de capacidade na fábrica de manteiga de amêndoas para cobrir o déficit de produção da fábrica de manteiga de amendoim. Era isso ou ter que terceirizar nossa produção enquanto ficávamos com equipamento ocioso. Sairia bem caro. Todos os nossos testes do procedimento de limpeza foram satisfatórios, então começamos a linha de produção de manteiga de amendoim há uns meses. E nunca tivemos qualquer problema... até semana passada.

Jared*: Entendo que o procedimento de limpeza fosse eficaz. E não posso culpá-lo por tentar poupar gastos da empresa através de uma utilização mais eficiente. Na verdade, acho que a segunda linha de produção é uma boa ideia, dado que é possível evitar contaminação.

Victor*: Fico feliz que ache isso! Pensei que estivesse decepcionado comigo.

Jared*: Estou bastante decepcionado, mas não porque você quis melhorar nossos processos. Fico feliz com seu comprometimento em tentar fazer o que é certo para a empresa. Há muitos anos que você tem sido um grande colaborador, Victor. Foi por isso que escolhi você para minha equipe de liderança.

Victor*: Então, por que está decepcionado comigo?

Jared*: Estou decepcionado com você porque nós dois tínhamos um acordo de não misturar manteiga de amêndoa e manteiga de amendoim na mesma fábrica. Você quebrou esse acordo. Alterou seu compromisso unilateralmente sem me informar ou renegociar comigo.

Victor*: Acordo? Compromisso? Do que está falando?

Jared*: Nossa empresa tem uma política que especifica que a produção de manteiga de amêndoa e de manteiga de amendoim não pode ocorrer na mesma fábrica. Você se comprometeu a implementar essa política. Foi o que prometeu a mim.

Victor*: Nunca pensei nessa política como uma promessa.

Jared*: Pensou que era o quê?

Victor*: Sei lá. Nunca tinha pensado assim. Achei que era uma regra de segurança, algo que você quisesse que eu seguisse para evitar contaminações. No entanto, uma vez que descobri uma forma de evitar contaminações, pensei que estava respeitando o espírito da política mesmo sem segui-la ao pé da letra.

Jared*: Entendo. Eu talvez tenha falhado em explicar que, quando você concordou em seguir a política, tomei sua palavra como um compromisso pessoal comigo. Contei que você a seguiria. É por isso que assinei o contrato com o Armazém em que uma das cláusulas dizia que não poderíamos fabricar produtos à base de amendoim no mesmo local em que fabricássemos a manteiga de amêndoa deles. Como você nunca mencionou que planejava fazer de outro jeito, presumi que estava seguindo nossa política.

Victor*: Então, você acha que foi errado remanejar nosso excedente de capacidade?

Jared*: Não necessariamente; não sei se foi errado ou não. O que com certeza foi errado foi não ter discutido isso comigo antes. É isso o que me incomoda, Victor. Você e eu tínhamos um acordo de seguir a política da empresa. Você mudou de ideia, mas nunca me consultou. Não me disse nada. Não me perguntou nada. Não me explicou ou me deu chance de participar da decisão. Por isso assinei com o Armazém um contrato que foi descumprido antes que a tinta secasse. Fiquei sem integridade, pois sou completamente responsável por tudo que a empresa faz.

Victor*: Colocando as coisas dessa forma, sinto que decepcionei você. Eu devia ter te contado, mas, sabe, pensei que seria melhor pedir desculpas do que permissão.

Jared*: Esse é o grande erro, Victor. Isso que você falou é como a carta para sair da cadeia no Banco Imobiliário... você pode usar sempre que quiser quebrar uma promessa. Creio que você não gostaria que as outras pessoas usassem esse argumento quando quebrassem uma promessa feita a você. É a morte da confiança. Se as pessoas pudessem negar suas promessas, pois julgam melhor pedir desculpas do que permissão, que valor teria a palavra delas?

Victor*: Tem razão, Jared. Eu pisei na bola ao não discutir o assunto com você. Sinto muito mesmo.

Jared*: Aceito seu pedido de desculpas. Presumo que isso não vá acontecer de novo.

Victor*: Aprendi a lição, Jared. De agora em diante, seguirei religiosamente as políticas da empresa.

Jared*: Não é essa a lição, Victor. Políticas não são dogmas. Não quero que você as siga religiosamente. Quero que pense fora da caixinha e encontre formas de melhorar nossas operações mesmo que desafiem a política. Mas, nesse caso, quero que você traga a questão até mim, para renegociarmos o acordo inicial. A propósito, é a mesma coisa que eu precisaria fazer com a diretoria se concordar com você sobre mudar uma política que criei com eles. A lição é que não há nenhuma forma legítima de quebrar uma promessa unilateralmente. É sempre melhor pedir permissão do que desculpas.

Victor*: Faz total sentido. Mas as pessoas não são assim. Muitas pessoas de dentro e fora da empresa não cumprem suas promessas rigorosamente.

Jared*: Nesse caso, temos um problema de execução na produção e um problema cultural de integridade, Victor. E acredito que são dois lados da mesma moeda. Sinto-me responsável e gostaria que você me ajudasse a resolver a situação. Mas antes de fazermos isso, gostaria que fosse até o Armazém e pedisse desculpas pelo erro. Gostaria que explicasse o que aconteceu. Se pudermos recuperar a confiança deles, eles talvez reconsiderem a decisão de rescindir o contrato de terceirização.

Victor*: Recebi instruções de nossos advogados para evitar qualquer tipo de contato com o Armazém.

Jared*: Vou conversar com os advogados. Temos aqui um problema de integridade. Cometemos um erro e precisamos resolvê-lo. O Armazém tem sido bastante sensato nas negociações. Tenho convicção de que, se formos francos com eles, não usarão o ocorrido contra nós e talvez até nos perdoem, da mesma forma que estou perdoando você. Por outro lado, se nossos pedidos de desculpas acabarem nos prejudicando, teremos que aceitar como o preço a ser pago por nosso erro. Quero levar a questão à diretoria, caso nosso advogado não aprove.

Victor*: Isso é um pouco constrangedor. Eu preferiria não esfregar sal nas feridas.

Jared*: Dói, eu sei. Mas que opções temos? Nos esconder e fingir que nada aconteceu? Que mensagem estaríamos passando aos nossos próprios funcionários? Quero usar esse evento como ensejo para mudar nossa cultura, Victor. Meu primeiro objetivo é que as pessoas entendam que políticas não lhes são impostas. São propostas, e elas concordam em segui-las. Esse acordo coloca a integridade pessoal e a confiabilidade delas em jogo. Quero que todos tenham clareza de que pedir permissão não é somente a melhor forma de renegociar um acordo. É a única forma.

Jared de verdade saiu da personagem e disse:
— Você fez parecer tão natural! Você disse exatamente o que eu queria ter dito como mesmo em nossa encenação anterior. Por que não consigo fazer isso sozinho?
— Não seja tão duro consigo mesmo, Jared — respondi. — O que falei é "natural" como uma tacada de golfe. Demanda treino. Então vamos começar a treinar. Vamos refazer a conversa, mas você será você mesmo (Jared) e eu serei Victor. No começo, vou fazer um Victor bem tranquilo. Conforme for me envolvendo construtivamente na conversa, vou dificultar progressivamente para ver como você reage.

Foi o que fizemos e, depois de algumas repetições, Jared estava pronto para conversar de verdade com Victor. Ele estava tão ansioso que chamou Victor na mesma hora em seu escritório, aproveitando minha presença. Victor parecia um tanto apreensivo e desesperado, sem dúvidas por saber que tinha errado feio e que estava com a corda no pescoço. Mas se portou muito bem. Reconheceu seu erro e pediu desculpas a Jared. Jared se saiu brilhantemente e cumpriu todos os seus objetivos. Foi a facilitação mais tranquila que já fiz na vida. Não tive que abrir a boca em nenhum momento da reunião.

COMO CRIAR UM COMPROMISSO

O melhor caminho para a integridade é manter suas promessas; ou seja, fazer aquilo com que você se comprometeu. Você entrega o produto no dia 9 de abril; paga o financiamento até dia 10 de outubro. Quando estabelece um compromisso, você incorre em uma dívida; quando cumpre, paga a dívida. Logo, você deve prometer apenas aquilo que planeja cumprir. Pegue emprestada apenas a quantia de dinheiro que possa saldar.

Eis as condições para a integridade quando você promete algo:

1. *Prometa apenas o que puder cumprir.* Se você não crê ser possível manter o compromisso ou tem dúvidas consideráveis dessa possibilidade, não prometa até esclarecer tudo. Como promessas dizem respeito ao futuro, existe sempre o risco de não ser possível cumpri-las. O que não o impede de prometer. Uma promessa feita com integridade que esteja fora de seu alcance é como uma declaração feita com honestidade que acabou se mostrando falsa. Da mesma forma que erros são legítimos e mentiras não, promessas baseadas em avaliações de capacidade equivocadas têm integridade, enquanto promessas cuja impossibilidade é dada de antemão não o são.
2. *Trace um plano.* Para avaliar sua capacidade de cumprir a promessa, você precisa de um plano robusto que conte com as habilidades e os recursos que você tem ou pode adquirir. O plano deve incluir eventualidades previsíveis e estratégias para lidar

com elas. Se souber das eventualidades que podem tirar seu plano dos trilhos, poderá informar seu credor no momento em que fizer a promessa — cujo cumprimento agora é condicionado pelas contingências. Com muita frequência, promessas são feitas sem qualquer ideia de como serão cumpridas. Eis o motivo de inúmeras perdas de integridade.
3. *Tenha um mecanismo de rastreamento.* Você deve avaliar se o plano segue nos trilhos. Se detectar um desvio considerável, precisa considerar que seu compromisso está em perigo e deve informar seu credor de imediato.
4. *Tenha um protocolo de comunicação.* Dessa forma, você pode informar prontamente o seu credor. Por exemplo: meu assistente tem instruções de pedir o telefone e o e-mail de qualquer pessoa com quem marquei reunião para que, no caso de algo dar errado, ela possa ser informada. Meu assistente também dá às minhas contrapartes meu telefone e e-mail no caso de precisarem me contatar.
5. *Prometa apenas o que você realmente puder cumprir.* Cuidado com a tentação de ser "bonzinho" e de querer agradar aos outros — sobretudo autoridades. Antes de prometer, consulte-se e considere se realmente planeja cumprir o que está prestes a prometer. É comum eu querer estabelecer compromissos dos quais sei que vou me arrepender depois. Mas depois de muitos casos de estresse do "dia seguinte" e de ficar decepcionado comigo mesmo por ter prometido o que sabia não ser capaz de cumprir, percebi que é melhor evitar a promessa da "noite anterior", mesmo que isso frustre o outro.

COMO PEDIR UM COMPROMISSO

Há uma diferença enorme entre uma ordem e uma promessa solicitada. A ordem depende da autoridade de quem a emitiu, mas a promessa repousa na integridade de quem aceitou a solicitação. A ordem é característica do chefe e busca suscitar a obediência. O pedido é característico do líder e busca suscitar o comprometimento. Coerção e ameaças vão, no melhor dos casos, angariar obediência, nunca o esforço voluntário dos outros.

INTEGRIDADE

Quando alguém fracassa em executar uma ordem, a queixa do chefe costuma ser "Você não fez o que eu mandei". Quando alguém não consegue cumprir uma promessa, a confrontação do líder costuma ser "Você não fez o que prometeu". Qual deles teria mais influência sobre você?

Para que um compromisso seja mantido corretamente, é importante que quem prometeu sinta que sua integridade está em jogo. Um compromisso, no final das contas, é um contrato, por isso quem promete deve entender o pedido e aceitá-lo de forma livre. (Pense nisso como um "consentimento informado".) Se busca o comprometimento de alguém, não sua obediência, ela deve sentir que está "assinando embaixo" de livre e espontânea vontade, pois acredita que seu pedido é producente, sensato e justo.

Perdi a conta de quantas vezes ouvi funcionários alegarem que não conseguem dizer "não" aos pedidos de seus chefes. Alvos, objetivos, verbas e planos são frequentemente impostos aos funcionários sem que se peça pelo compromisso deles. Na cabeça dos funcionários, isso quer dizer que sua integridade não está em jogo, pois eles não disseram *de fato* que seriam capazes de fazer o que lhes foi pedido. Se você quer ser um líder transcendente, sua autoridade dever ser moral, não formal. Deve permitir que seus subordinados respondam aos seus pedidos com algo diferente de um "sim, senhor" ou "sim, senhora" obediente, pois uma pessoa que não consegue dizer "não" tampouco pode dizer "sim" de verdade.

Isso não quer dizer que seus subordinados podem dizer "não" sem discutir a fundo. Um contrato básico de emprego especifica que eles farão o máximo para honrar seus pedidos, dentro do limite de suas capacidades, seus recursos e seus valores. Como líder, você terá explicado aos seus subordinados que tudo que vocês fazem juntos é para ajudar o time a vencer jogando de acordo com as regras (isso é, em alinhamento com a missão e os valores da empresa). Por isso, se recusarem um pedido, cabe a eles explicar por quê, de modo que possibilite uma negociação colaborativa.

Meus próprios funcionários, por exemplo, já recusaram muitos pedidos meus, pois estavam sobrecarregados. Eles explicaram o que estavam fazendo e os prazos para seus compromissos atuais (a maioria comigo). Em quase todos os casos, fui capaz de redefinir suas tarefas de modo que se adequassem às suas agendas e à urgência de minhas necessidades.

O compromisso é resultado da interação entre alguém que pede (o requerente) e alguém que recebe o pedido (o receptor). Eu uso as seguintes diretrizes para estruturar pedidos de forma clara:

1. *Explique.* Descreva a diferença entre o que está sendo feito e o que gostaria de alcançar. Apresente o pedido como uma forma de transpor essa diferença com a ajuda do receptor.
2. *Peça.* Seja explícito em seu pedido. Use os verbos na forma direta ("Peço que você...", "Solicito que você...", "Necessito que você...", "Convido você a..." e assim por diante). Defina expressamente as condições de cumprimento do pedido, incluindo prazos.
3. *Pergunte.* Dê aos receptores a oportunidade de responder. Eles estão prontos para fazer uma promessa? Gostariam de negar seu pedido ou precisam de algo mais de você antes de responder?

A fórmula que contempla esses três passos é: "Para ir de A a B, peço que você cumpra C até D. Você pode se comprometer com isso?" ou "Preciso que você faça B. Meu pedido é que você faça C até D. Você consegue?" (em que A é o estado atual, B é o estado desejado, C é o que você está pedindo e D é o prazo limite estipulado).

COMO OBTER UM COMPROMISSO

É essencial que, depois de fazer um pedido claro, você não aceite menos que um compromisso integral. É normal que as pessoas se esquivem para não ter que dizer "não" diretamente, dando respostas pseudocomprometidas e obscuras como "Vamos ver o que consigo fazer", "Não se preocupe", "Alguém vai tomar conta disso", "Vamos fazer nosso melhor" ou "Vou tentar". Nas famosas palavras do mestre Yoda: "Faça ou não faça, tentativa não há." A única resposta que vale como compromisso é: "Sim, prometo" ou "Sim, eu me comprometo". Nada de "tentar", de "ver", de "alguém", de "nós"... nada além de "prometo" é aceitável.

A melhor forma de confrontar respostas evasivas (e mesmo conferir aquelas que parecem claras) é reformulá-las em promessas bem definidas, como: "Então você me promete entregar C até D. Entendi certo?"

Aposto que, na maioria das vezes, você terá alguma hesitação por parte da outra pessoa, cujo significado é que ele ou ela não estava prometendo de verdade. E com frequência receberá um "não" explícito, cujo significado é que seu colega estava relutante em recusar, mas sem desejo de se comprometer.

Depois de anos ensinando esse material, descobri apenas três respostas aceitáveis (a última contendo quatro sub-respostas) para um pedido. Essas respostas mostram com clareza quem se compromete (ou não) a realizar algo até determinado prazo:

1. *"Sim, eu prometo"* ou *"Sim, eu me comprometo"*.
2. *"Não, nego o pedido"*. É muito melhor saber que a outra pessoa não pode ou não quer se comprometer do que acreditar que está prometendo de fato algo que não vai fazer.
3. *"Não estou pronto para me comprometer ainda porque..."* O receptor pode não entender como seu pedido sana suas necessidades ou como atende ao objetivo da empresa. Talvez haja conflito entre seu pedido e os compromissos preexistentes do receptor, alguma política da empresa ou algo assim.

Quando você detém autoridade formal sobre os outros, deve deixar muito claro que eles sempre têm o direito de dizer: "Não estou pronto para me comprometer." Você *não* está dando às pessoas o direito de negar seus pedidos, está lhes dando o direito de explicar por que aceitá-los pode ser problemático. É perfeitamente legítimo que elas façam isso por uma das cinco razões a seguir: (1) elas não entendem o que você está pedindo ou para quando é; (2) elas não acreditam possuir habilidades ou recursos para realizar a tarefa; (3) que a capacidade delas de realizar a tarefa depende de fatores que lhes fogem ao controle e que podem tirar o plano dos trilhos; (4) elas pensam que o que você está pedindo vai contra ajudar o time a vencer ou contra o valor, o padrão ou a política da empresa; ou (5) atender ao seu pedido entraria em conflito com um compromisso anterior que fizeram com você ou outra pessoa.

Se o receptor diz que precisa de esclarecimentos, significa que ele ou ela precisa entender melhor sua necessidade ou as condições de realização de seu pedido. (A propósito, essa é uma resposta muito útil para quando se recebe uma pergunta mal formulada.) Se o receptor não compreende plenamente o que está pedindo, pode dizer: "Posso me comprometer a lhe dar C até D se você me der X até Y (ou se X acontecer antes de Y)." É um compromisso condicional que depende do cumprimento de alguma condição por você ou pela realidade.

Por outro lado, podem dizer: "Não posso me comprometer a fazer C até D, mas eu poderia fazer X até Y. Serve para você?" É uma contraoferta que, caso aceite, vira um compromisso.

"Comprometo-me a responder até Y" é uma resposta ruim quando o receptor precisa checar seus recursos antes de selar um compromisso (recusar ou fazer uma contraoferta) definitivo (ou condicional). Perceba que o compromisso consiste em dar a você uma resposta em uma data específica.

Quando um líder dá aos seus seguidores permissão de não aceitar pedidos, lhes dá permissão de fazer o que é certo para a equipe. Nesse sentido, lembro-me de uma história que ouvi sobre o general José de San Martín, o equivalente argentino de George Washington.

Antes de uma das batalhas, San Martín foi até o depósito de munição para conferir os suprimentos. Ele estava prestes a entrar quando um soldado bloqueou seu caminho. (No exército argentino, é inconcebível que um soldado raso dirija a palavra a um imponente general, que dirá entrar em seu caminho.) Quando o soldado ficou no caminho, San Martín ordenou que lhe desse passagem. O soldado disse respeitosamente: "Com sua permissão, meu general, você nos deu ordens expressas de não deixar ninguém com esporas nas botas entrar no depósito de munição." Enquanto um comandante menor teria punido o soldado por insubordinação, San Martín o parabenizou, fazendo dele um exemplo de integridade. Ele havia jurado fazer cumprir as ordens de San Martín e o fez... mesmo ao próprio San Martín.

COMO RENEGOCIAR UM COMPROMISSO

Não importa quão sólidos sejam seus planos, nem sempre você será capaz de manter suas promessas. É um problema gerenciável, porém, desde que ainda possa honrar sua palavra. Para manter a integridade, você deve informar todas as partes envolvidas o mais rápido possível que talvez não possa manter a promessa. E deve cuidar das consequências negativas que sua falta produzirá neles.

Mesmo exigindo rigorosamente de si mesmo o cumprimento de suas promessas, haverá vezes em que você simplesmente não será capaz de entregar o que prometeu no prazo. Você gostaria de enviar o produto, mas a fábrica ainda não o terminou. Quer quitar sua dívida, mas alguém não pagou você. A vida é imprevisível; às vezes, não poderá levar os seus compromissos adiante — ou realizá-los poderá ser tão oneroso que não faria sentido fazê-lo. Nessas circunstâncias, o mais importante é manter a eficiência, a confiança e a integridade.

Quando você não é capaz ou acha que não deveria cumprir uma promessa que fez, o caminho secundário para a integridade é honrar essa mesma promessa. Isso quer dizer que você fará o máximo para cuidar que seu credor (o recipiente e portador de sua promessa) mantenha a confiança na relação de vocês e fortaleça a cultura de integridade.

Fazer isso envolve os seguintes passos:

Anuncie. Assim que considerar que o risco é real, informe seu credor que o cumprimento da promessa está em perigo. Não espere até o último instante — ou pior, para depois do prazo — para informá-lo que não será capaz manter o compromisso. É frequente que as pessoas tentem desesperadamente evitar o momento constrangedor de informar seus credores de uma possível quebra de acordo, perdendo a oportunidade de minimizar as consequências. Elas trabalham até o último minuto e faltam com a palavra, pegando de surpresa seu credor inocente. (E então ficam ressentidas quando o cliente se decepciona.) Se seu credor perguntar "Por que não me disse antes?", a única resposta honrada a se dar é: "Porque eu não sabia."

Quanto antes você der o aviso, melhor, conquanto que o aviso corresponda a um risco real. Nessa situação, meu princípio é me colocar no lugar do credor e me perguntar se eu gostaria de saber se houvesse um problema.

Peça desculpas. Diga ao seu credor que reconhece seu compromisso e que gostaria de renegociá-lo de forma que as consequências negativas sejam minimizadas, que a confiança entre vocês continue firme e que você possa honrar sua palavra.

Explique. Informe ao seu credor quais circunstâncias imprevistas atrapalharam você no cumprimento da promessa. Não use a explicação como justificativa ou desculpa. Deixe claro que você é total responsável por seu compromisso e que está contando o que aconteceu ao seu credor para que ele entenda que a quebra não foi por negligência sua (ou, se foi, diga que assume o erro). É por isso que é tão importante anunciar o problema logo que ele se torna real.

Pergunte. Pergunte ao seu credor quais são as prováveis consequências de sua incapacidade de cumprir a promessa. Concentre-se nos custos práticos que seu credor e outras pessoas terão que arcar por conta de sua falta. Depois, pergunte o que seu credor gostaria que você fizesse para minimizar essas consequências, compensando-o pelas perdas inestimáveis. O que você não pode resolver, pode restituir. O objetivo é cuidar de seu credor e de todos que sofrerão as consequências.

Negocie. Veja se pode oferecer algo melhor do que seu credor pediu a princípio. Levando em conta as preocupações dele, os custos, bem como seus próprios recursos, tente criar um plano de recuperação que cuide da situação da melhor forma possível. Se não for capaz de fazer o que seu credor pediu, explique por que e inicie uma negociação colaborativa (isto é, ponha em prática o que aprendeu no capítulo anterior).

Refaça o compromisso. Crie um novo compromisso de entregar o que você e seu credor tinham negociado. Tenha certeza de especificar o que fará e para quando será.

Confira e aprenda. Pergunte ao seu credor se ele está satisfeito com o processo ou se existe algo mais para ser esclarecido. Tenha certeza de que a confiança foi reestabelecida e que a integridade está preservada. Compreenda também qual foi a causa da quebra e lembre-se do risco que ela representa quando fizer compromissos semelhantes.

Em meus workshops, pergunto às pessoas se gostariam que os outros realizassem essas condições ao fazer um compromisso e sempre ouço um "sim" unânime. Então pergunto: "Quando foi a última vez que alguém negociou um compromisso de acordo com esses princípios?" O silêncio é ensurdecedor e fica ainda pior quando pergunto quando foi a última vez que eles renegociaram um compromisso dessa forma.

Paradoxalmente, é possível aumentar a confiança mesmo não sendo capaz de manter a palavra: basta honrá-la. As pessoas sabem que, cedo ou tarde, circunstâncias fora de seu controle impedirão o cumprimento de uma promessa. Porém, conquanto você cumpra o que disse, elas não saberão como você vai se portar — e se poderão confiar em você — se não conseguir. Quando isso acontecer, se cuidar da situação com integridade, elas vão redobrar a confiança em você.

MINHAS DESCULPAS

Minha filha Sophie faz aniversário no dia 26 de agosto. Eu estava no Reino Unido uma semana antes de ela fazer 14 anos, facilitando uma reunião executiva muito importante para um cliente. A reunião estava marcada para terminar na sexta-feira à noite. Eu ia pegar um voo de volta para os Estados Unidos no dia seguinte e, prometi, estaria no aniversário da Sophie no domingo.

Alguém me disse certa vez: "Enquanto você faz planos, Deus ri." Deus deve ter caído na gargalhada, pois a equipe não chegou a uma decisão na sexta-feira e decidiu encerrar a reunião na segunda. O líder da equipe pediu que eu ficasse e os ajudasse na semana seguinte. Eu queria, mas se ficasse, quebraria a promessa que fiz à minha filha. Disse ao líder da equipe que daria uma resposta às nove da noite.

Voltei ao hotel, liguei para Sophie e expliquei a situação.

— Sophie — falei —, se você quiser que eu volte como prometi, eu o farei. Ainda tenho a passagem para amanhã de manhã. Mas antes que você me diga que quer, quero perguntar algo. Existe algo que eu possa fazer para comemorar seu aniversário com você na semana seguinte que seria melhor do que me ter na festa do domingo?

Sem hesitar um instante, Sophie respondeu:

— Pular de paraquedas! Ah, papai, eu sempre quis pular de paraquedas! Seria melhor do que ter você na minha festa. — Respondi que faria algumas pesquisas e que retornaria a ligação em uma hora.

Procurei no Google sobre "paraquedismo" em nossa cidade e descobri que tinha um clube de voo que oferecia saltos em dupla, mas que Sophie tinha que ter pelo menos 18 anos para saltar. Liguei para minha filha e expliquei que ela não tinha idade suficiente para saltar, mas que o clube de voo oferecia "voos muito emocionantes de planador". Depois de uma breve negociação, fizemos um acordo em duas partes. Eu poderia ficar em Londres e, em troca, eu a levaria para voar de planador no domingo seguinte e de paraquedas, quando ela fizesse 18 anos.

E assim ficou combinado. Eu fiquei, ajudei a equipe a completar com sucesso suas discussões, voltei para casa e a levei para voar de planador no domingo seguinte... o que a deixou louca de felicidade e me fez passar mais mal que a montanha-russa favorita dela.

No começo de minha carreira, dei consultoria a duas empresas (vamos chamá-las de "A" e "B"). A Empresa A me contratou para fazer um workshop de três dias em uma data específica e concordou em me pagar X dólares.

Um mês antes do dia do workshop, a Empresa B me sondou para ser o orador principal e facilitador em uma conferência de dia inteiro com seus quinhentos maiores líderes. Essa conferência era no segundo dia do workshop de três dias com o qual havia me comprometido junto à Empresa A. A Empresa B me pagaria $2X$ dólares pela palestra e facilitação.

Óbvio que eu queria participar das duas (e fazer $3X$ dólares). Caso, porém, não pudesse, eu preferiria fazer a palestra para a Empresa B, já que demandava um terço do tempo e pagava o dobro do cachê. Contudo, como já tinha me comprometido com a Empresa A, fiquei com medo de ter que recusar o convite da Empresa B.

Liguei para a gerente de treinamento e desenvolvimento da Empresa A e lhe disse:

— Mary, fui chamado para palestrar em um dia que entra em conflito com nosso workshop. Sei que você já convidou os executivos e que vários deles confirmaram presença. Entendo que mudar a data a essa altura do campeonato sairá caro para você. Por isso, tenho a seguinte proposta: se quiser que eu faça o workshop conforme o planejado, eu o farei. Mas se estiver disposta a remarcá-lo, eu o farei de graça em outra data. Abro mão de meu pagamento. Você só me pagaria a passagem e hospedagem. O que acha?

Mary não precisou pensar muito.

— Fechado! — respondeu na hora. — Nossa verba anda meio apertada, economizar um pouco seria bom. Eu vou dar um jeito com a mudança da data. Se alguém reclamar, explico por que mudamos.

No final, remarcamos o workshop para a semana seguinte. Consegui os dois trabalhos e recebi 2X dólares por eles, o que estava de bom tamanho para mim. Além disso, minha reputação como um consultor acolhedor, flexível e confiável cresceu bastante. Trabalhei com essas duas empresas por muitos anos.

COMO MANTER OS OUTROS RESPONSÁVEIS

Digamos que, como Jared na história da manteiga de amêndoa que contei antes, você tenha sido deixado na mão. Alguém prometeu algo que não cumpriu. Você está triste e quer uma compensação. A execução vai mal, a confiança desgastada e a integridade está em questão. Você se sente péssimo e quer que seu colega que errou também se sinta da mesma forma. Meu conselho é: não faça isso. Se seguir esse impulso, vai piorar ainda mais as coisas.

O ressentimento chama pela vingança, mas é uma forma péssima de lidar com o problema. Como um refrigerante, que é gostoso, mas que não mata a sede e prejudica sua saúde, a indignação vaidosa não resolve o problema. E pode deixar a relação em frangalhos.

Por outro lado, se deseja executar de forma eficiente, preservar a confiança e manter a integridade, não deve permanecer quieto durante a crise. Quem cala consente; se não disser nada, estará endossando esse comportamento. Você precisa fazer uma queixa produtiva.

Quando você faz uma queixa produtiva, busca restaurar a eficiência, a confiança e a integridade. O conflito passa e dá-se um passo rumo à resolução. Na melhor das hipóteses, chega-se a um novo acordo que encerra o caso. Na pior, você percebe que seu colega não é confiável e que não é possível decidir responsavelmente o que fazer.

Existem sete passos para uma queixa produtiva:

1. DEFINA SUA INTENÇÃO.

Apresente seus motivos para reclamar e garanta que são producentes. Você deseja ter uma conversa em que os dois aprendam formas de resolver a crise e quer preparar terreno para melhores interações no futuro.

2. ESTABELEÇA UMA META COLABORATIVA.

Compartilhe sua intenção como um convite. Para que a conversa dê certo, ambos precisam querer melhorar a relação de trabalho, não acusar um ao outro e se defender. A meta compartilhada deve tratar da crise que está afetando o trabalho, a relação e o bem-estar de vocês. Seu mantra deve ser "Repare e prepare".

3. CONFIRA O COMPROMISSO.

Muitos problemas resultam de uma falha de comunicação na hora de selar o compromisso. Você acha que pediu X; sua contraparte pensa que prometeu Y. Nesse caso, converse de novo sobre o compromisso e discuta como evitar que a mesma falha de comunicação ocorra no futuro.

4. CONFIRA O PROBLEMA.

Cheque se sua contraparte concorda que ele ou ela não cumpriu com o prometido. A pessoa provavelmente dará uma justificativa. Não discuta. Nesse momento, você está tentando estabelecer os fatos.

5. PERGUNTE O QUE ACONTECEU.

Além de ajudá-lo a entender a perspectiva do outro, perguntar demonstra respeito. Ajuda a avaliar se as causas para o problema surgiram depois que a promessa foi feita e eram imprevisíveis. Também ajuda a diferenciar problemas de ordem prática daqueles de confiança e integridade. Os problemas práticos dizem respeito a manter a palavra; confiança e integridade dizem respeito a honrá-la.

Por exemplo: se um de meus colegas perdeu uma reunião sem me avisar com antecedência, eu perguntaria o que aconteceu. Se disse que nosso CEO convocou uma reunião de urgência, eu diria: "Entendo perfeitamente que o pedido do CEO tem prioridade sobre o meu. Se ele tivesse me chamado, eu também teria cancelado a reunião com você. O que não entendo é por que você não me avisou na mesma hora que não conseguiria vir. Você teria perdido trinta segundos ligando ou mandando uma mensagem de desculpas para explicar o que aconteceu."

6. NEGOCIE DE NOVO O COMPROMISSO.

Para consertar o problema, você precisa que sua contraparte se comprometa de novo com a promessa original ou pode ser que você exija condições adicionais. A chave é pedir o que *você* precisa para encerrar o assunto, restaurar a confiança e ficar em paz. Se você se der por satisfeito, deixe o assunto para lá, perdoe e esqueça. Não guarde o assunto como um "supertrunfo de rancor" que possa usar em conversas futuras com essa pessoa.

7. CONFIRA E APRENDA.

Pergunte à sua contraparte se ela está satisfeita com o processo. Certifique-se de que a confiança foi reestabelecida e a integridade mantida. Além disso, leve em conta a crise e considere-a como algo que ambos poderão prever em próximos acordos do tipo.

INTEGRIDADE, PROSPERIDADE E EVOLUÇÃO

A evolução da humanidade deve mais à divisão do trabalho do que à invenção da roda. Muitas civilizações, como a dos primeiros egípcios, prosperaram sem a roda, mas nenhuma prosperou sem especialização. Com o aumento da especialização, porém, qualquer sociedade precisa criar métodos de integração. De outra forma, as partes vão se separar e o todo se dissolverá. Quando a diferenciação leva a fraturas e à independência em vez de criar relações e interdependência, o sistema entra em colapso. E quando isso acontece na esfera econômica, prosperidade, bem-estar e desenvolvimento recuam.

A economia de mercado é o melhor mecanismo de integração para os humanos. Ela promove cooperação social com o máximo de liberdade e o mínimo de conflitos. Ela se desenvolveu ao longo de milhares de anos de experimentação social. Transações mutuamente voluntárias entre compradores e vendedores de bens e serviços no âmbito institucional de direitos de propriedade e do Estado de direito possibilitaram a maior explosão demográfica, o maior incremento do padrão de vida e o maior aumento da expectativa de vida na história do mundo. Todas as transações no mercado ou em uma empresa são mediadas por um acordo anterior e pela confiança de que os compromissos serão cumpridos.

Coordenando nossas ações como compradores ou vendedores, ou trabalhando juntos como colegas de empresa, nossa capacidade de produzir resultados depende da integridade com que trocamos pedidos e promessas. Integridade é a cola que nos permite integrar a especialização que sustenta a sociedade moderna. Integridade e confiança são fatores essenciais de produção. Como o escritor e economista político Francis Fukuyama observou: "A vida econômica depende da (...) confiança. Ela é o vínculo implícito, tácito, entre os cidadãos, que viabiliza transações, encoraja a criatividade individual e justifica a ação coletiva (...) O capital social representado pela confiança é tão importante quanto o capital físico."[4]

No entanto, não é apenas o bem-estar econômico que depende de nossa integridade. Os laços sociais de confiança a fortalecem ou a afrouxam também. Quando você promete algo de forma frívola ou negligencia sua palavra, danifica suas relações. É por isso que, se quer ser um líder transcendente, você precisa ser impecável em seus compromissos. Sua palavra deve ser sagrada. E você deve pedir que os outros operem com o mesmo nível de integridade.

PARTE 3
AUTOTRANSCENDÊNCIA

Capítulo 11
SUPERE A SI MESMO
Para liderar a todos, seja ninguém.

O mau líder é aquele que o povo despreza. O bom líder é aquele que o povo venera. O grande líder é aquele de quem o povo diz: "Nós mesmos fizemos tudo."

— Lao-tsé

Antes de Jeff Weiner tornar-se CEO do LinkedIn, fui seu treinador quando ainda era executivo na Yahoo. Certa noite, depois de um belo jantar e alguns canecos de cerveja belga, Jeff compartilhou comigo sua missão pessoal: "Expandir o conhecimento coletivo do mundo."
— Isso me lembra do ensinamento budista — falei. — O conhecimento sem compaixão é implacável; a compaixão sem conhecimento é insensata.
— Hum — respondeu Jeff. — Eu talvez deva mudar minha missão. Que tal "expandir o conhecimento e a compaixão coletivos do mundo"?
— Sim! Se essa for sua missão, conte comigo como aliado. — Selamos o pacto com um brinde.
Poucos anos depois, após se tornar CEO do LinkedIn, Jeff me convidou para dar consultoria e pediu que eu entrasse como vice-presidente da empresa. Eu era meu próprio chefe desde 1996, quando deixei a MIT para começar minha própria firma de consultoria. Passei quase vinte anos em parceria com múltiplos cientes. A perspectiva de me comprometer com apenas um cliente me deixava atemorizado. Senti-me um animal selvagem atraído para um zoológico; eu tinha tudo o que precisava, mas não poderia mais circular livremente. Como fazer a transição entre proprietário empreendedor para funcionário sem me sentir enfraquecido? Eu continuaria me respeitando?

LIDERANÇA & PROPÓSITO

Revelei a Jeff que a oferta me parecia atraente, mas que algo ainda me impedia.

— O que o preocupa? — perguntou ele.

Confessei que me preocupava em ceder parte de minha autonomia e liberdade.

— Se eu entro na sua empresa, trabalho para você — expliquei —, esse é meu código. O problema é que não sei se consigo trabalhar incondicionalmente como funcionário.

— Não trabalhe para mim, Fred. Trabalhe por *nossa* missão — respondeu Jeff. — Se você quer mesmo expandir o conhecimento e a compaixão coletivos do mundo, vamos fazer isso juntos no LinkedIn.

— Como assim?

— Ajude-nos a ser exemplo de administração compassiva e sábia, e permita-nos usar o que aprendemos para ajudar profissionais e empresas do mundo inteiro. Nós temos um papel importante na forma como as empresas contratam e desenvolvem seus talentos e em como as pessoas encontram emprego. Onde mais você poderia ter esse impacto?

— Hum — respondi —, talvez eu deva mudar meu código para: "Eu entro para a empresa, eu me comprometo com a missão."

— Bem-vindo ao LinkedIn. — Jeff sorriu.

Em uma corrida, os corredores parecem estar seguindo o líder, mas isso é ilusão. A verdade é que todos estão correndo até a meta. O líder é apenas quem está mais próximo dela. Um verdadeiro líder é o mais próximo da missão, seu primeiro seguidor. Pode parecer que os demais estão indo atrás dele, mas estão todos atrás da missão.

Certa vez, um professor de meditação me disse: "Se quer ensinar, deve amar a verdade mais do que a si mesmo." Em termos de liderança, isso se traduz como "Se quer liderar, deve amar a missão mais do que a si mesmo." Tornar-se um líder impulsionado pela missão exige redefinir quem você julga ser. Em vez de tentar provar a todo tempo que você é digno de admiração, elogios, obediência e reverência, você deve tirar seu ego do caminho. Para resolver os problemas difíceis do descomprometimento, desorganização, desinformação e desilusão, deve inspirar as pessoas não a segui-lo, mas a seguir uma missão dotada de propósito.

A ARAPUCA DO EGO

Uma vez, ouvi a história de uma russa que sonhava em virar bailarina. Ela treinou muito e fez workshops com mestres renomados de sua área. Durante um dos workshops, pediu a opinião de um mestre russo. Ele respondeu sem rodeios que ela não tinha o que precisava para chegar ao estrelato.

A moça ficou arrasada. Desistiu de seu sonho e tornou-se coreógrafa. Muitos anos depois, encontrou-se de novo com o professor russo e contou-lhe que tinha desistido de seu sonho por conta do que ele havia dito. "Ah", disse ele indiferente. "Falo isso para todo mundo. Um dançarino que tem o que é necessário para chegar ao estrelato não liga para o que eu digo."

Como a bailarina, seu ego está no caminho entre você e o que é preciso para se tornar um líder transcendente. Esta parcela frágil, insegura e sempre pronta para desistir de você não tolera menos do que a perfeição. Prefere ser ótimo na mediocridade do que lutar pela excelência.

No livro *Ego Free Leadership: Ending the Unconscious Habits That Hijack Your Business* [Liderança sem ego: Acabando com os hábitos inconscientes que acabam com seu negócio], Shayne Hughes (do desenvolvimento de liderança da Learning as Leadership) e Brandon Black (antigo CEO da Encore Capital) definem o ego como a instância de seu psiquismo que está constantemente preocupada com autovalorização e status. (Gosto de pensar metaforicamente em Ego — uma pessoa de personalidade forte e dominadora que gosta de dar ordens).

Imagine que Ego é como um personagem na peça de sua vida. Ele adota comportamentos defensivos e agressivos quando seu valor está em xeque. Ego não para de perguntar: "Pareço competente, inteligente, atraente, poderoso, correto, bom, no comando? Sou respeitado, admirado, amado, valorizado, invejado, reverenciado?" Quando a resposta é sim, se sente orgulhoso e em paz; quando a resposta é não, sente vergonha e angústia.[1]

Ego quer reconhecimento, distinção e sucesso sem fim. Sob seu feitiço, todos queremos ser o melhor, o mais inteligente, o herói. Queremos que os outros precisem de nós, nos admirem, nos sigam. Quando temos a resposta para algo ou conseguimos o impossível, nos sentimos valiosos, poderosos, superiores; cintilamos de tanto orgulho. Nosso cérebro está a mil, com dopamina fluindo pelos centros de prazer, como uma droga. O problema é que a necessidade de reconhecimento insaciável de Ego nos leva, por vezes, a atropelar os outros. Muitos líderes almejam obter poder sobre pessoas e grupos, pois Ego lhes diz que só terão valor se estiverem no topo.

Ego toma o sucesso pessoal como medida de valor. É movido por desejo de sucesso e medo de fracasso. Cria uma ansiedade constante por desempenho, pois o impacto do sucesso tem vida curta e a possibilidade do fracasso é constante. Até o menor subdesempenho ativa seu medo de não ser suficiente. Nenhum elogio basta para saciar a fome insaciável de autoafirmação de Ego.

Ego é competitivo. Está sempre se comparando às pessoas em volta, tentando aumentar o próprio status supervalorizando a si e subvalorizando os demais. Considera seus colegas potenciais ameaças — se eles são melhores, teme parecer pior. A consequência disso é que Ego prioriza o sucesso individual em detrimento da missão da equipe, sobretudo quando aquele é medido por indicadores individuais de desempenho.

Se você liderar com Ego, nunca suscitará o comprometimento de seus funcionários, colegas ou clientes. Ego está tão preocupado consigo mesmo que não dá espaço para nada nem ninguém. É impossível entender e ajudar seus funcionários e clientes a fundo se você estiver autocentrado. Infelizmente, a não ser que faça um trabalho pessoal de desenvolvimento, Ego continuará no comando.

Criamos hábitos automáticos para lidar com nossa ânsia de autovalorização desde os primeiros dias de nossas vidas. Quando crianças, esses hábitos defensivos nos protegem de sentimentos dolorosos de mágoa, medo, vergonha e culpa. Se encostamos em um fogão quente, nossa dor nos ensinará automaticamente a não repetir a ação. O mesmo vale para dores emocionais; quando as vivenciamos, tiramos conclusões sobre suas causas e como evitá-las no futuro.

Mantemos esses hábitos pois eles nos dão o que os psicólogos chamam de "ganhos secundários". Mesmo prejudicando nossas aspirações mais profundas e rompendo nossas conexões mais autênticas com os próximos, tais hábitos defensivos acalmam nossos egos. Por exemplo: ao evitar uma conversa difícil com um funcionário de desempenho ruim, não somos capazes de lidar com a raiz do problema; além disso, acumulamos ressentimento por ele, o que, em geral, acaba virando uma bomba. Porém, como tememos ser malquistos e julgados como chefes maus, preservamos nosso ego da angústia de ter que confrontá-lo.

O problema é que nossa experiência de dor no ego é sempre ambígua; suas lições nunca são claras. Uma de minhas fábulas de Esopo prediletas fala de um burro que ia por uma estrada carregando sacos pesados de sal e cai dentro de um rio. O sal se dissolveu na água e o burro saiu se sentindo leve como uma pluma. Na vez seguinte, o burro pulou no rio para aliviar o peso de novo. Dessa vez, porém, os sacos estavam cheios de esponjas e o burro se afogou. Como o burro, nossos egos aprendem lições erradas no começo da vida e tiram conclusões que nos limitam.

Eu, por exemplo, aprendi a relacionar aprovação e amor a desempenho acadêmico, por isso passei minha vida tentando provar que era amável... até virar professor da MIT e me divorciar. (Quando era professor na MIT, li uma carta ao editor no *Boston Globe* que fez me sentir em boa companhia. Era de George Wald, prêmio Nobel de biologia. "A verdade é que o que uma pessoa realmente precisa não é de um Nobel, mas de amor", escreveu. "Como você acha que alguém chega a ganhar um Nobel? Desejando amor, eis a resposta. Desejando-o tanto que não para de trabalhar a ganha um Nobel. É um prêmio de consolação. O que importa é o amor.")[2]

Sempre que você quer fazer algo, mas não consegue forças para tanto, é sinal de que seu ego está se defendendo. Se você se sente vítima de circunstâncias ou pessoas que estão além de seu controle, seu ego está no controle da situação. Tenho certeza de que, em nível consciente, você sabe que buscar metas ambiciosas e crescer ou criar relações autênticas é mais importante do que não errar, manter boa aparência ou evitar rejeição. Sentir isso na própria pele é que é difícil. É por isso que, apesar de nossos juízos e nossas intenções, se não nos aperfeiçoarmos, continuaremos reproduzindo padrões reativos do ego que nos limitam e falsamente nos protegem.

QUEBRE O PADRÃO

Como os hábitos de defesa do ego estão armazenados como memórias inconscientes nas partes do cérebro que se desenvolvem mais cedo, tentar usar sua vontade adulta para modificá-los é como tentar colocar a mão em um fogão quente. Não importa quanto você diga a si mesmo que precisa conversar com o funcionário de desempenho baixo ou ouvir alguém que discorda de você, fazê-lo parece perigoso.

Hughes e Black argumentam que, ainda que seja impossível se livrar completamente do ego, é possível ao menos tornar-se mais consciente e perceber que há uma escolha entre ceder a impulsos egoístas ou libertar-se deles.[3] O momento da escolha é quando você sente o que os autores chamam de "beliscão emocional": seu corpo literalmente reage à ameaça sentida contraindo os músculos, franzindo o rosto, acelerando a respiração e assim por diante, e o ego coloca em ação seus velhos hábitos defensivos.

Quando "beliscados", nos tornamos ineficientes e até destrutivos. Nossos egos nos tornam perfeccionistas, antagônicos e críticos em relação aos outros. (Quando me encontro sob estresse, por exemplo, tendo a me tornar racional, frio, mordaz e crítico demais. Meu ego encontra e aumenta falhas nos outros, querendo provar que eu estou certo, e eles, errados.) Isso pode torná-lo competitivo, controlador e exigente. Pode torná-lo sarcástico, desdenhoso ou presunçoso. Você pode procrastinar ou tornar-se esquivo, desinteressado e distante. Cada um de nós tem seus comportamentos reativos de preferência que usamos para aliviar a angústia que nosso ego sente de não ser bom o suficiente.

A chave para neutralizar essas reações é investigar profundamente que interpretações primárias e infantis estão operando por trás do medo de possível fracasso, julgamento, vergonha ou rejeição. Quando fui atrás das causas de minha ânsia de desempenho, por exemplo, lembrei-me de um episódio de quando tinha cinco anos, na noite antes de eu começar a primeira série. Tive um surto na cama. Meus pais me ouviram chorar e foram ver o que estava acontecendo. Quando me perguntaram o motivo do choro, respondi que tinha medo de que ficassem bravos comigo caso eu não fosse bem na escola. "Não se preocupe", eles disseram, "você vai se dar muito bem". Não é preciso dizer que o que eu realmente esperava ouvir era: "A gente sempre vai amá-lo, não importa como você vá na escola." Como o burro de Esopo, meu eu infantil absorveu a lição errada: se eu for bem, serei amado.

Esse mergulho profundo nas causas dos gatilhos do ego nunca é fácil, mas fica mais fácil com a prática. "A meta não é evitar os beliscões", apontam Hughes e Black, "mas tomar consciência e recebê-los como oportunidades de crescimento e aprendizado."[4] Eles sugerem que o meio de dissipar a ameaça imaginária ao seu ego é mudando de um padrão de reação defensivo-agressivo para uma orientação criativa e construtiva. Aqui vão cinco passos para levá-lo de um ao outro:

1. Repare nos momentos de sua vida em que sente um "beliscão emocional". Pode ser um evento ou algo que alguém diga ou faça.
2. Em vez de reagir ao beliscão externo, procure o que foi acionado dentro de você. Se alguém toca em um ponto sensível, não dê atenção a ele ou ela, mas aos pontos em questão. Que desconforto visceral é esse que está tentando anestesiar ou creditar a outra pessoa? Por que sente que seu senso de autovalor está sendo ameaçado?
3. Quando perceber que outra pessoa está se escondendo atrás de uma fachada defensiva de bravatas, agressões ou indiferença, leve em conta as vulnerabilidades que podem estar ameaçando-a e se solidarize com seu medo mais profundo.
4. Atente para seus objetivos e valores mais elevados. O que realmente quer para si mesmo? O que gostaria de comunicar ao outro? Com que você mais se importa? Que exemplo gostaria de transmitir através de seu comportamento e sua liderança? Conecte-se às intenções mais profundas que o motivam a romper com seus padrões defensivos.
5. Ao conversar com outra pessoa, arrisque revelar seu sentimento de vulnerabilidade. Compartilhe seus sentimentos de se sentir ameaçado, não sua conversa fiada egocêntrica. Crie um contexto de segurança para abertura e conexão mútuas.[5]

Por exemplo: percebo que, quando um colega apresenta uma ideia brilhante, meu ego recebe um beliscão de inveja e quer descobrir uma falha em seu raciocínio. Em vez de me render a ele ou reprimir meus sentimentos, fico curioso para saber mais deles. Observando mais a fundo, descubro que me sinto vulnerável por não ser a pessoa mais inteligente da sala. Investi tanto de minha autoestima em ser admirado por minha inteligência que, quando alguém parece ser tão ou mais inteligente que eu, sinto-me ameaçado. Meu primeiro instinto é derrubar a pessoa com uma crítica ainda mais brilhante... feita com a medida exata de sarcasmo.

Quando observo essa tendência em mim mesmo, freio na hora. Não quero me relacionar com os outros assim. Importo-me menos com ser reconhecido por minha potência cerebral do que com ajudar as pessoas à minha volta, de modo que elas também possam brilhar. Fico feliz com seu brilhantismo e sucesso. Permito-me relaxar e apreciar a luz delas; se houver chance de ajudar a pessoa a depurar sua ideia ainda mais, ofereço respeitosamente minha opinião como mais uma peça à sua construção, não como um míssil. Tento ser o líder transcendente que reconheço em mim.

Para superar um "beliscão emocional", tento me conectar aos propósitos e valores mais elevados que professo e que me sustentam através de perguntas como:

- Como essa oportunidade pode fazer a mim e aos outros crescer?
- O que ajudará a todos nós a tirar o máximo de proveito dessa ocasião?
- Que tipo de relação desejo criar com essa pessoa?
- Qual é minha intenção com ela?
- O que é mais importante do que meu próprio sucesso?
- O que é mais importante do que ser benquisto?
- Como desejo me apresentar nessa situação?
- Que valores e comportamentos quero exemplificar?

Descobri que aceitar meus sentimentos com compreensão e empatia, e reconectar-me aos objetivos mais profundos e às melhores intenções para com a empresa, a equipe e meus subordinados, reestabelece em mim um estado mental mais criativo e eficiente.

* * *

Se você deseja se tornar um líder transcendente e criar uma cultura saudável em sua empresa, esse tipo de auto-observação não é somente parte de seu crescimento pessoal; é um requisito indispensável.[6] Se você for defensivo, territorialista, competitivo, agressivo, esquivo e assim por diante, produzirá comportamentos igualmente disfuncionais em seus seguidores. Como falei antes, líderes transcendentes precisam não somente criar os padrões em suas empresas, mas — e mais importante — demonstrá-los, sobretudo em situações de estresse.

O EGO VERSUS A ALMA

Liderar é inspirar os demais a dar seu máximo para a missão. Esse "máximo" vem do que Mihaly Csikszentmihalyi, renomado autor de *Flow* [Fluir], chama de "a alma". "Atribuímos alma", escreveu Csikszentmihalyi, "às entidades que usam parte de sua energia não apenas em benefício próprio, mas em fazer contato com outros seres e cuidar deles."[7] A energia liberada das preocupações e absorções egocêntricas torna-se disponível à conexão com os outros.[8]

Enquanto o ego pergunta: "Sou o melhor, o mais admirado, o mais valorizado?", a alma pergunta: "Estou contribuindo com os outros e ajudando-os a crescer e se desenvolver? Estou criando conexões autênticas com eles? Estou fazendo diferença no mundo, vivendo de acordo com meus valores e propósitos?" Quando a resposta é sim, ficamos felizes, confiantes de que estamos em um caminho de propósito. Essas perguntas não estão carregadas de ânsia de desempenho, pois fatores externos podem influir apenas no sucesso ou no fracasso, nunca na integridade ou paz de espírito de alguém.

Quando a alma está no comando, creio que experimentamos um tipo de poder incondicional, cientes de nossa capacidade de buscar propósitos nobres e demonstrar valores éticos na companhia de pessoas que partilhem deles. Podemos até não vencer o jogo, mas podemos sempre dar o máximo e jogar com honra.

* * *

Ninguém quer somente sobreviver. Todos queremos viver, contribuir com algo importante para os outros e para o mundo. Se você quer liderar uma empresa com alma, deve olhar para si mesmo no espelho e perguntar: "Qual é o propósito do que estou fazendo? Por que isso importa? O que eu e as pessoas que lidero estão, de verdade, tentando fazer? Qual é nosso valor único para o mundo? Como nosso produto ou serviço está melhorando a vida dos clientes? Por que as melhores cabeças gostariam de investir sua energia vital conosco, na realização de nossa missão?

Seus clientes e funcionários apenas poderão energizar sua empresa se acharem que seu produto ou serviço gera melhoras na vida e que suas condições de produção são dignas de admiração e emulação. Isso exige que envolvam suas almas em um projeto ético, transcendente e dotado de propósito. Essas almas são soberanas: não se sujeitam à autoridade de outra pessoa. Ninguém pode exercer autoridade sobre a alma de outra pessoa. Alma é aquilo que não pode ser extorquido por meios externos. Ela só pode ser *recebida* com um dom, pela motivação intrínseca de alguém.

Para obter o comprometimento de seus funcionários ou fazer com que seus clientes comprem os produtos que faz, você precisa olhar seriamente para o propósito de vida dos outros. Precisa lhes dar algo que faça valer seu tempo, sua atenção e seus recursos. De outra forma, recusarão sua oferta ou a aceitarão de má vontade. O valor está nos olhos de quem vê; uma oportunidade valiosa é aquela que promove o propósito de vida de seus funcionários e clientes. No momento que você perde isso de vista, sua cultura e negócio vão sofrer. Não se trata somente de uma questão moral; é o básico da economia.

É por isso que você deve refletir sobre como o serviço que oferece permite aos seus clientes cuidar de suas preocupações e sobre como o trabalho que oferece permite aos seus funcionários o mesmo. Respondendo a essas perguntas, os clientes se tornarão advogados da marca e os funcionários se tornarão missionários.

Você deve quebrar as defesas do ego e *orientar-se pela alma* para promover uma cultura positiva. Quando as pessoas se sentem amparadas e respeitadas, abaixam mais facilmente as defesas do ego e encaram os desafios de forma construtiva. Por outro lado, quando as pessoas se sentirem inseguras com medos e ameaças, tentarão se proteger primeiro, fazer seu trabalho (pelo qual são avaliadas) em segundo lugar e, por último, contribuir para a missão da empresa.

Esse trabalho de alma é difícil e exigente. Não há, porém, alternativa.

Chegando aos quarenta anos, contratei um personal trainer para me ajudar a entrar em forma.

— Quero correr uma maratona — disse-lhe.

— A questão não é se você quer ou não correr uma maratona –respondeu ele –, mas se está disposto a treinar para isso.

Quando você se atém a resultados sem se comprometer com o processo, você fracassa. Para se comprometer de verdade com um objetivo, precisa se dispor a fazer o que for necessário para realizá-lo. O comentário de meu treinador me ajudou a aguentar as muitas horas de treino. No final, a corrida foi a parte fácil. A parte difícil foi me preparar para ela. Durante as longas corridas de treino, eu repetia a frase que aprendi em um livro sobre as Forças Especiais do Exército dos Estados Unidos: "Treine forte; lute fácil."

O líder transcendente é como uma bandeira. As pessoas não lutam pela bandeira em si, mas pelo que ela simboliza. Grandes líderes compreendem que não estão administrando recursos humanos, mas conferindo valor e propósito a seres humanos.

Um líder transcendente não tem seguidores; ele ou ela deve se eclipsar, permitindo que as pessoas se conectem diretamente à missão e aos valores. O trabalho do líder é "sair do caminho".

MAIS DO QUE SEGUIDORES, INVESTIDORES

Todos nós detemos um capital precioso, a energia de nossa alma. Assim, precisamos investi-la de forma sábia ao energizar uma empresa que busca propósitos nobres, empresa de que nos orgulhemos de fazer parte junto a pessoas que partilham de nossos valores. Esse é um dos segredos da felicidade pessoal, do comprometimento apaixonado e do sucesso organizacional.

Enquanto eu pensava se deveria ou não entrar para o LinkedIn, jantei com Reid Hoffman, seu cofundador e presidente na época. Diante do melhor sushi que já comi, perguntei a Reid por que ele contratou Jeff como CEO de sua empresa. Ele respondeu: "Por que confio que ele vai administrar o LinkedIn de forma a realizar meus planos melhor do que eu mesmo faria." De fato, Reid não se refere a Jeff como funcionário, mas como cofundador tardio.

Sinto o mesmo. Sou fundador e presidente de mim mesmo. Quando o LinkedIn me contratou, ao mesmo tempo "contratei" Jeff como meu CEO e cofundador tardio. Eu o contratei porque confio em seu comprometimento à nossa missão compartilhada e em sua capacidade de me fazer concretizá-la — capacidade que, acredito, ultrapassa a minha própria. É verdade que trabalho para Jeff, uma vez que lhe cedo autoridade de distribuir minha força de trabalho pelo LinkedIn da forma que julgar melhor. Porém, Jeff também trabalha para mim, da mesma forma que trabalha para Reid, gerindo meu bem mais precioso (eu mesmo) no cumprimento de minha missão de vida, que é ajudar as pessoas a se reconectarem à sua natureza verdadeira. Da mesma forma que Jeff me escolheu para ajudar o LinkedIn a realizar sua missão como empresa, eu escolhi Jeff como a pessoa que melhor administraria minha energia e meu compromisso em levar conhecimento e compaixão ao mundo do trabalho. Assim como trabalho para o LinkedIn na condição de vice-presidente, o LinkedIn funciona para mim como uma plataforma que me permite cumprir meu propósito melhor do que eu poderia sozinho.

Um exemplo disso ocorreu um ano depois de eu ter entrado para a empresa, quando terminei de produzir e chefiar um programa de quinze módulos e setenta vídeos sobre meu livro *Consciência nos negócios* para o programa de desenvolvimento de funcionário da empresa. Quando propus publicar o material na plataforma aberta do LinkedIn para que o mundo inteiro pudesse compartilhar, encontrei certa resistência. Os programas em vídeo tinham exigido um esforço demorado e caro. Por que daríamos esse conteúdo único de presente? Era melhor mantê-lo como uma oportunidade de desenvolvimento profissional única para nossos funcionários, argumentou um de meus colegas, como algo especial que o LinkedIn poderia oferecer ao seu pessoal. Minha proposta era que tornar o material público atrairia ainda mais potenciais candidatos. Meus colegas e eu seguimos todos os princípios de colaboração que descrevi no Capítulo 9, mas, ainda assim, não conseguimos chegar a um consenso.

Por isso acirramos nosso debate de forma colaborativa até Jeff. Ele ouviu os argumentos e, depois de entender e reconhecer o que todos diziam, falou:

— Os argumentos dos dois lados são sensatos, por isso gostaria de tomar minha decisão pautado nos fundamentos de nossa missão. Como vocês acham mais provável que consigamos conectar os profissionais do mundo, tornando-os mais produtivos e bem-sucedidos?

— Se queremos mesmo expandir o conhecimento e a compaixão coletivos do mundo — respondi, retomando minha conversa com Jeff na ocasião de minha entrada no LinkedIn —, devemos compartilhar livremente esse conhecimento.

Depois de olhar ao redor da sala, Jeff perguntou:

— Alguém aqui tem alguma objeção a isso para além do que discutimos? — Como ninguém tinha, decidimos publicar o programa em www.conscious.LinkedIn.com, onde ficou disponível de graça.

Ao decidirmos publicar os vídeos on-line, mantivemos nosso compromisso com os membros. E Jeff manteve seu compromisso com nossa missão em comum. Foi um retorno da energia vital que investi no LinkedIn.

É possível pensar em seguidores como investidores. O líder é o empreendedor, os primeiros seguidores são os "investidores-anjo" e investidores de classe A, os seguintes são de classe B e C, se necessários, e assim por diante até a empresa se tornar "pública". Um por um são "contratados" os líderes da empresa que administrarão seu capital pessoal, sua energia vital e que servirão à missão.

Em 2010, um empreendedor chamado Derek Sivers abriu sua palestra no TED ("How to Start a Movement") ["Como começar um movimento"] com o vídeo curto de um show de rock ao ar livre. Um jovem se levanta e começa a dançar ao ritmo da música balançando os braços no ar, dando cambalhotas e, de forma geral, parecendo um macaco que fugiu do zoológico. Ele parece ridículo. Mas então outro rapaz se levanta e se junta ao líder. O seguidor é um semelhante do líder; enquanto dançam, o primeiro seguidor convida seus amigos a se juntarem. Então outra pessoa se junta à cena e mais outra, e mais outra. "Se encorajar os outros dançarinos e facilitar que o sigam", diz o narrador, "você será capaz de começar um movimento."[9] Sivers argumenta que sem o primeiro seguidor, e o segundo, e o terceiro, não haveria qualquer esforço coletivo. "Ser o primeiro seguidor é uma forma pouco valorizada de liderança."

Um dos primeiros seguidores do LinkedIn foi Mike Gamson, vice-presidente sênior de vendas. Quando perguntei a ele por que "contratou" Jeff como líder, ele me disse: "Sigo Jeff porque ele é digno disso; o lugar aonde quer nos levar (nossa missão) é digno disso. A missão exige líderes de meu calibre em papéis secundários para que possa acontecer. Jeff precisa de líderes como eu o seguindo para que consiga cumprir nossa missão."[10] Líderes desprovidos de ego e movidos por uma missão atraem seguidores desprovidos de ego e movidos por uma missão.

Há não muito tempo, fiz uma palestra sobre esse assunto para um grupo de oficiais do governo, dirigentes corporativos e consultores internacionais em Riyadh, na Arábia Saudita. Quando chegou a hora das perguntas, um cavalheiro imponente, de barba espessa e vestido em trajes sauditas tradicionais levantou a mão.

— Por que você não deu o exemplo de liderança do Profeta (Maomé)? — perguntou no que me pareceu um tom ríspido.

Respirei fundo e disse:

— Porque meu conhecimento da religião muçulmana é bem menor do que o de qualquer pessoa na plateia. Como sou convidado aqui, gostaria respeitosamente de saber se o senhor poderia me falar do exemplo de liderança do Profeta.

— A palavra em árabe para designar os seguidores do Profeta é "saheb" — respondeu ele, rápido. — Mas essa palavra não quer dizer "seguidor". Ela quer dizer "amigo". O Profeta não tinha seguidores. Ele tinha amigos espirituais que seguiram Alá.

Agradeci ao cavalheiro (que, no final das contas, era professor universitário), e senti o suspiro de alívio coletivo de meus colegas do LinkedIn que tinham organizado a conferência. No final, o homem subiu ao palco e me deu um dos abraços mais calorosos que já recebi depois de uma palestra. Era ao mesmo tempo constrangedor e revigorante sentir como minhas preocupações quanto minha falta de entendimento cultural se dissolveram sob aquele abraço.

UM SEGUIDOR APAIXONADO

Alguns anos atrás, recebi um grande presente do LinkedIn: a oportunidade de trabalhar em Dubai, a deslumbrante e cosmopolita cidade portuária que é parte dos Emirados Árabes Unidos. Há muitos anos que eu admirava Dubai por seu progresso e infraestrutura legal, e achava difícil de acreditar que, apenas cinquenta anos antes, aquele lugar era um poeirento entreposto beduíno.

Cheia de prédios gigantes e de arquitetura extravagante situados ao longo de uma bela faixa de litoral, Dubai é um sonho de lugar para trabalhar e viver para profissionais de todo o mundo. Na verdade, nove em cada dez membros da força de trabalho de Dubai são expatriados que escolheram investir todo dia sua energia vital ali. Dubai se autodeclarou a cidade com melhor qualidade de vida, capaz de atrair talentos do mundo todo. Há vários anos que se tornou a melhor cidade do mundo para profissionais do Oriente Médio. Enquanto que, para um expatriado, é possível economizar o dobro de dinheiro do que trabalhando em outros lugares, os estrangeiros que trabalham ali preferem continuar em Dubai por seu estilo de vida, limpeza, segurança e excelentes serviços de saúde, educação e cultura.

Em 2015, tive a chance de vivenciar diretamente o milagre econômico e social que a população de Dubai foi capaz de cultivar no deserto. Quando perguntava "A que você atribui o sucesso de Dubai", a resposta era, quase sempre, "À sua liderança", referindo-se ao xeque Mohammed bin Rashid Al Maktoum, seu governante constitucional.

"Liderança", disse-me Mohammed Al Gergawi, ministro de Assuntos do Gabinete de Governo, "é o principal recurso para estimular a paixão. Algumas pessoas buscam petróleo; nós buscamos liderança." Essa é a história que ele me contou em pessoa e que ilustra bem como a liderança se desenvolve em Dubai.[11]

Gergawi foi funcionário de cargo médio como diretor de registro de negócios de Dubai, mas não era um burocrata típico e nunca viu a si mesmo como chefe. Para ele, todos eram importantes. Gergawi não trabalhava no escritório dos fundos enquanto os outros ajudavam os clientes. Pelo contrário, ele deixava sua mesa na área de espera. Ele queria ver como os clientes eram tratados e tentava encontrar meios de ajudá-los.

Certo dia, um idoso local entrou em seu escritório e pareceu confuso. Gergawi o viu e lhe ofereceu ajuda; deu um café ao senhor e lhe fez companhia enquanto ele esperava sua vez. Então, acompanhou-o até o balcão de atendimento quando foi chamado, certificando-se que tudo transcorresse sem problemas. Quando o homem terminou o que tinha que fazer, agradeceu a Gergawi e foi embora. Gergawi nunca voltou a pensar no ocorrido.

Alguns anos depois, Gergawi recebeu uma proposta de emprego de uma firma privada pelo triplo de seu salário e pediu demissão. Logo depois, o xeque Mohammed enviou uma carta pessoalmente a Gergawi, oferecendo-lhe uma grande promoção — algo fora do comum, uma vez que Gergawi estava relativamente baixo na hierarquia de cargos. Era uma oferta irrecusável.

Gergawi ficou dividido entre o dever de servir ao xeque e o nervosismo de se apresentar a ele. "Nossa cultura dita que é preciso dizer 'obrigado' em pessoa, mas eu estava relutante com o xeque Mohammed, por ele ser uma pessoa tão excepcional", contou-me. "Minha mãe ficou me pressionando até que, dois meses depois, fui até o majlis do xeque Mohammed". (O majilis é o conselho no qual pessoas comuns podem tomar assento ao lado do xeque e conversar com ele.) "A certa altura, a cadeira ao lado dele ficou vazia. Juntei coragem e fui me sentar para dizer meus agradecimentos", recorda Gergawi. "Eu lhe disse quem era, disse 'obrigado' e me levantei para ir rapidamente embora. Ele, porém, colocou a mão sobre a minha e me segurou. Ele disse: 'Sabe. Tenho observado você.' Congelei na cadeira."

Uma das formas de ser promovido ou rebaixado nos Emirados Árabes Unidos é sendo reportado por um "cliente misterioso" — alguém que aparece disfarçado nos departamentos do governo para ver como vão as coisas. No final das contas, o velho que foi ao departamento de

Gergawi era um "cliente misterioso". Depois dessa experiência, o cliente tinha contado ao xeque a respeito da bondade com que fora tratado por Gergawi. Sem que ele se desse conta, o xeque o tinha colocado em uma lista de alto potencial e seguiu seus progressos desde então.

BURN, BABY, BURN

Durante uma cerimônia no deserto do México, sentei-me ao lado de um xamã para observar a fogueira. O xamã me entregou uma tora de madeira e pediu que eu meditasse sobre que parte de meu ego eu gostaria de me livrar. Então pediu que eu imaginasse que tinha transferido a energia para o tronco, instruiu-me a colocá-lo na fogueira e, com total atenção, assisti-lo queimar.

Enquanto o tronco queimava, tive um insight sobre minha vida, que uma voz dentro de mim expressou com as seguintes palavras: *Eu também sou um tronco e já estou queimando. Cada célula de meu corpo está usando oxigênio para produzir energia, como o fogo à minha frente. E quando meu combustível acabar, vou morrer, da mesma forma que esse fogo se extinguirá. Eu estou sendo consumido pelo fogo sagrado da vida.*

Não tenho escolha quanto a isso. Mas posso escolher sob que altar me colocar. Ao que eu mesmo me ofertarei? Me coloquei sob o altar de coisas materiais tão sem importância e egoístas. Chegou a hora de fazer uma escolha consciente e começar a queimar no altar do propósito, do amor e da liberdade.

Foi nesse momento que comecei a escrever este livro. Comprometi-me com minha missão pessoal de "ajudar as pessoas a lembrar de sua verdadeira natureza e expressá-la conscientemente nos negócios e além".

Você também está queimando. Sob que altar está se colocando?

Capítulo 12
MORRA ANTES DE MORRER

Descubra sua verdadeira natureza.

> E enquanto não tiver vivido isso,
> morrer e, assim, crescer,
> você será apenas um convidado
> sobre a Terra escura.
>
> — Goethe

Em uma célebre palestra para a turma de graduandos de 2005 de Stanford, Steve Jobs disse: "Tenho me olhado no espelho todos os dias de manhã e me perguntado: 'Se hoje fosse o último dia de minha vida, eu ia querer fazer o que estou prestes a fazer hoje?' E sempre que a resposta for "não" por dois dias seguidos, sei que preciso mudar algo." Essa mensagem foi particularmente comovente pois, um ano antes, Jobs fora diagnosticado com câncer no pâncreas.

Suas reflexões sobre a morte, no entanto, não foram consequência de sua doença. Ao longo de toda a vida, Jobs divulgou como a consciência da morte lhe serviu de treinamento. Ele recordava que, aos 17 anos, leu uma citação que lembrava a ele que vivesse cada dia como se fosse o último, "pois um dia você estará certo". Entender que poderia morrer em breve, disse Jobs, "foi a ferramenta mais importante que encontrei para me ajudar a fazer escolhas grandes e importantes na vida, pois quase tudo — todas as expectativas externas, todo orgulho, todo medo de se constranger ou fracassar —, essas coisas desaparecem frente à morte, deixando apenas o que é importante de verdade". Ele observou que a "morte é provavelmente a maior invenção da vida. É o agente de mudanças da vida. Ela afasta o que é velho para abrir caminho para o novo".[1]

Jobs exemplificava o dito zen "Morra antes de morrer para que possa viver de verdade". O primeiro "morra" significa "confronte o fato de sua mortalidade"; o segundo, morrer em sentido literal. Morrer antes de morrer significa aceitar a natureza finita de sua existência de modo a compreender com plenitude a riqueza e possibilidade da vida. Se você afastar o pensamento de sua morte até ficar moribundo, perderá o sábio conselho dela. Paradoxalmente, morrer antes de morrer é a resposta para a reza judaica que diz: "Não deixe que eu morra enquanto estou vivo."

É fácil para qualquer um, mesmo líderes transcendentes, levar a vida no piloto automático, distraído o tempo todo pelos negócios do dia a dia. Podemos atravessar a vida como sonâmbulos, dando atenção ao que é banal e superficial. Nós nos deixamos levar por muitas atividades que nos deixam vazios e irrealizados. Em vez, porém, de preencher esse vazio com uma busca disciplinada de propósito, anestesiamos nossas células nervosas com mais negócios vazios e buscas superficiais.

Imagine que você tem apenas três minutos de vida e que quer fazer uma última ligação. Para quem ligaria? O que diria a essa pessoa? E o que está esperando? Quando restar a você três minutos de vida, talvez nem esteja em condições de fazer a ligação. Depois de fazer essas perguntas em meus workshops, vejo muitas pessoas ligando no intervalo para pessoas amadas.

Uma vez que entendemos que o tempo está contra nós e que não podemos perdê-lo, queremos elevar nosso olhar, buscar algo que valha a pena, fazer cada dia contar. A perspectiva da morte direciona nosso foco para o que importa de fato: verdade, felicidade, propósito, amor, amizade, gratidão, admiração, compaixão, paz, plenitude e liberdade. E a responsabilidade é ainda mais verdadeira caso você aspire ser um líder transcendente, ajudar os outros a cumprir seus propósitos mais profundos, seja na empresa ou na vida pessoal.

TATEANDO A MORTE

Em 2008, a firma de consultoria de gestão Grant Thornton entrevistou 250 CEOs de empresas com receita igual ou superior a 50 milhões de dólares. Vinte por cento deles disseram ter vivenciado uma experiência em que acharam que poderiam ter morrido e, desses, 61% disseram que isso mudou, a longo prazo, sua forma de ver a carreira ou a vida. Quarenta e um por cento disseram que isso os tornou líderes mais humanos.[2]

Um gestor sênior que viu a morte de perto foi Rand Leeb-du Toit. Em fevereiro de 2014, Leeb-du Toit estava trabalhando como diretor de pesquisa na Gartner, empresa líder mundial em pesquisa e assessoria de TI. Ele amava seu emprego como líder de um *brain trust* que prestava consultoria para negócios da lista da Fortune 500 e de alta taxa de crescimento. Apesar da pressão do trabalho, Leeb-du Toit cuidava muito bem de si mesmo. Comia alimentos saudáveis, meditava e gostava de correr, surfar e fazer *stand up paddle*. Ele ia para a água e testava seus limites.

Certa madrugada de domingo, quando ainda estava escuro, ele foi fazer *stand up paddle* no lago Narrabeen, perto de sua casa no subúrbio de Sydney. Depois de uma hora dentro da água, sentiu que havia algo errado. "Eu me senti um pouco mais cansado do que o normal, mas como não tinha tomado café da manhã, achei que estivesse com pouco açúcar no sangue", recorda-se. Ele foi ao escritório e trabalhou o dia inteiro, mas sentiu-se pior à noite. Tentou ir ao banheiro e ficou tonto.

"Foi quando caí e desmaiei."

Quando a ambulância chegou, os paramédicos descobriram que sua frequência cardíaca estava a duzentos batimentos por minuto. Ele estava tendo uma parada cardíaca, que tinha mais a ver com o circuito elétrico dele do que com o bombeamento de sangue. Apenas 5% das pessoas sobrevive a esse tipo de ocorrência, em geral através de ressuscitação. Ele estava com taquicardia ventricular elevada — arritmia — e ainda assim continuava consciente (o que quase nunca acontece).

Leeb-du Toit ficou bastante grato por fazer parte da pequena porcentagem de pessoas que sobrevive a essa experiência. "Essa gratidão me deu a sensação de ter responsabilidade em fazer diferença no mundo", diz. "Ganhei uma rara segunda chance... O que, porém, vou fazer com ela?"

Para Leeb-du Toit, a parada cardíaca deu impulso à transformação. "A experiência mudou por completo minha percepção de tempo", escreveu em um ensaio.[3] "Não sinto o mesmo senso de urgência de estar sempre ocupado e dentro de uma linha do tempo linear e progressiva. Pelo contrário, o passado e o futuro se limitaram, e agora vivo apenas o agora."

O encontro com a morte lhe ensinou a dar menos atenção àquilo que satisfazia seu ego — dinheiro, carreira, negócios e assim por diante — e a ouvir mais sua voz interior, sua alma e aquilo que ressoava mais profundamente em si. Romper com construções sociais e limitações pessoais ajudou-o a renascer e encontrar alegria de verdade. Ele largou seu antigo emprego e abriu uma firma de consultoria, treinando líderes para se tornarem mais conectados e compreensivos, mais transcendentes. "Ser mais compreensivo com os outros não cria apenas conexões mais profundas e líderes mais fortes", observou. "É agente de transformação de muitos problemas em nosso mundo: fome, miséria, sofrimento e guerra."

Leeb-du Toit alcançou um entendimento elevado de propósito depois de ver a morte de perto. Ele expandiu muito, muito seu pensamento. Seu exemplo, como o de vários outros, permeia uma consciência empresarial mais ampla, como a chuva que rega a terra gasta.

A chance preciosa de uma segunda chance impulsionou Leeb-du Toit a se perguntar: "O que farei com ela?" A sua vida é menos preciosa que a dele? Por que não se perguntar agora, com gratidão semelhante: "O que farei com o que resta dessa vida preciosa?"

O VERME NO ÂMAGO

Segundo o filósofo e psicólogo William James, o "verme no âmago" da condição humana é essa corrosiva, quase sempre subsconsciente, percepção de nossa própria morte iminente. A morte jaz no âmago da fruta simbólica da Árvore do Conhecimento. Depois de comer dessa maçã, Adão e Eva foram arrastados da felicidade ignorante do Paraíso à dura realidade da mortalidade: "Pois tu és pó, e ao pó retornarás."

Em *A negação da morte*, o antropólogo Ernest Becker observou que o impulsionador central dos comportamentos humanos é nosso esforço em negar e transcender o fato da própria morte.[4] A ideia de que a maioria das atividades individuais e culturais humanas surge como resposta à morte por parecer exagerada, mas Becker apresentou o argumento convincente (e vencedor do prêmio Pulitzer) de que todas as civilizações brotam da consciência da morte. Ele argumenta que nossas instituições religiosas, sociais, militares, políticas e econômicas, assim como tradições, rituais e tabus que sustentam a ordem social, são fundamentalmente mecanismos de defesa contra nossa mortalidade.

"Ainda que, como todas as formas de vida, os humanos sejam biologicamente predispostos à autopreservação a serviço da reprodução", explicou Becker, "somos únicos em nossa capacidade de pensamento simbólico. Isso nos permite refletir sobre o passado e imaginar o futuro, dando-nos conta de que a morte é inevitável e pode ocorrer a qualquer instante. Precisamos, então, lidar com essa consciência terrível fabricando crenças partilhadas sobre a realidade, que minimizem o pavor existencial conferindo-lhe propósito e valor. Todas as culturas dão a sensação de que a vida tem propósito oferecendo narrativas sobre a origem do universo, prescrições sobre como se comportar de forma apropriada e garantia de imortalidade para aqueles que agirem de acordo com os ditames culturais."[5]

Conforme vamos nos tornando conscientes de nossa mortalidade, ficamos angustiados; para lidar com essa angústia, tentamos criar ou fazer parte de algo que acreditamos ir além de nossa morte física: arte, música, literatura, religião, movimentos políticos, instituições, nações e impérios. Essa é a principal força motriz por trás de muitas atividades humanas. Mais especificamente, é a força motriz por trás de qualquer empresa.

Quem funda, lidera e equipa uma empresa quer ser lembrado pelo que fez. Quer alcançar certa notoriedade que perdure para além de sua vida. É a mesma força psicológica que nos leva a gravar nossas iniciais no casco de uma árvore, a deixar nosso nome em um dos tijolos do Fenway Park ou a batizar uma ala de hospital ou universidade, se tivermos dinheiro para tal. Se sentimos que fizemos algo de valor e duradouro, nosso medo da morte diminui. Se somos reverenciados, honrados ou apenas lembrados, nossa angústia diminui.

Tentamos nos proteger contra a angústia mortal com duas manobras psicológicas. Em primeiro lugar, tentamos escorar nosso "eu" — nossa autoestima — em conquistas. Tentamos "ficar bonitos", decorando nossos corpos e casas, acumulando todo tipo de brinquedo. Também construímos nossa identidade fazendo a diferença, gerando impacto e reivindicando autoria de feitos memoráveis. "Diferentemente do babuíno, que se satisfaz apenas com comida", escreveu Becker, "o homem se nutre em grande parte de autoestima."

Em segundo lugar, escoramos nosso "nós" ao nos alinharmos a grupos que partilhem da mesma visão de mundo: nossas religiões, linguagens, nações, organizações políticas, equipes esportivas e assim por diante. Defendemo-nos da angústia de morte através da cultura — termo com que Becker define todas as instituições religiosas, sociais e organizacionais, além de tradições, rituais e tabus que sustentam a ordem social. Quanto mais nossa morte vem à tona, mais nos apegamos aos grupos com os quais nos identificamos.

Os impulsionadores de autoestima do "eu" e de pertencimento cultural do "nós" são uma faca de dois gumes. Se temos sorte e nossa autoestima é positiva, mais positivo se torna nossa contribuição para o mundo — no esforço para curar o câncer, contribuindo com nossas comunidades, tornando-nos líderes admirados e assim por diante — e tendemos a nos tornar mais tolerantes com quem tem visões de mundo diferentes. Se nossa autoestima estiver empobrecida, tentamos aumentá-la humilhando, diminuindo os outros e empreendendo comportamentos arriscados, tornando-nos mais propensos a rebaixar ou atacar quem não partilhe de nossas visões de mundo. (Por mais impressionante que pareça, quanto mais você teme a morte, menor é sua autoestima — e vice-versa.)

Becker afirma que todos os seres humanos têm dois "eus": um eu "físico" e um eu "simbólico". Nosso eu físico atende aos nossos problemas cotidianos. Nosso eu simbólico almeja ser parte de algo maior que nós mesmos. Somos capazes de transcender nossa mortalidade física por meio de pequenos e grandes atos de heroísmo, o que permite ao eu simbólico resistir ao físico. Tudo que fazemos e que envolve a comunidade — ir à igreja, ao templo ou à mesquita; trabalhar em um sopão comunitário; trabalhar por mudanças no nível da comunidade ou do governo e ir ao escritório imbuídos de comprometimento — tateia um "projeto de imortalidade", ou seja, um sistema de crenças que permite ao eu simbólico transcender a realidade física. Por meio desses projetos, nos sentimos parte de algo mais e mais perene do que nossas brevíssimas existências. Isso, em troca, confere propósito às nossas vidas, o sentimento de que elas são importantes no grande quadro do universo.

Dos homens das cavernas, que deixaram suas pinturas nas paredes de pedra, aos programadores, que deixam suas marcas em bits, os seres humanos estão sempre tentando deixar impressões digitais (ou "impressões da alma") na história. Todos querem dizer: "Vivi e foi importante; me vejam, me conheçam, lembrem-se de mim." Todos nós queremos sentir que fomos, nas palavras de Becker, "pessoas de valor em um mundo de propósito".

William James observou que "o melhor uso de uma vida é empregá-la em algo que sobreviva a ela".[6] Grande parte disso consiste em ser lembrado. Todos querem criar ou ser parte de algo que sobreviva à sua existência física. Poucos de nós matam essa sede de transcendência sozinhos. Alguns satisfazem a busca de propósito com a família e os filhos. A maioria, porém, precisa de algo mais, de um projeto de imortalidade ou missão que faça diferença para os outros em nossa comunidade ou no mundo.[7]

Infelizmente, projetos de imortalidade podem, ao mesmo tempo, ser bons e ruins. Além de serem impulsionadores de propósito, também são impulsionadores de guerra, genocídio, fanatismo e racismo. Quando um projeto de imortalidade — digamos, uma religião ou uma nação — choca-se com outro, o conflito surge como um teste para saber qual forma de vida está certa e qual está errada. Esse tribalismo gera comportamentos agressivos e defensivos, uma vez que ambas as partes querem provar que seu sistema de crenças é superior eliminando o outro. Muitas discórdias humanas nascem da incompatibilidade de projetos de imortalidade que, de forma geral, têm sido supressores e antiéticos — supressores, pois buscam a eliminação do rival, e antiéticos, pois o fazem por meio da agressão e da violência.

A CONSCIÊNCIA DA MORTE NO TRABALHO

O verme no âmago corroeu durante muito tempo o professor da Wharton School e autor best-seller Adam Grant. Quando criança, Grant sofria de uma imaginação fértil que se tornou uma espécie de maldição (ele, por exemplo, ficava preocupado que o sol queimasse e se extinguisse) e que, depois, transformou-se em frequentes meditações existenciais.

Em 2009, Grant e um coautor publicaram um artigo sobre como a lembrança da morte afetava o comportamento das pessoas no trabalho. Eles descobriram que, quando a reação das pessoas a essas lembranças da morte é "quente" (isto é, de angústia e pânico), elas tendem a se recolher às suas próprias crenças e se tornam mais arrogantes, críticas e fanáticas. Porém, quando a lembrança da morte produz respostas "frias" (ou seja, reflexivas, como a de pessoas que trabalham com socorro, como médicos e bombeiros), as pessoas tendem a pensar mais sobre o sentido da vida e suas potenciais contribuições a ela.[8]

Grant e seus colegas descobriram também que, quando as pessoas refletem sobre a morte com serenidade, ficam mais "generativas" (mais comprometidas, producentes e prestativas) se seus trabalhos parecem ter propósito. Contudo, se seus trabalhos parecem desprovidos de propósito, estão mais propensas a largá-lo e a buscar um emprego que lhes permita ser mais generativas. Além disso, pessoas que sentem "vocação" no trabalho são mais motivadas a deixar uma contribuição significativa e a moldar o que fazem de modo a obter mais propósito (assumindo iniciativas assistenciais, como ensinar). Pessoas que, pelo contrário, sentem que trabalham apenas pelo trabalho (cumprir tarefas para ganhar o salário) são menos motivadas a agir dessa forma.

A pesquisa de Grant revela o quanto sofremos quando não nos sentimos pessoas de valor em um mundo de propósito no trabalho. Ficamos angustiados, desconectados e descomprometidos. Além disso, esses sentimentos são altamente contagiosos e se espalham pelo grupo como uma doença, minando sua coesão e eficiência. Aliás, empresas, como seres humanos, podem morrer da doença do descomprometimento. Em empresas mortas, ninguém liga para nada. Todos querem fazer o mínimo de esforço para conseguir o salário.

Sendo o trabalhador comum de uma empresa morta, você fica sujeito a uma maldição dupla: o fato irrefutável de sua mortalidade individual e atmosfera social letal da empresa em que trabalha. Esse ataque duplo mina as fundações individuais e culturais de sua estratégia para superar a angústia.

Líderes transcendentes, em contrapartida, oferecem aos funcionários a oportunidade de participar de um projeto de imortalidade. Compreendem que todos os seres humanos se sentem assombrados pela perspectiva da própria insignificância. Para ajudá-los a superar esse medo, tais líderes oferecem aos seguidores, em troca de seu comprometimento apaixonado à missão, a chance de lidar com sua angústia através de trabalho com propósito e filiação em uma comunidade nobre, ética e de sucesso. Como Mihaly Csikszentmihalyi escreveu: "Quando um líder demonstra que seu propósito é nobre e que o trabalho possibilitará que as pessoas se conectem a algo maior — mais permanente que sua existência material —, darão o melhor de si na empreitada."[9]

A pergunta de um administrador é "Como você...?" (faz algo, resolve algo etc.), mas a pergunta do líder transcendente é "Quem é você?" (enquanto ser consciente). A segunda pergunta não pode ser formulada sem paixão, de uma distância segura. O líder também precisa estar "em chamas" para poder "iluminar" e inspirar seus seguidores. É por isso que é necessário olhar para a morte. Um líder transcendente compreende que o propósito nobre supera as limitações da vida física, projetando quem os busca em certa forma de imortalidade simbólica. Ao oferecer às pessoas essa incrível possibilidade, o líder transcendente se torna alguém capaz de guiar seguidores através da paisagem mais aterrorizante que existe.

O líder transcendente propõe uma missão por meio da qual pessoas podem obter imortalidade simbólica. Elas são capazes de diminuir sua angústia de morte, substituindo-a por sentimentos de importância, autoestima e pertencimento a uma comunidade provida de propósito. O líder transcendente suscita o comprometimento apaixonado a um propósito nobre e coletivo, que é o único modo de gerenciar o descomprometimento, a desorganização, a desinformação e a desilusão. Quando isso ocorre, as pessoas começam a se importar para valer e dão o máximo que podem. Elas olham para fora da caixinha e para além de suas pequenas tomadas de decisão. Alinham suas forças de uma maneira que nenhum incentivo financeiro ou qualquer sistema de gerenciamento seria capaz de fazer. Empresas que oferecem aos seus funcionários imortalidade simbólica através de projetos morais em solidariedade com seus pares, dando-lhes oportunidades de crescer de forma autônoma, superam as empresas que não o fazem, colhendo enormes recompensas financeiras enquanto, ao mesmo tempo, tornam-se a forma paradigmática da norma cultural.

Pense na diferença entre remar e surfar. Um barco movido a músculos não é páreo para as forças da natureza. Um barco movido por ondas está em harmonia com elas. Uma empresa movida por autoridade gerencial é como um barco a remo lutando contra a corrente. Uma empresa movida por liderança transcendente é como uma prancha de surfe sobre uma enorme onda.

A MORTE COMO PROFESSORA

Morrer antes de morrer significa confrontar friamente a própria mortalidade e integrar a consciência dela à sua liderança. Morrer antes de morrer é o trabalho mais difícil e mais importante que você pode fazer se quiser viver e liderar de verdade. Isso não exige que encare a morte no sentido literal, mas que você encare profundamente sua própria vida e seu fim inevitável, dando-se conta de que todos à sua volta estão no mesmo barco salva-vidas. Uma vez que aceitar a mortalidade, estará apto a suscitar e inspirar o comprometimento interno daqueles que lidera. Mais consciente e solidário, poderá sanar a fome de propósito deles através de uma missão coletiva. Morrer antes de morrer o torna o tipo de líder inspirador que as pessoas querem seguir.

Como treinador de liderança, meu trabalho é despertar a atenção de líderes para o que há de mais essencial neles (paradoxalmente, o que há de mais universal e externo "a eles") de modo que possam envolver os outros de forma verdadeira, o máximo possível. O processo de desenvolvimento de liderança mais poderoso que descobri é a reflexão "fria" sobre a própria morte.

Ninguém gosta de pensar, menos ainda falar, sobre a perspectiva de morrer. Talvez os *baby boomers*, as pessoas nascidas no pós-Segunda Guerra, agora por volta dos 50, 60 e início dos 70 anos, reflitam em privado quanto tempo mais viverão até que suas dores e sofrimentos façam efeito. Porém, exceto alguns executivos seniores nessa faixa de idade, muitos dos líderes que ajudo são relativamente jovens — entre os 30 e 45 anos. A maioria tem saúde excelente. Poucos deram atenção suficiente para o tema da própria morte. O assunto com certeza não fez parte do currículo na faculdade de administração.

Com essa perspectiva existencial em mente, convido os participantes de meus workshops a "morrer antes de morrer" de forma reflexiva ou, para usar o termo de Grant, "fria". A primeira coisa que faço é propor um exercício baseado em uma ideia que produz uma experiência de quase morte. É assim:

"Imagine que você está no final de uma rica e longa vida. Você conquistou tudo que quis, portou-se com honra e construiu vínculos cheios de propósito com sua família, seus amigos e seus colegas. Você está orgulhoso de si mesmo por deixar tamanho legado e por ter conduzido uma empresa que trouxe tanto valor para o mundo. Fez o seu trabalho aqui e se sente pronto para ir embora. Assim, quando descobre que seus dias estão contados, você assume integralmente o fato. Muitas pessoas que reconhecem e admiram querem mostrar respeito, por isso organizam um 'funeral vivo'. (Funeral vivo é a comemoração em que uma pessoa viva com uma doença terminal ouve as homenagens, elogios e despedidas de familiares, amigos, vizinhos e colegas.) Na cerimônia, um amigo querido ficará de pé diante do público e lerá uma homenagem. Escreva a homenagem que gostaria que seu amigo lesse."

Nesse exercício, peço que os participantes não sejam humildes; quando mais elevados e grandiosos puderem ser, melhor. Assim, criam padrões altíssimos para si mesmos. "Esse tipo de homenagem pode ser um verdadeiro norte para a vida de vocês", digo. "Pode ajudá-los a descobrir quem vocês querem ser e como querem agir para deixar o legado que desejam e se sentirem orgulhosos de si mesmos."

Quando peço que leiam as homenagens em pequenos grupos, todos ficam comovidos com as lindas aspirações que ouvem.

Em seguida, peço que façam uma "análise das lacunas" em que examinam a diferença entre suas vidas atuais e as coisas que teriam que fazer no futuro para justificar tamanha homenagem. Que mudanças teriam que realizar? Em seguida, desafio-os perguntando: "Vocês estão prontos para fazer essas mudanças?" (O compromisso mais importante não é com o produto, mas com o processo. De forma análoga, a questão não é se você quer perder peso ou não, mas se está disposto a cumprir a dieta até atingir o objetivo.)

Depois desses exercícios, convido-os a realizar outro mais "obscuro". Peço que imaginem que acabaram de morrer e não tiveram tempo de mudar nada em suas vidas. Peço que respondam às seguintes perguntas na terceira pessoa, como se fossem seus próprios "advogados do diabo", substituindo o "X" por seus nomes:

- Que sonhos X não buscou?
- Que medos X não superou?
- Que amores X não expressou?
- Que ressentimentos X não resolveu?
- Que desculpas X não pediu?
- Que presentes X não deu?

Quando terminam, peço que compartilhem suas respostas com o grupo. Algumas das respostas mais comuns são:

"Ele não começou seu próprio negócio."

"Ela nunca fez trabalho voluntário."

"Ele morreu sem fazer a viagem que queria."

"Ela nunca aprendeu a tocar piano."

"Ele sempre teve medo de não ter o suficiente."

"Ela não conseguiu superar seu medo de falar em público."

"Ele não disse à sua esposa que a amava."

"Ela nunca disse aos seus funcionários o quanto eram importantes."

"Ela não conseguiu fazer as pazes com o filho."

"Ela não conseguiu se perdoar."

"Ele queria ter pedido desculpas ao seu parceiro."

"Ele deveria ter se divertido mais e se preocupado menos."

"Sua grande ideia morreu com ela."

Muitos dos participantes do workshop voltam para casa com uma lista de afazeres existenciais. Sentem-se mais comprometidos em buscar seus sonhos, superar medos, perdoar quem os tenha machucado, pedir desculpas a quem tenham machucado e a dar seus presentes para o mundo. Meses depois, enviam mensagens e fotos dos itens da lista que cumpriram e deixam seu eu verdadeiro florescer.

Experimente. Faça a si mesmo as perguntas que listei acima e veja o que sai. Mesmo esse leve tatear na perspectiva de sua própria mortalidade pode elevar a intensidade de sua vida. Encarar a realidade de sua própria morte pode ser profundamente amedrontador, por isso exige grande coragem. Contudo, pode também abrir você como nada antes, inflamando-o de propósito e tornando-o apto a inspirar outras pessoas. Como Steve Jobs disse aos estudantes da Stanford: "Lembrar que você vai morrer é a melhor forma de evitar a armadilha de pensar que existe algo a perder. Você já está nu. Não há motivos para não seguir o próprio coração."

VOCÊ CONSEGUE MORRER COM ISSO?

"Você consegue viver com isso?" é a pergunta padrão que usamos para avaliar uma opção. Eu gostaria de propor "Você consegue morrer com isso?" como um complemento. A ideia é que, quando você está deliberando sobre uma decisão importante, imagine o que está prestes a fazer como o último gesto de sua vida. Depois, pergunte-se se ficaria em paz com sua ação e, se assim for, como a realizaria.

Como um ácido corrosivo, a consciência da morte dissolve o que é superficial, deixando apenas o essencial, motivo pelo qual é uma excelente conselheira de liderança. Imagine-se, por exemplo, em uma reunião. Na cadeira do canto, observando tudo, está sentada a Morte, de capuz preto e rosto de caveira, e todos os presentes estão profundamente cientes de sua presença. Você pode perguntar a si mesmo como se comportaria caso soubesse que nunca teria outra reunião com os indivíduos naquela sala. Aquela reunião é a única e decisiva chance de expressar seus valores autênticos. Cada declaração, cada troca, cada decisão, seria "à prova de morte", isto é, algo com que você "conseguisse morrer".

Reservo de verdade alguns minutos (ou pelo menos uma respiração profunda) para meditar sobre isso antes de começar uma reunião de treinamento, workshop ou conversa importante. Eu me preparo assim para sempre dar meu presente de despedida, momento a momento, abrindo meu coração sem impedimentos, já que não tenho o que proteger no final da vida.

O QUE A PSILOCIBINA ME ENSINOU

Em um estudo de 2015 sobre o uso de alucinógenos para reduzir o medo da morte, pesquisadores descobriram que pacientes com câncer que recebiam uma única dose de psilocibina experimentavam reduções dramáticas e instantâneas de angústia e depressão, e que os efeitos persistiam seis meses depois.[10] Elas diziam que a experiência com psilocibina tinha sido uma das mais importantes de suas vidas. Descreviam os sentimentos de unidade, sacralidade, inefabilidade, paz e alegria, "bem como a impressão de transcender espaço, tempo e a 'sensação noética' de que a experiência revelou algum tipo de verdade objetiva sobre a realidade". Esses sentimentos lhes pareciam tão reais quanto qualquer outra experiência.

As pessoas superam o medo da morte vivenciando essa experiência de forma indireta. "Uma experiência com altas doses de alucinógenos é um treino para a morte", diz Katherine MacLean, psicóloga da Universidade Johns Hopkins. "Você perde tudo que entende por real, abandonando seu ego e seu corpo. Esse processo é semelhante à morte."[11]

Com certeza foi assim para mim.

Sou fascinado por jornadas xamanísticas desde que li as histórias de Carlos Castañeda sobre Don Juan.[12] As experiências de Castañeda com estados alterados de consciência deixaram uma impressão inesquecível em minha jovem mente. Durante muitos anos, sonhei ir ao México para encontrar um xamã que pudesse me guiar por realidades incomuns.[13]

Em 1998, um amigo me falou das cerimônias que um xamã fazia com plantas sagradas no deserto. Candidatei-me na mesma hora. Pouco depois, acabei no deserto de minhas fantasias com um xamã e um grupo de colegas psiconautas. Sentei-me no meio do círculo e tomei nas mãos o cachimbo que o xamã havia enchido cerimoniosamente de um pó branco. Como não era fumante, minha maior preocupação era passar vergonha tossindo e exalando a fumaça que tinha que guardar nos pulmões pelo máximo de tempo possível. Fechei os olhos, limpei minha mente e respirei fundo três vezes. Levei o cachimbo aos lábios e inalei quando o xamã acendeu o que havia ali. Minha mente ficou em chamas na hora. Minha garganta coçou e meus pulmões doeram, mas não tossi. Mãos invisíveis me ajudaram a me deitar. Foi essa a sensação seminormal que tive durante a próxima hora.

Adentrei um reino extraordinário, não porque algo tenha mudado fora, mas porque algo dentro de mim enfim relaxou e dissolveu-se em ondas de alegria. Os sentimentos eram como uma luz e um calor intenso, como mel picante correndo por minhas veias. (Escrevendo isso, a expressão não faz sentido, mas minha memória da experiência é tão nítida quanto a sensação de meus dedos sobre o teclado do computador.)

As ondas ficaram mais fortes. Começo a sentir um tipo de dor extasiante. Depois de algum tempo, tenho a sensação de que estou queimando de dentro para fora. Sinto uma alegria incontrolável, insuportável que me "explodiu" para fora de mim mesmo. Tinha consciência, mas não era minha. Eu estava presente, mas não era meu "eu" normal. Senti como se houvesse uma luz me dissolvendo de dentro e, ao mesmo tempo, uma luz me dissolvendo de fora, entrando em cada poro de minha pele.

A luz de fora quer se fundir à luz de dentro, eu sabia. *É a crença falsa na separação que impede de acontecer esse lindo ato de amor. Pela primeira vez, eu (como ego) sou incapaz de bloquear a luz. A luz me atravessa, mostrando-se como eu, tornando-se eu, sendo eu. Eu sou o oceano de luz que se mostra como a onda de Fred.*

Senti que abandonava meu medo da morte. Senti-me completamente seguro — não porque não havia risco, mas porque o que estava em risco não era o "eu" de verdade. Eu gargalhava e chorava, deixando lágrimas de alegria e alívio rolarem por meu rosto. Fui tomado por ondas extasiantes de prazer-dor. *Você morre como vive*, disse uma voz interior. *Se viver na escuridão, tem razão em temer a morte. Se viver na luz, não tem nada a temer.*

O escritor e neurocientistas Sam Harris explicou a percepção criada por estados alterados de consciência melhor que ninguém. Em

Despertar, ele descreve como sua acepção do potencial da mente humana mudou profundamente depois de sua experiência com ecstasy (MDMA).

> Minha acepção do potencial da mente humana mudou profundamente (...) Minha capacidade de inveja, por exemplo — a sensação de inferioridade pela felicidade ou pelo sucesso de outra pessoa —, parecia um sintoma de doença mental que sumiu sem deixar vestígios (...) Não seria exagero dizer que me senti são pela primeira vez na vida (...) Parei de me preocupar comigo mesmo. Não era mais ansioso, autocrítico, protegido por ironia, competitivo, não procurava fugir de constrangimentos, não ruminava sobre o passado e o futuro, nem havia em meu pensamento ou atenção nada que me separasse dele.[14]

"O sentimento que chamamos de 'eu' é uma ilusão", alega Harris. "Não existe um ego discreto vivendo como um Minotauro no labirinto do cérebro. E a sensação de que que esse ego existe — de estar alojado em algum lugar atrás de seus olhos, vendo o mundo de fora como se fosse separado de você mesmo — pode ser alterada ou eliminada."

Quando a ilusão do ego desaparece, sobra a atitude de conexão transcendente em ágape. O ágape é uma plataforma muito saudável sobre a qual uma empresa pode se unir em missão e expressão de valores.

Em minha jornada pessoal, percebi que o sentimento que chamo de "eu" é uma miragem. Meu estado normal de consciência — aquele em que vivencio a mim mesmo como ego imbuído de percepções, pensamentos e sentimentos, tomando decisões e ações a cerca de dez centímetros atrás de meus olhos — é um delírio. Ainda que tivesse obtido relances dessa percepção por meio de práticas de meditação, a qualidade noética da experiência xamanística me convenceu, de forma que eu não poderia duvidar, de que não sou quem julgava ser.

Além das pesquisas científicas que li, sei hoje de forma direta e inegável que meu "ego", minha percepção de ser um sujeito unificado, é uma ilusão. Como o céu azul, arco-íris multicoloridos e água azul-turquesa, o ego não é o que parece ser. Na verdade, não passa de uma ilusão de ótica da consciência. Ainda tenho a forte impressão de que o "eu" é detentor da experiência, quem percebe, pensa, sente e deseja algo por detrás de meu rosto, mas este "eu" desaparece sempre que, ao meditar, observo-o mais de perto. Ele não é mais real que o oásis no deserto que vejo de longe, mas que desaparece quando me aproximo.

Essa experiência alucinógena pode modificar bastante o medo da morte e, ao mesmo tempo, trazer sanidade para a vida normal. "A angústia existencial no final da vida tem muitas semelhanças com a doença mental, dentre elas a auto-observação exagerada e a incapacidade de sair dos sulcos profundos do pensamento negativo", escreve Michael Pollan. "O ego, frente à perspectiva de sua própria dissolução, torna-se vigilante em demasia, retirando seu interesse do mundo e das pessoas. É surpreendente como uma única experiência alucinógena é capaz de modificar esses padrões de forma duradoura."[15]

Todos nós estamos morrendo. Sabemos disso, mas escondemos a informação de nós mesmos. Até que encaremos esse fato, nossa angústia existencial estará sempre presente, como uma doença mental fraca. Nós nos tornamos egoístas, incapazes de nos conectar aos outros e ao mundo. Perdemos nossas almas. Ficamos excessivamente vigilantes, críticos e ansiosos. Para a maioria de nós, substâncias xamanísticas não são seguras. Como, então, poderíamos despertar da péssima "ego trip" em que vivemos? Creio que isso é possível através de meditação e participação em uma comunidade de propósito comprometida com um projeto transcendente, liderada por um herói que realizou pessoalmente a jornada às camadas profundas da existência e voltou para compartilhar conosco o presente de sua consciência.

"AH, UAU"

Eu seu discurso em Stanford, Steve Jobs disse que a "morte é provavelmente a maior invenção da vida". A morte é a maior chamada de despertar. A morte é um lembrete da preciosidade da vida humana e do tempo limitado para vivenciá-la e manifestá-la.

"Creio que não é correto dizer que foi inesperada a morte de alguém que viveu tantos anos com câncer", escreveu a irmã de Steve Jobs em sua homenagem, "mas a morte de Steve foi inesperada por todos nós.

Aprendi com a morte de meu irmão que caráter é essencial: ele foi como ele morreu."

"A morte tinha que fazer seu trabalho", escreveu ela. "Mesmo agora, no final, ele manteve o caráter firme e belo, o caráter de um absolutista, de um romântico. Sua respiração indicava uma jornada difícil, um caminho íngreme, altitude. Ele parecia estar escalando. Porém, junto àquela vontade, àquela ética de trabalho, àquela força, havia também a capacidade de deslumbramento do doce Steve, a crença do artista no ideal, um porvir ainda mais belo."

Suas palavras finais foram uma observação linda e misteriosa repetida, como um mantra, três vezes: "Ah, uau. Ah, uau. Ah, uau."[16]

Capítulo 13
SEJA UM HERÓI
Realize a jornada.

Por favor, me chame por meus nomes de verdade,
Para que eu possa ouvir meus gritos e risos de uma vez.
Para que eu possa ver que minha alegria e dor são uma.
Por favor, me chame por meus nomes de verdade para que eu desperte.
E a porta do meu coração possa ser deixada aberta.
A porta da compaixão.

–Thich Nhat Hanh

Desde o início dos tempos, os seres humanos são fascinados com narrativas arquetípicas de mortais comuns que foram transformados ao confrontar a morte. Essas narrativas seguem padrões cíclicos que se iniciam e terminam no mundo comum do herói ou da heroína.

A trama é sempre a mesma: a heroína é chamada para uma jornada desafiadora que a força a entrar em um mundo desconhecido, estranho e perigoso. Ao longo do caminho, ela recebe ajuda de algum tipo de mensageiro ou aliado. Encara todos os tipos de desafio: resolver enigmas insolúveis, escapar de armadilhas, evitar seduções, matar monstros ou tudo isso junto. Então, deve encarar um desafio tremente que termina em uma crise, em geral uma experiência de quase morte. A jornada é assustadora e terrível, e a heroína enfrenta solidão, dor, exaustão, doença e desespero. Se sobreviver, receberá um presente (incluindo o autoconhecimento maior) e voltará ao lar para oferecer o presente e sabedoria aos outros. Nesse processo, a heroína é transformada de mera mortal em um ser mais sábio e transcendente.

Essas narrativas são tão atemporais e universais que o grande mitólogo norte-americano Joseph Campbell lhes reservou uma designação simples: o "monomito". Sejam figuras religiosas (Jesus, Moisés, Osíris), literárias ou históricas (Ulisses, Joana D'Arc, William Wallace, Henrique V), ou ainda personagens de filmes (Luke Skywalker em *Star Wars*, Dorothy em *O mágico de Oz*, Maximus em *Gladiador*, Katniss Everdeen em *Jogos vorazes*, George Bailey em *A felicidade não se compra* e inúmeros filmes da Disney), o/a herói/heroína é sempre farinha do mesmo saco pois, afinal de contas, sua história é descaradamente a de nossas próprias vidas.

É necessário heroísmo à liderança transcendente. Indo na frente, a heroína ganha autoridade moral para conduzir os demais. Precisa provar seus valores frente aos desafios para poder tornar-se um guia. Ao regressar, é confiável para liderar sábia e solidariamente, pois não teria sobrevivido sem essas qualidades.

Todos podemos nos tornar heróis, mas nem todos reúnem coragem para enfrentar o desafio sozinhos. A jornada exige que se cave fundo, penetrando em território desconhecido e ameaçador, superando desafios tremendos. Mais ainda, exige que você descubra a verdade sobre si mesmo, o que lhe revela a verdade sobre todos: nós desejamos nos conectar com algo maior que nós mesmos, fazer parte disso, contribuir com isso de forma importante e única, defender o que é verdadeiro, bom e justo.

A jornada é desafiadora. Joseph Campbell destaca que, na maioria das narrativas, o herói rejeita o "chamado à aventura". A maior parte de nós é empurrado para a jornada por forças além de nosso controle, debatendo-nos para não ir. Não temos escolha, mas *podemos* escolher como prosseguir. Como o herói escocês William Wallace diz no filme *Coração valente*: "Todo homem morre; nem todo homem vive."

Para viver plenamente, é necessário um projeto de imortalidade. Precisamos de uma tarefa heroica para dar propósito às nossas vidas. A necessidade de importância é a energia que impulsiona empreitadas extraordinárias. Para suscitar o comprometimento interno de seus seguidores para tal empenho, você precisa se tornar um herói. E não será capaz de se tornar um herói até encarar seus próprios demônios.

MINHA JORNADA

"Nada de alemão nessa casa!", minha mãe interrompeu minha avó, que dissera algo em ídiche. Seu tom de voz agudo é uma de minhas primeiras memórias. Muitos anos depois, percebi que, mesmo sem ter vivenciado de forma direta a violência, meus pais partilhavam da mentalidade defensiva dos judeus que viveram durante o Holocausto.

Meus avôs deixaram a Rússia com seus parentes no final do século XIX por conta da onda crescente de antissemitismo e de um *pogrom* em que mataram o avô da minha mãe. Para eles, a Argentina devia ser como um novo planeta. Eles eram muito pobres; por algum tempo, minha mãe viveu em um orfanato, pois seus pais não tinham dinheiro para sustentá-la.

Quando crianças, durante a Segunda Guerra, meus pais souberam de Hitler.[1] Depois do fim da guerra, descobriram o horror dos campos de concentração. Apesar do fosso de dez mil quilômetros entre eles e a Europa, ambos ficaram em choque, inclusive pelo fato de que países aliados contra Hitler, como a Grã-Bretanha e os Estados Unidos, tinham rejeitado refugiados judeus que conseguiram escapar, devolvendo-os às câmaras de gás e aos crematórios da Europa.

Aprendi a história do Holocausto na escola. Vi retratos de meu povo com estrelas de davi costuradas aos casacos, sendo enfiado em trens. Vi fotos terríveis de prisioneiros mortos ou passando fome. Eu era cheio de julgamentos. Não conseguia acreditar que os "alemães de bem" não fizeram nada enquanto seus vizinhos judeus eram varridos para guetos. Como conseguiram assistir e não fazer nada enquanto algo tão terrível acontecia?

A mentalidade defensiva se tornou menos abstrata quando fiz 15 anos. Em 1976, aconteceu um golpe militar na Argentina. Todos ficaram aliviados quando os generais assumiram o governo, pois prometiam estabilidade, paz e o fim do terrorismo de esquerda e de direita. Algo precisava ser feito; o controle precisava ser restaurado. Começou assim a Guerra Suja argentina.[2]

A vida sob a junta era ordenada e assustadora. Estavam todos nervosos; o regime impôs a lei marcial. Meus pais me alertavam frequentemente para que fosse cuidadoso e mantivesse distância de qualquer sinal de encrenca. Era perigoso sair à noite. Todos eram observados. A gente mantinha os olhos abertos e a boca fechada. Eu sempre tomava cuidado e carregava minha *cédula de identidad,* pronto para os soldados armados subirem no ônibus e ordenarem o temido "documentos, por favor". A polícia militar, mais de uma vez, revistou bolsas e mochilas, levando quem não tivesse a identificação correta ou portasse os livros errados.

Em 1979, quando estava na faculdade, eu trabalhava à noite em um centro de computação. Como saía na estação de trem da Praça de Maio todas as quintas-feiras, via a reunião de mulheres que carregavam uma faixa enorme e lenços brancos com a iniciais de seus filhos e netos que haviam desaparecido sem deixar vestígios. As "Mães da Praça de Maio" exigiam saber o que tinha acontecido com seus entes queridos. Elas eram acompanhadas de perto por um número grande de policiais; às vezes, ocorriam prisões. Às vezes, eu via as mulheres e outros manifestantes procurarem abrigo na enorme catedral de Buenos Aires, acreditando, equivocadamente, que os padres os protegeriam.

Conforme mais e mais pessoas desapareciam e a economia começava afundar, o regime foi perdendo apoio. Para melhorar a própria imagem com a opinião pública, os generais decidiram invadir as ilhas Falkland — Islas Malvinas, como as chamam os argentinos —, começando uma guerra com a Grã-Bretanha. Foi um desastre rápido e incontestável que envergonhou os militares e fez a Argentina voltar à democracia.

Pouco depois da Guerra das Malvinas, quando o controle dos militares afrouxou e a censura começou a dar brechas, consegui um livro alucinante chamado *Las locas de Plaza de Mayo,* que descrevia o que aconteceu com os filhos das mães pelas quais eu passava todas as quintas-feiras. Comecei a ler o livro às oito da noite e terminei às seis da madrugada do dia seguinte. Chorei a noite inteira. Os filhos das mães que eu via na Praça foram torturados até a morte. Eles os drogaram, os colocaram em aviões e os jogaram no mar. Foram fuzilados e enterrados em valas coletivas. Davam um jeito deles desaparecerem, motivo pelo qual eram chamados de *"los desaparecidos".* A junta roubava os bebês de suas vítimas e os entregava a famílias aliadas ao regime. Entre vinte e trinta mil pessoas sumiram. Menos de seiscentas foram encontradas e identificadas desde então.[3]

Senti vergonha, horror e raiva tremendos pelo que o regime havia feito bem debaixo de meu nariz. Olhando no espelho, percebi que eu era uma das milhões de pessoas que foram enganadas em 1978, quando o povo tomou as ruas de Buenos Aires para celebrar a vitória da Argentina na Copa do Mundo. Enquanto organizações de direitos humanos boicotavam a competição — denunciando o histórico de abusos hediondo do governo militar —, retumbava sem parar o slogan de propaganda do regime: "*Los argentinos somos derechos y humanos*", "Os argentinos são direitos e humanos". Nós todos queríamos acreditar, como afirmava categoricamente o governo, que a campanha internacional estava sendo conduzida contra nós enquanto argentinos, não contra a selvageria indiscriminada do regime militar.

Depois de ler o livro, senti-me como alguém que saiu do manicômio. Percebi que tinha passado como um sonâmbulo pelas mães e avós da Praça de Maio. Era um caso típico daquilo que os psicólogos chamam de "dissociação" — o tipo de experiência pelo qual vítimas de traumas passam. Quando você está no pesadelo ou passando pelo trauma, o sonho faz sentido; mas quando desperta, percebe que estava sufocado debaixo de um espesso tapete de propaganda criado pelo governo e sustentado pelas fibras da trama composta por seus parentes, amigos e vizinhos. Senti raiva de todos — não somente daquela junta horrenda e da mídia, mas também da "massa silenciosa" que se manteve à parte, sem fazer nada a respeito da matança. Na época, eu não via com clareza que era parte desse último grupo.

Enojado, saí da Argentina logo que me formei na faculdade. Eu não queria mais viver lá. Fui para a Universidade de Berkeley e depois consegui emprego na MIT. Nesse meio-tempo, através de psicoterapia, meditação e muitos workshops de desenvolvimento pessoal, tentei curar a dor pela cooperação de meu país com os assassinatos... e minha parcela de culpa enquanto espectador não tão inocente. Tornei-me professor de negócios conscientes, ajudando executivos a trabalhar e viver de forma mais informada. Meu trabalho virou uma ponte entre, de um lado, o mundo da economia bruta e da teoria dos negócios e, de outro, filosofia, ética e sabedoria espiritual.

Enquanto tentava me resolver com a raiva e a vergonha, li *Shivitti*,[4] o relato autobiográfico de um sobrevivente do Holocausto que usou terapia com LSD para se recuperar do trauma.[5] Conduzido pelo terapeuta, e sob influência da droga, o autor recordou ver-se em um caminhão em que ele e outras pessoas eram mortos por uma fumaça tóxica. Ele se lembra de ter visto um guarda alemão fumando cigarro do lado de fora. Então, durante a terapia, ele "se tornou" o guarda que viu. Ficou de pé, fora do caminhão, fumando um cigarro naquele dia frio, pensando em nada. Não carregava nenhum ódio ou maldade pelas pessoas que ia matar; sentia apenas frio e desejava que a guerra acabasse.

Nesse momento, o paciente se deu conta de que estava "fora" da cena. Que poderia vivenciar a situação ao mesmo tempo como guarda e prisioneiro — o que queria dizer que não era nenhum dos dois. Era capaz de destacar sua identidade de seu eu traumatizado e adotar uma perspectiva transpessoal. Esse psicodrama interno impulsionado por LSD ajudou-o a se curar. Eu queria vivenciar o mesmo.

Cada passo que dava em minha jornada do herói rumo à cura abria novas portas, mas a verdade mais profunda só despertou em mim anos depois, durante um workshop de treinamento na Alemanha. Um homem no workshop se levantou e compartilhou que seu pai foi guarda de campo de concentração, fato que pesava sobre ele como um fardo terrível de culpa e vergonha. Senti enorme compaixão por seu sofrimento. Convidei-o para vir conversar no palco. Enquanto o ouvia, uma ficha caiu em mim. Lágrimas começaram a rolar por meu rosto. Expliquei que sou judeu, mas que sentia uma culpa tão profunda quanto a dele, pois o homem não fez nada, era somente filho de alguém que fez algo terrível. Eu, pelo contrário, me culpava de ter ficado à parte como "argentino de bem" durante a Guerra Suja. Via as Mães na Praça de Maio, mas passava ao lado delas apressado. Via pessoas sendo colocadas à força dentro dos temidos Ford Falcons verdes do serviço de inteligência, mas desviava o olhar. Eu sabia que algo perverso estava acontecendo, mas não queria saber o que era.

Esse foi meu momento "Shivitti". De repente, percebi que a maioria dos "alemães de bem", que eu tanto abominava, devia morrer de medo, como eu mesmo morria. Eu me vi no lugar dos alemães vendo os judeus sendo levados. Senti como se fosse, ao mesmo tempo, o alemão, o judeu e o rapaz argentino que passava pelas mães desamparadas na Praça. Eu era o desaparecido e o torturador, o bebê sequestrado que cresceu com as pessoas que mataram seus pais e o oficial do exército que adotou o bebê para criá-lo. Foi uma experiência profunda. Meu coração se abriu; meus julgamentos se dissolveram. Senti como se olhasse para um diamante com infinitas faces. O homem e eu choramos e nos abraçamos. Fui tomado de compaixão. Os terríveis sentimentos de culpa e vergonha que ambos sentimos por tantos anos se dissiparam. Foi uma experiência que mudou a nossa vida.

Senti uma abertura imensa no centro de mim mesmo, um espaço de serenidade e paz muito maior do que o "eu" que julgava ser. Por um breve instante, senti que não havia "outro", que não havia separação. Minha identificação com aquele pequeno eu ficou suspensa e meu senso de identidade se expandiu a toda humanidade — e além, a todos os seres sencientes. Mudou definitivamente o sentido do mandamento bíblico de "Ame o próximo como a si mesmo", pois senti o próximo *como* eu mesmo.

Poucos anos depois, apaixonei-me por uma alemã e vivi com ela na Alemanha por muitos anos. Visitamos juntos muitos memoriais do Holocausto; sentia que nosso amor era a melhor resposta à maldade que infestou a história de nossos países. Ainda que a relação, no final, não tenha dado certo, me senti abençoado de poder vivenciar a bondade do povo alemão através dela, de sua família e de seus amigos. Mesmo minha mãe aprendeu a amar essa mulher, desconstruindo todos os seus estereótipos, e a quem, de vez em quando, se dirigia em ídiche.[6]

A PROVA DA LIDERANÇA

Se o líder estiver aberto a aprender com a experiência dolorosa, crises podem, às vezes, levar a um despertar. Frente a condições adversas, o herói passa por uma morte egocêntrica. Ele deve perder a si mesmo para se dar conta de que aquilo que perdeu não era seu eu verdadeiro. Para viver sem medo, ele precisa aprender a duras penas que aquilo que não o mata (e mesmo o que mata) o torna mais forte.[7]

Antes de Jeff Weiner vir para o LinkedIn, ele trabalhou para o Yahoo como jovem executivo em rápida ascensão. Quando, porém, um grande projeto que estava gerenciando não saiu conforme esperava, olhou seriamente para si mesmo.

Como Jeff vinha entregando grandes resultados com regularidade, pediram-lhe que assumisse um projeto muito difícil: supervisionar a equipe encarregada de reconstruir uma antiga plataforma de publicidade para competir com a do Google. Ele sabia que o projeto ia ser muito difícil, mas aceitou o desafio, pois julgou que era importante para o Yahoo.

A equipe trabalhava dia e noite. Mesmo realizando feitos que pareciam impossíveis, não cumpriram com as expectativas ambiciosas da empresa. Apesar do trabalho árduo, o projeto foi declarado um fracasso. Como Jeff construiu sua identidade pautado nos sucessos anteriores, sua autoestima ficou abalada. Em uma de nossas conversas de treinamento, ele me disse que temia ter "perdido sua magia".[8] Passou a questionar algumas de suas conquistas anteriores. "Fico pensando se meu sucesso prévio não foi isolado e devido às circunstâncias, se eles não têm nada a ver com minha capacidade ou contribuições", contou-me. Jeff também ficou preocupado com as implicações disso em sua carreira.

— Você vai regressar dessa jornada mais forte do que nunca — previ.

— Seu trabalho é me dizer isso — respondeu ele em tom cético.

— Meu trabalho é dizer a verdade.

Quando entrevistei Jeff para esse livro, ele dividiu comigo que a confiança que depositei nele foi a mesma que levou consigo, a mesma que lhe permitiu resistir ao calor da pressão, a mesma que, hoje, compartilha com as pessoas que treina.

— O que você viu em mim para dizer aquilo? — perguntou-me.

— Vi sua jornada do herói.

O problema, disse a Jeff, não é que não fosse bom em seu trabalho. O problema é que ele tinha pouca experiência com fracasso; não tinha aprendido ainda como fracassar com elegância. Faltava-lhe resiliência, pois ainda não tinha percebido que poderia transformar a derrota em fonte de sabedoria e propósito. Como deu tudo de si ao projeto, deixou que este definisse quem ele era, apesar de as chances de sucesso serem pequenas desde o início.

"Quanto antes perceber que não é definido por seus resultados, mais rápido aprenderá que só pode criar sua noção de si mesmo a partir das coisas que estão sob seu controle: de seu propósito, seus valores, seu impulso, seu comprometimento, sua inteligência e seu cuidado", sugeri. "Quando perceber isso, não somente deixará de se lamentar pela derrota, como vai valorizá-la pela grande lição que aprendeu. A longo prazo, verá que, por ter passado por isso, poderá alcançar muito mais." Jeff tirou disso um princípio fundamental, uma lição de vida que agora dá como conselho às muitas pessoas que orienta: "Não ceda seu poder ao que não pode controlar."

Jeff provou que eu tinha razão. Ele não saiu apenas ileso do vale da sombra da morte da derrota, como terminou sua jornada do herói com uma confiança inabalável, regressando à sua comunidade com grandes presentes. Virou o admirado CEO do LinkedIn e compartilha esse episódio transformador com todos.

Resiliência frente às adversidades é um requisito crucial para a liderança. Em 2002, Robert J. Thomas e o guru da administração Warren Bennis publicaram sua descoberta de que um dos indicadores e previsores mais confiáveis da verdadeira liderança é a capacidade de uma pessoa de encontrar propósito em eventos negativos e aprender mesmo com as circunstâncias mais desafiadoras. Em artigo para a *Harvard Business Review* intitulado "Crucibles of Leadership" ["Provas cruciais da liderança"], observam que certas pessoas "parecem inspirar confiança, lealdade e empenho naturalmente, enquanto outras (que podem possuir visão e inteligência iguais) tropeçam sem parar". Qual é a diferença? "É uma questão atemporal e a resposta não é simples", escreveram, "mas chegamos à conclusão de que tem algo a ver com formas diferentes de lidar com a adversidade." Em outras palavras, as habilidades necessárias para superar adversidades e voltar mais forte e comprometido que nunca são as mesmas habilidades de um líder excepcional.[9]

Thomas e Bennis descobriram que os líderes excepcionais que estudaram tinham todos uma coisa em comum: podiam citar "experiências intensas, traumáticas e sempre imprevistas" (ou cruciais) que os tornaram quem eram. Algumas dessas experiências flertaram com a morte, como a de Leeb-du Toit. Outras foram momentos de intenso questionamento de si, como a de Jeff. Para outros, a prova crucial veio ao trabalhar com um mentor desafiador.

Todos os líderes descritos por Thomas e Bennis tinham quatro atributos essenciais: (1) a capacidade de envolver os outros em torno de um propósito compartilhado; (2) uma voz característica e atraente (a habilidade de usar a linguagem com inteligência em situações difíceis); (3) integridade e um conjunto forte de valores; e (4) "capacidade adaptativa" ou "criatividade aplicada", a habilidade quase mágica de transcender adversidades e seus estresses, regressando mais fortes que antes. A capacidade adaptativa, sugerem os autores, é a combinação da habilidade de considerar múltiplos fatores e contextualizá-los de modo que façam sentido para todos. Quem combinar todas essas quatro habilidades tem as qualidades de um líder transcendente.

A PROVA DE SHERYL SANDBERG

Sheryl Sandberg personifica as habilidades que Thomas e Bennis identificaram. Ela ganhou reconhecimento como economista do Banco Mundial e como chefe do ministério da Fazenda dos Estados Unidos. Depois, mostrou suas habilidades no Google, onde criou e liderou a equipe de vendas e operações. Hoje, ela não é apenas a diretora de operações do Facebook, mas também uma fervorosa defensora dos direitos das mulheres no trabalho. (Seu best-seller, *Faça acontecer*, vendeu mais de 1,5 milhão de cópias e iniciou todo um movimento.) A organização fundada por ela, a LeanIn.org, criou mais de 33 mil "círculos" — comunidades dedicadas ao empoderamento feminino — com centenas de milhares de homens e mulheres em mais de cinquenta países. Através de seu trabalho, ela se tornou inspiração para milhões de pessoas.[10]

Sheryl enfrentou muitos desafios na vida, porém o mais duro foi lidar com a morte de seu querido marido, Dave, falecido repentinamente em 2015 aos 47 anos, deixando Sheryl sozinha com dois filhos pequenos. Eis o que ela postou no Facebook depois de um mês de luto:[11]

> Um amigo de infância que hoje é rabino me contou recentemente que a reza mais poderosa, de uma linha, que leu na vida é: "Não deixe que eu morra enquanto estou vivo." Eu nunca teria entendido essa reza antes de perder Dave. Agora entendo.

Acho que quando acontece uma tragédia, surge uma escolha. Você pode ceder ao nada, ao vazio que toma seu coração e seus pulmões, tirando sua capacidade de pensar e mesmo de respirar. Ou pode tentar encontrar um sentido. Nos últimos trinta dias, passei grande parte de meu tempo vagando no nada. E sei que muitos momentos no futuro serão consumidos também por esse enorme vazio.

No entanto, quando consigo, escolho a vida e o sentido. (...) Por isso estou compartilhando o que aprendi, na esperança de que ajude outras pessoas. Na esperança de que surja sentido dessa tragédia.

Vivi trinta anos nos últimos trinta dias. Estou trinta anos mais triste. Sinto-me trinta anos mais sábia.

Ganhei um entendimento mais profundo do que é ser mãe, tanto pela agonia profunda que sinto quando meus filhos gritam e choram, quanto pela conexão que minha mãe tem com minha dor.

Aprendi que nunca soube o que dizer aos outros em necessidade. Acho que, antes, eu entendera tudo errado; tentava reconfortar as pessoas dizendo que tudo ia ficar bem, achando que a coisa mais reconfortante a oferecer era esperança. Um amigo, com câncer em estágio terminal, me disse que a pior coisa que as pessoas lhe diziam era "tudo vai ficar bem". A voz em sua cabeça gritava: "Como você sabe que tudo vai ficar bem? Não entende que é provável que eu morra?" Aprendi no último mês o que ele tentou me ensinar. A verdadeira empatia, às vezes, não é insistir que tudo vai ficar bem, mas reconhecer que não vai.

Aprendi quão efêmero tudo parece — e, por vezes, pode ser. Que o seu tapete pode ser puxado a qualquer momento, sem qualquer tipo de aviso.

Aprendi a pedir ajuda — e descobri o quanto preciso dela. Até então, eu tinha sido a irmã mais velha, a COO, a que fazia tudo e que planejava. O que aconteceu não estava nos meus planos e, quando aconteceu, não consegui tomar grandes atitudes. As pessoas próximas a mim é que assumiram a situação.

Aprendi que é possível aprender resiliência.

Percebi que, para reestabelecer essa proximidade com meus colegas (...) eu precisava lhes dar passagem. E isso significava ser mais aberta e vulnerável do que quis ser na vida.

Aprendi sobre gratidão. Gratidão de verdade por coisas que antes considerava naturais (...) como a vida. Arrasada, como estou, olho para meus filhos todos os dias e sinto felicidade por estarem vivos. Valorizo cada sorriso, cada abraço. Não acho mais natural viver um dia após o outro.

Antes da morte de Dave, contou-me Sheryl, ela raramente pensava na morte. Agora pensa nela o tempo todo, e isso dá estímulo ao sentimento de que é importante tornar o mundo um lugar melhor. Ao escolher o sentido, a gratidão e a resiliência de forma proativa, ela se tornou uma líder ainda mais inspiradora do que era antes da perda.

Perguntei a Sheryl como ela gostaria de ser lembrada: "Antes de Dave morrer", disse-me, "eu teria respondido: 'Ela foi uma boa amiga, esposa e mãe...', coisas pessoais. Mas agora, junto com isso, quero ser lembrada como alguém que luta pela igualdade de direitos entre homens e mulheres, para ajudar mais pessoas a entender por que precisam de igualdade e levar mais gente a apoiar as aspirações femininas. E, por fim, quero ajudar as pessoas a superarem adversidades. Ninguém procura situações como a que passei para crescer, mas elas acontecem e crescemos (...) Precisamos ajudar a nós mesmos e aos outros, descobrindo meios de nos ajudar mutuamente a construir resiliência."[12]

Depois de libertar-se de seu ego, de encarar a morte e descobrir seu eu verdadeiro, a heroína/líder arquetípica regressa à sua comunidade com o dom de seu crescimento pessoal. Seu exemplo e modo de viver inspiram os outros a empreender suas próprias jornadas e a atingir imortalidade simbólica.

Em *Faça acontecer* (escrito antes da morte de Dave), a mensagem de Sheryl é: "Leve todo seu eu para o trabalho." Seu grito de guerra desafiava homens e mulheres a entender que trabalho não é apenas o Isso, mas também o Eu, com todas as suas necessidades e fraquezas emocionais, e o Nós da comunidade, do trabalho em equipe e da amizade. Depois de Sheryl Sandberg perder o marido e mergulhar em um luto impenetrável, voltou ao trabalho e descobriu o propósito mais profundo daquilo que fazia. Com o tempo, Sheryl deu seu presente à comunidade por meio de postagens em seu blog e de seu segundo livro, *Plano B*, escrito com Adam Grant, que é uma imersão profunda no tema da resiliência. A "Oprah dos Estados Unidos corporativo", como a *Bloomberg Businessweek* a apelidou, tem liderado pelo exemplo.¹³ Está compartilhando sua jornada e incentivando os outros a se abrirem, a serem vulneráveis, a acolherem o desconhecido e encararem os contratempos da vida da maneira que só ela sabe. Sheryl modificou, todo dia, a cultura do Facebook para que a empresa fosse mais aberta, e seus funcionários, mais sensíveis emocionalmente à missão compartilhada: "Tornar o mundo mais aberto e conectado."

A liderança de Sheryl vai além de seu papel como profissional. Ela inspira muitas pessoas, inclusive a mim, a trabalhar por um mundo melhor, um mundo mais justo, conectado, aberto, inclusivo e solidário. Ela passou pela fogueira da transformação e obteve o direito de inspirar aqueles entre nós que a admiram a atravessar o fogo de nossa própria jornada heroica.

LIDERANÇA PARA O SERVIÇO

Liderança exemplar é como uma semente lançada sobre o terreno fértil do coração dos seguidores. Ela exige cuidado e cultivo. Significa aprender a ouvir e se comunicar de modo que as pessoas permaneçam alinhadas com o propósito transcendente do serviço; aprender a negociar as diferenças em prol do projeto de imortalidade; aprender a coordenar e executar através de compromissos impecáveis; e fornecendo mais que feedbacks na criação de uma aliança de melhoramento contínuo que sobreviva ao calor das críticas pelo bem da missão.¹⁴ Esses são os comportamentos de um verdadeiro "líder servidor".

A expressão "líder servidor" foi cunhada por Robert K. Greenfleaf. "Um líder servidor prioriza, antes de tudo, o crescimento e o bem-estar das pessoas e comunidades a que pertence", escreveu Greenleaf. "Enquanto a liderança tradicional envolve, de forma geral, a acumulação e o exercício de poder de quem está 'no topo da pirâmide', a liderança para o serviço é diferente. O líder servidor divide o poder, coloca a necessidade dos outros antes das suas e ajuda as pessoas a criar e trabalhar o melhor possível."¹⁵

A liderança transcendente é diferente da liderança para o serviço. Um líder transcendente é o servidor com uma missão inspiradora. Ele oferece um projeto de imortalidade que permite às pessoas embarcar em suas próprias jornadas heroicas. O líder transcendente serve aos seguidores na medida que os ajudar a infundir propósito nas suas vidas, mas não necessariamente serve às suas necessidades individuais.

Pense no comandante militar que esteja disposto a colocar a própria vida, bem como a vida de seus soldados, na linha de frente. Seria um trabalho difícil proteger a vida dos soldados, mas ele estaria disposto a arriscar a própria vida pelo bem da missão.

Esse tipo de liderança transcendente é bem ilustrado por um dos monólogos mais célebres da língua inglesa: o discurso do "Dia de São Crispim" em *Henrique V*, de Shakespeare. No dia da festa de São Crispim, o jovem rei Henrique está prestes a liderar suas tropas encharcadas, cabisbaixas, doentes e exaustas em uma grande batalha contra os franceses, que têm superioridade numérica de cinco para um. Para todos, é evidente que as chances de sobrevivência são pequenas. Contudo, o rei Henrique atiça o ânimo dos soldados invocando o desejo de honra deles ("Quanto menos homens, maior a fatia de honra", proclama). Ele diz que seus nomes se tornarão "familiares (...) como palavras caseiras". Mas não para por aí. Ele promete também que suas tropas se alçarão até ele em status de igualdade heroica:

> E não se dirá Crispim Crispiniano,
> de hoje até o fim do mundo,
> sem que todos nós sejamos lembrados.
> Nós, tão poucos; os poucos felizardos,
> o grupo de irmãos... Pois quem hoje derramar
> seu sangue comigo, será meu irmão.
> Por plebeia que seja sua origem,
> este dia o fará de nobre condição.
> E os fidalgos dormindo na Inglaterra
> se julgarão malditos de não estar aqui.
> Da coragem vão corar quando alguém lhes falar
> Que conosco lutou no dia de São Crispim.[16]

Henrique admite que poderia morrer com seus seguidores. Em nenhum momento promete vitória; pelo contrário, oferece honra, integridade, irmandade e heroísmo histórico. Henrique e seus homens podem lutar por esses bens não materiais incondicionalmente. Ao contrário da vitória externa na batalha, que depende de muitos fatores que lhes foge ao controle, a vitória interna, no espírito, está ao alcance das mãos. Como diz Henrique aos seus seguidores: "Tudo está pronto, se assim estiverem nossas mentes."

Contra todas as probabilidades, Henrique e seus homens vencem a batalha. Shakespeare sugere que o discurso inspirador de Henrique foi pelo menos em parte responsável por instilar em seus homens tal senso arrebatador de propósito e coragem. (O general Stanley McChrystal me disse certa vez que, por centenas de anos, esse discurso foi lido para tropas prestes a entrar em batalha e que ainda hoje é usado para inspirar soldados que vão se colocar em perigo por um objetivo nobre.)

SUA JORNADA HEROICA

Pense no momento em que você aprendeu algo muito importante sobre si mesmo, os outros e o mundo — uma situação assustadora, dolorosa, irritante ou chocante que tenha mudado sua vida, sua atitude, sua forma de ver as coisas. Como você se sentiu ao adentrar essa experiência?

Fiz essa pergunta a milhares de participantes de meus workshops. As respostas mais comuns são "com medo", "apreensivo", "cheio de dúvidas sobre mim", "surpreso", "aterrorizado", "confuso", "destruído", "traído", "triste", "com raiva", "envergonhado", "machucado" e assim por diante.

Depois de refletirem sobre isso por algum tempo, pergunto aos participantes quantos deles escolheriam, naquele momento, passar de novo por essa experiência. A maioria responde que faria de tudo para evitá-la.

Esse tipo de resposta é o que Joseph Campbell descreve como a "recusa ao chamado da aventura". Quando descobre que as portas para o mundo subterrâneo se abriram, o herói corre na direção oposta. "Por que eu?", pergunta Moisés quando Deus lhe pede que fale com o faraó. "Eu sou gago!"

Observo que é raro nos sentirmos bem quando estamos prestes a aprender algo de grande importância. Esse tipo de lição sai caro.

Peço, então, que os participantes se dividam em pequenos grupos. Eles devem fazer o seguinte: cada um narra as memórias de sua experiência chocante, concluindo com uma reflexão sobre o que aprendeu e qual o impacto dessa experiência em sua vida. Todos concordam em ouvir os colegas em silêncio e com respeito; só é permitido expressar reconhecimento pelo presente do contador da história. Ninguém deve dar conselhos ou tentar instruir o narrador. As únicas respostas válidas são "obrigado", Ah, uau!" e "Ah, uau, obrigado".

Depois, pergunto às pessoas como se sentiram no final da experiência de aprendizado, uma vez que puderam integrar às suas próprias vidas aquele conhecimento adquirido a duras penas. As respostas mais comuns são "em paz", "alegre", "orgulhoso", "pleno", "cheio de amor", "solidário", "grato", "realizado", "satisfeito" e "feliz".

"Quantos de vocês estariam dispostos, no momento em que viveram esse choque, a abraçar sua experiência como o preço a ser pago pelo conhecimento que receberam?", pergunto. A maioria levanta a mão. "Eu não escolheria passar pelo que passei", comenta um participante típico, "mas, como não tive escolha, sinto que valeu a pena dar sentido e aprender algo importante com isso..." E então, com um sorriso, acrescenta: "... o que, com toda certeza, eu não gostaria de ter que aprender novamente."

Em seguida, convido-os a refletir sobre como experiências importantes de aprendizado começam com um desafio complexo e envolve algum tipo de crise. Parece que o processo de crise é necessário para substituir uma crença que nos é cara por outra mais profunda, verdadeira e sábia.

Peço então aos participantes que imaginem de novo para saírem vitoriosos. Encorajo-os a buscar seus recursos interiores (como seus valores, virtudes, crenças etc.) e exteriores (família, amigos e mentores).

Por fim, peço que se lembrem de uma situação assustadora, dolorosa, irritante ou chocante que estejam vivendo naquele momento e que vejam tal experiência como o início de uma lição importante que pode enriquecer suas vidas. Proponho que apliquem seus recursos internos e externos à situação atual e pensem no que podem aprender com ela, que valor essa compreensão poderia lhes trazer e como se sentiriam se voltassem com aquele novo presente de conhecimento.

LIDERANÇA & PROPÓSITO

Quando nos reunimos mais uma vez, a energia na sala parece mais firme, mais forte. Os rostos trazem expressões quase luminosas, como se tivessem vivido indiretamente a jornada do herói e regressado com um dom. O calor e a pressão transformaram o carbono em diamante.

Se feito de forma mais explícita, o mesmo exercício pode ser benéfico para um grupo em situação de crise. Por exemplo: quando uma empresa local de telecomunicações foi comprada por uma corporação multinacional, os funcionários da firma menor, que se sentiam protegidos por aquela cultura, ficaram com medo e tiveram um choque. A nova liderança, composta pelas duas empresas, teve que lidar com a transição. Pedi aos membros da equipe que escrevessem uma carta do futuro: o que fazer parte de uma empresa nova e maior lhes oferece como aprendizado? A equipe voltou do workshop com o desejo vivo de que a nova combinação desse certo.

Descobri que, depois de atravessar a jornada do herói dessa forma, cada membro de uma equipe adquire o direito moral de liderar o restante da empresa em aliança.

A liderança transcendente exige uma vida interior profunda e forte que harmonize um líder e um objetivo transcendente. Acredito que todo líder precisa afinar a si mesmo como um instrumento musical para poder tocar a melodia que conecte as pessoas a um objetivo nobre. Junto com as ferramentas técnicas que podem ser aprendidas em aula, o líder precisa de ferramentas psicológicas e espirituais que só podem ser conquistadas através da transformação pessoal. A ferramenta mais poderosa para suscitar o compromisso dos outros com a missão que você deseja realizar é expandir seu ágape a eles, estimulando o crescimento e bem-estar deles, e oferecendo-lhes meios de tornar a vida mais nobre, valiosa e cheia de propósito. Para tanto, os líderes precisam parar de se identificar com o ego, abdicando de sua sede de poder. Precisam vivenciar o que chamo de "morte do ego" para ter um renascimento de liderança.

A jornada do líder heroico é repleta de desafios que nos testam, que revelam e afiam nosso espírito. Existe um padrão natural no crescimento humano, uma trajetória que leva da inconsciência à consciência e, então, à superconsciência. Esse processo força o candidato a líder transcendente a olhar seriamente dentro de si mesmo, a encarar seus maiores medos, a encontrar forças com a ajuda de aliados e a vencer a batalha para transformar a si mesmo, criando seu destino e tornando-se senhor da própria vida. Somente depois de trilhar o caminho do herói e vencer sua sombra você poderá levar o dom da sabedoria à sua comunidade. Apenas quando descobrir sua verdade mais profunda poderá tornar-se um modelo para os outros, inspirando confiança em vez de cinismo.

Trabalhando para promover seus valores e transcender seu ego, você vai se tornar o tipo de líder inspirador e transcendente que as pessoas seguirão quando tiverem que enfrentar seus desafios mais árduos.

Capítulo 14
CAPITALISMO SUPERCONSCIENTE

Volte ao mercado com mãos amigas.

Enquanto você não perceber [os outros] em unidade consigo, não será capaz de amá-los. Seu amor pelos outros é fruto do autoconhecimento, não sua causa. Quando não tiver mais dúvidas de que a mesma vida flui por todos, (...) vai amar naturalmente.

— Nisargadatta Maharaj

Uma das representações mais antigas da evolução humana consiste em uma série de dez imagens chamada de "retratos do pastoreio do boi", da escola zen chinesa do século XII.[1] Nessas gravuras em madeira, o caminho espiritual é representado pela jornada de um rebanho. As primeiras três imagens, em que um pastor procura desesperadamente seu boi, representam o estado inconsciente do ser humano. As três seguintes, em que o pastor captura e doma o boi, representam o estado consciente. As três próximas, em que o pastor percebe que ele e o boi formam um todo, representam o estado superconsciente.

A última imagem oferece uma visão surpreendente da iluminação. O décimo retrato do pastoreio do boi é chamado de "Entrando no mercado com mão amiga". O rebanho, enfim desperto, é representado como "um alegre rústico cujo corpo emana energia vital e cujo coração está repleto de amor e compaixão". "Ele entra no mercado da cidade e realiza tarefas comuns como os demais. Porém, como sua consciência foi aprofundada, tudo que faz é extraordinário. Ele não se retira do mundo, pelo contrário, divide sua existência iluminada com todos à sua volta. Ele não somente conduz peixeiros e estalajadeiros pelo caminho de Buda. Tamanha é sua energia criativa e a emanação de sua vida que mesmo árvores secas começam a florescer."[2]

Algumas pessoas nessa busca veem o final de sua evolução espiritual como uma perda abençoada de interesse pelos assuntos cotidianos. Para eles, autotranscendência significa desaparecer da vida comum. Para os mestres zen, contudo, a iluminação não leva ao esquecimento. Pelo contrário, leva a uma participação plena e compassiva no mundo humano. A verdadeira espiritualidade não acaba em abandono, mas em comprometimento apaixonado.

Quando você "entra no mercado com mãos amigas", como líder transcendente, não existe uma sensação total de separação. Você acha natural "amar o outro como a si mesmo", pois não existe fronteira nítida entre ele e você. É evidente que percebe seu corpo separado dos demais, assim como vê uma folha separada de outra na mesma árvore. Mas não se vê separado emocionalmente dos outros seres. Pode ver uma onda separada das outras ondas e, ainda assim, perceber que todas são movimentos do mesmo mar. Em uma consciência iluminada, existe um só campo de totalidade inundado de sábia compaixão.

Desse campo brota o impulso de ajudar os outros a se desenvolverem através de trabalho com propósito, a organizar as forças em prol de um objetivo nobre cumprido com princípios éticos. É assim que o mercado se mostra a uma mente superconsciente, mesmo que não pareça dessa forma para muitas mentes comuns.

O PRIMEIRO GRANDE MAL-ENTENDIDO

Um cliente me perguntou certa vez como eu era capaz de conciliar os propósitos nobres de uma empresa com a ambição capitalista por dinheiro, sugerindo que o capitalismo era responsável por diversos males do mundo.

Nos dias de hoje, está na moda culpar o capitalismo por uma série de problemas. Uma pesquisa da Universidade de Harvard feita em 2016 com jovens adultos entre 18 e 21 anos concluiu que 51% por cento dos entrevistados não defendia o capitalismo.[3] Para muitos, o capitalismo é o terreno de empresários gananciosos e exploradores. A principal ocupação dos capitalistas, na visão deles, é tirar vantagem dos necessitados na tentativa de maximizar lucros sem qualquer tipo de escrúpulo ético, destruindo seres humanos e o meio ambiente no processo.

Quem critica o capitalismo tem preocupações válidas, mas creio que o problema não seja o capitalismo em si — um sistema de direitos de propriedade e trocas livres que trouxe grandes bens à humanidade, como explicarei em seguida —, mas o clientelismo. Meu argumento é que, enquanto essa diferença não ficar clara, você não conseguirá esclarecê-la para seus colegas de trabalho nem inspirá-los. Nunca conseguirá atuar no mercado com mãos amigas se professar e demonstrar com clareza seus princípios éticos elevados. Você precisa mostrar a todos na empresa e fora dela que é possível gerar lucro e continuar a se orgulhar de si e de seu negócio.

Clientelismo é o sistema político e econômico em que o governo é controlado por corporações e intervém no mercado usando em benefício próprio seu poder coercivo. Empresários clientelistas prosperam não porque servem às partes interessadas, mas porque exploram o poder do Estado, driblando a norma do livre mercado. Enquanto o capitalismo direciona ambições pessoais para servir aos outros, o clientelismo transforma a ganância pessoal em abuso.

Políticos clientelistas derrotam a concorrência dando licenças especiais, subsídios governamentais e incentivos fiscais a quem favorecem, impondo tarifas e restrições à concorrência e aos consumidores. Corporações clientelistas assumem riscos desmedidos sem temer, pois sabem que, se vencerem, seus ganhos serão privatizados mas, se perderem, terão resgates e pacotes especiais de ajuda. Negócios clientelistas fazem dinheiro não lucrando no mercado através de serviços que agregam valor, mas lucrando no mercado político através de espoliações que destroem qualquer valor.[4]

Empresários clientelistas merecem toda a culpa. Eles são gananciosos, predatórios e imorais. Causam dano às pessoas e ao meio ambiente com sua cobiça sem fim. Não têm limites e passam por cima dos outros sem respeito por seus direitos. Talvez seja por isso que argumentos marxistas sobre a exploração dos trabalhadores de um século atrás tenham encontrado adesão de tantas pessoas. Para mim, no entanto, empresários clientelistas não são capitalistas. São mafiosos.

O capitalismo não opera assim. Em mercados livres sob Estados de direito, negócios não lucram sendo cruéis, manipuladores e gananciosos, ainda que, agindo dessa forma, obtenham vantagens a curto prazo.

Negócios lucram de verdade a longo prazo sendo solidários (entendendo seus clientes, seus funcionários e suas partes interessadas), compassivos (servindo-os) e equitativos (sendo justos com eles). Empresas narcisistas, maquiavélicas e psicopatas só sobrevivem — e promovem líderes narcisistas, maquiavélicos e psicopatas — porque impedem a concorrência (através de sua clientela governamental) de outras empresas aptas a gerar mais valor.

É uma tragédia de nossa época que o capitalismo seja confundido com atitudes dignas de um sindicato de criminosos. Ele não é reconhecido como o grande bem que é para nossa sociedade (como explicarei em breve). É como confundir uma ditadura selvagem com uma república. A diferença básica entre capitalismo e clientelismo, como a diferença entre uma ditadura e uma república, é o respeito pelo direito de propriedade e as liberdades fundamentais nele implicadas. Líderes conscientes são os grandes responsáveis por defender esses valores.

Como Peter Drucker alertou, "a tirania é a única alternativa a instituições fortes e autônomas. A tirania substitui o pluralismo por um chefe absoluto. Substitui a responsabilidade pelo terror". Segundo Drucker, a tirania abarca as organizações do livre mercado em uma burocracia política abrangente: o fim do capitalismo clientelista é o fascismo. Ele não produz bens e serviços, mas sim um custo enorme em sofrimento, humilhação e frustração. Drucker escreveu: "Fazer com que nossas instituições ajam com responsabilidade, autonomia e níveis altos de sucesso é a única salvaguarda de liberdade e dignidade da sociedade pluralista."[5] Líderes conscientes fazem instituições trabalharem. A liderança consciente é a alternativa à tirania e nossa melhor proteção contra ela.

O SEGUNDO GRANDE MAL-ENTENDIDO

Junto com culpar o capitalismo como sistema econômico, muitas pessoas reagem de forma negativa a negócios que buscam lucro. Uma ideia recorrente é a seguinte: "Empresários não são confiáveis. São exploradores que tiram vantagem de funcionários e clientes." Essa conclusão é falsa, o que também gera confusão sobre a fonte do lucro. Certos indivíduos pensam que o lucro nasce da exploração dos mais fracos. Na verdade, ele vem da provisão de força.

Eis o exemplo de algo que aconteceu comigo enquanto trabalhava neste livro. Eu estava mergulhando no litoral de Belize quando percebi algo como em forma de raio no meu olho esquerdo.[6] Era como se uma luz estroboscópica tivesse sido ligada dentro de meu cérebro. O motivo disso era o descolamento da retina... o que descobri dias depois, quando voltei ao continente. Por insistência de um oftalmologista local, voltei aos Estados Unidos no mesmo dia e um especialista operou meu olho na mesma tarde. Ainda que meu convênio tenha coberto os custos, tenho certeza de que o médico embolsou uma bela soma de dinheiro pela cirurgia.

Eu poderia culpá-lo por "lucrar com meu sofrimento". Ele se beneficiou com minha desgraça e, para ele, eu estar mal foi melhor. Eu o imaginava feliz por essa fatalidade ter acontecido comigo, pois lhe deu a oportunidade de lucrar. Sei que não é verdade, que seu principal objetivo é salvar minha visão e me ajudar na recuperação. Sim, ele vive de sua profissão, mas a maioria dos médicos que conheço inicia longos e difíceis estudos em medicina para, acima de tudo, ajudar as pessoas.

A causa de meu problema de olho é desconhecida. Talvez tenha a ver com a idade. Talvez com a pressão da água durante meus mergulhos. Talvez tenha a ver com a cirurgia de correção de grau que fiz há vinte anos. Talvez outra coisa. Ou talvez a todos esses fatores — nunca saberei ao certo e pouco importa. O que sei com toda certeza é que aquele oftalmologista não tinha nada a ver com isso.

Quase fiquei cego do olho esquerdo. Eu me senti perdido, confuso, com medo e vulnerável. O médico me examinou com grande bondade, dividindo honestamente seu diagnóstico comigo e discutindo opções de tratamento. Meu estado era sério; mesmo sendo uma cirurgia arriscada, era provável que eu fosse perder o olho sem ela.

O médico não lucrou com meu sofrimento: ele lucrou *atenuando-o*. Eu o paguei porque ele havia se preparado para ajudar pessoas na minha condição — e o fez com maestria. Fiquei tomado de admiração e gratidão. Na verdade, eu teria pago muito mais do que paguei para recuperar a visão.

Da mesma forma, acho injusto, ofensivo até, culpar fabricantes de comida pela fome das pessoas, produtores de roupa por fazer dinheiro à custa da necessidade humana de proteção, construtoras pela necessidade de abrigo etc. Produtores de comida, de roupas e de casas dão às pessoas os bens que necessitam para continuarem vivas. A natureza não garante a manutenção da vida: só a morte é certa. É nossa sociedade, nosso sistema econômico, que provê meios de sustentar e melhorar nossas vidas. Para sobreviver e prosperar, todos os seres precisam trabalhar e criar meios para sanar suas necessidades. É injusto dizer que quem oferece os meios de satisfação dessas necessidades são seus próprios criadores.

Por mais que tudo isso pareça óbvio, muitos empresários que conheço se sentem culpados, envergonhados pela suposição de lucrarem com a infelicidade alheia, explorando quem precisa de emprego. Eles acham que precisam "devolver à sociedade" depois de fazerem dinheiro.

Sempre tive problema com essa ideia, pois a implicação subentendida em "devolver" é que quem fez dinheiro pegou algo que não era seu. Sou totalmente a favor de *oferecer* com generosidade, sabedoria e compaixão. Só sou contra a ideia de que empresários de sucesso precisam compensar alguma falha prévia.

Bill Gates, por exemplo, conquistou sua fortuna de forma justa e pode fazer o que quiser com ela. Seu trabalho filantrópico é generoso e digno de louvor — mas não compensatórios. Por muitos anos, Gates acumulou uma fortuna criando produtos que as pessoas compravam para melhorar suas vidas.[7] Independentemente do que você acha de Gates como pessoa, ele não violou o direito de ninguém para tomar o dinheiro à revelia delas. Todos que compraram o software da Microsoft o fizeram voluntariamente (ou compraram voluntariamente o computador que vinha com o sistema operacional e programas da Microsoft). Ele acumulou uma quantidade astronômica de riqueza. No entanto, eu diria que sua riqueza pessoal é pequena em comparação com a que produziu para todos nós que usamos produtos e serviços da Microsoft.

A maioria das pessoas só reconheceu Bill Gates como ser ético quando ele começou a dar sua fortuna para a caridade. Acho isso bizarro, pois além de beneficiar seus clientes, a Microsoft fez a economia do país crescer, gerou avanços em nosso conhecimento tecnológico, transformou a região de Seattle em um polo de tecnologia e produziu muitos outros ganhos sociais. Centenas de milhares de pessoas e suas famílias foram beneficiadas pela Microsoft como funcionários dela e de sua rede de fornecedores, parceiros e clientes.

As pessoas acham que a intenção de Gates como empresário era fazer dinheiro e que sua intenção como filantropo é melhorar a vida das pessoas. Porém, o empresário Gates e o filantropo Gates não são pessoas separadas. Aparentemente, alguns indivíduos não são capazes de imaginar que Gates quis fazer dinheiro melhorando a vida das pessoas.[8]

Também discordo da ideia de que é impossível que capitalistas e empreendedores lucrem sem "explorar" seus funcionários.[9] Depois que saí do MIT, fundei e liderei firmas de consultoria que contratavam prestadores de serviço. Pagávamos a eles 50% do que cobrávamos dos clientes pelos serviços. (Para simplificar as coisas, desconsideremos nossos outros custos e digamos que tínhamos 50% de margem líquida de lucro). Algumas pessoas me acusariam de explorar nossos contratados por metade do preço que valiam de fato no mercado — da mesma forma que acusam as empresas de lucrar às custas de seus trabalhadores.

O que há de errado com esse argumento?

A falácia está na expressão "o que valiam de fato no mercado". Os serviços de um prestador valem somente aquilo que alguém está disposto a lhes pagar. Se os prestadores de serviço pudessem vender seu trabalho no mercado pelo dobro do que minha empresa os pagava, por que prefeririam vender para nós e não para nossos clientes finais? Eles nos venderam os serviços pois não conseguiram vender em melhores condições para outros clientes. Acharam que o acordo com a gente era o melhor que conseguiriam. Não fosse isso, teriam usado tempo, energia e habilidades de modo diferente. (Na verdade, muitos consultores não trabalhavam com minha firma, com certeza porque achavam melhor ficar sozinhos ou trabalhar com outra empresa. Nunca alimentei nada além de boa vontade por eles, mesmo competindo contra minha empresa. A competição nos tornou todos melhores.)[10]

Nossos clientes contratavam minha companhia porque tinham confiança de que ofereceríamos um serviço consistente, escalável e completo, supervisionado por meus parceiros e eu, através de processos e materiais exclusivos que nós mesmos criamos e estrutura administrativa e logística que se adequasse à deles. Eles confiavam em nós, pois tínhamos investido em marketing e materiais de pesquisa, e tínhamos uma organização de vendas que estudava o que podíamos fazer por eles. As corporações que nos buscavam não queriam tratar com consultores sozinhos, mas com uma firma de consultoria de histórico confiável. E os consultores que prestavam serviço para nós não queriam vender seu trabalho diretamente. Queriam uma firma de consultoria que lhes desse suporte. Todos saíam ganhando: clientes, prestadores de serviço e nós.

A GRANDE VANTAGEM

"A filosofia política progressista em que eu acreditava", escreveu John Mackey, fundador da Whole Foods e coautor de *Capitalismo consciente*, "me ensinava que tanto os negócios quanto o capitalismo eram fundamentalmente baseados em ganância, egoísmo e exploração: exploração dos consumidores, trabalhadores, sociedade e meio ambiente para a maximização dos lucros (...) Eu achava que era, na melhor das hipóteses, um mal necessário e, com certeza, um objetivo nada desejável para nossa sociedade como um todo."[11]

Tornar-se um empreendedor e começar um negócio mudou completamente a vida de Mackey. "Quase tudo em que acreditava provou-se errado", escreveu. "A coisa mais importante que aprendi em meu primeiro ano foi que os negócios não eram nem um pouco baseados em exploração e coerção. Pelo contrário, descobri que os negócios são baseados em cooperação e trocas voluntárias. As pessoas comerciam voluntariamente por ganhos mútuos."[12]

Abrir e conduzir um negócio dá oportunidade de sanar uma necessidade ainda insatisfeita de forma mais eficaz do que as demais alternativas, combinando fatores de inovação e lucros. O capitalismo, como entendeu Mackey, é baseado na ideia de serviço. Se um negócio não servir aos seus clientes, não terá clientes. Se um negócio não servir aos seus funcionários, não terá funcionários. Se um negócio não servir aos seus fornecedores, não terá fornecedores.

Desembaraçado do clientelismo, o capitalismo é o maior mecanismo de cooperação social e progresso humano que o mundo conheceu. "A história nos mostra de forma clara", escreveu o prêmio Nobel Milton Friedman. "Até o momento não foi descoberta alternativa para melhorar a vida das pessoas comuns fora das atividades produtivas estimuladas pelo sistema de livre iniciativa."[13]

O capitalismo melhorou de forma dramática as condições de vida, diminuiu a pobreza, aumentou a expectativa de vida, reduziu a mortalidade infantil, ampliou a educação, promoveu direitos iguais e muito mais. Se observar os dois últimos séculos, verá que o benefício que o capitalismo trouxe é impressionante. Até o século XX, a expectativa de vida média no mundo estava abaixo de 25 anos (45 anos para os Estados Unidos); hoje, é de 72 anos (80 para os Estados Unidos).[14] No século XIX, 85% da população mundial vivia em pobreza extrema (definida como renda inferior a 1,25 dólar diário); esse número agora é inferior a 10%.[15] Na verdade, a renda per capita média global aumentou 1.000% desde 1800.[16] Hoje, o índice global de violência é menor, mesmo com maior consciência do que se passa ao redor do mundo.[17] Comparado a meio século atrás, as coisas mudaram dramaticamente para melhor, pois empreendedores e suas empresas criaram uma variedade de bens e serviços, de geladeiras a celulares, de carros a televisões, de água encanada ao ar-condicionado, tornando mesmo a vida dos mais pobres em nossas economias desenvolvidas materialmente melhor que a da realeza dos séculos anteriores.[18,19]

Foram precisos 200 mil anos (quando se acredita que o *Homo sapiens* surgiu na Terra) para que a população mundial chegasse a um bilhão de habitantes (o que ocorreu por volta de 1800). O índice de crescimento anual em 10.000 a.C. (quando a população mundial era estimada em 4 milhões) estava em torno de 0,05%. A disseminação do capitalismo com a Revolução Industrial produziu um ponto de inflexão único na história. Em apenas dois séculos, a população foi de 1 para 7,5 bilhões de pessoas, com nível de crescimento médio anual na casa de 1% — vinte vezes maior do que o nível dos últimos 10 mil anos. Imagine que, sem o capitalismo, sete em cada oito pessoas não estariam vivas hoje (haveria uma chance de 85% de você não estar aqui).

Além disso, dependendo de sua idade, as chances de sobrevivência seriam bem pequenas pois, na maior parte da história humana, a expectativa de vida girou em torno de 25 anos. Antes da Revolução Industrial, você teria apenas uma parcela da renda de hoje e estaria em condições de saúde muito piores.[20] "Uma pessoa comum de 100000 a.C.

tinha melhores condições (em termos de horas de trabalho necessárias para suprir suas necessidades básicas, expectativa de vida, saúde física etc.) do que uma pessoa comum do século XIX", escreve o historiador econômico Gregory Clark. "De fato, o grosso da população mundial era mais pobre do que seus ancestrais remotos."[21,22,23]

Enquanto líder transcendente, é importante articular as forças do capitalismo e seu poder de melhorar nossas vidas, condenando o clientelismo.[24] Por quê? Porque, afinal, acredito que os seres humanos são impulsionados por uma ética primordial. Queremos que os outros nos vejam como bons, justos e corretos.

CAPITALISMO INCONSCIENTE

É possível participar do livre mercado e ajudar a sociedade sem entender qualquer um de seus princípios. A regra fundamental é que empresas e indivíduos não usurpem a pobreza alheia e cumpram seus contratos. Enquanto esse pacto continuar, as interações econômicas servirão a um bem maior.

Quando uma transação voluntária acontece, cada parte deve receber pelo menos a mesma (e, em geral, mais) satisfação daquilo que recebe do que abdica. Por exemplo: se quero trocar minha laranja por sua maçã, devo valorizar sua maçã mais que minha laranja. Do mesmo modo, você deve valorizar minha laranja mais que sua maçã. Assim, a transação é fundamentada em duas desigualdades. Essa disparidade cria um excedente líquido em satisfação: ambas as partes esperam ficar melhores depois da transação do que estavam antes.

É por isso que o clientelismo é tão nocivo ao bem social. O mecanismo de segurança do capitalismo, que disciplina a ambição potencialmente rapace de empresas e indivíduos, é a possibilidade de realizar ou derrogar qualquer transação — possibilidade garantida pelo direito de propriedade e livre troca. Quando a coerção legal bloqueia essa chave de segurança, o sistema todo desanda. Se as pessoas forem coagidas (de forma ilegal, como em crimes, ou legal, como na política) a tomar parte em transações que prefeririam evitar, a "seleção natural" do ecossistema falha.

O capitalismo cria um campo de força que direciona a ambição pessoal em apoio aos outros, organiza a sociedade para cooperação através da divisão do trabalho e que faz a inovação trabalhar pela satisfação das necessidades de seus membros. Como explicou Adam Smith: "Não esperamos nosso jantar da benevolência do açougueiro, do cervejeiro ou do padeiro, mas de seus interesses próprios." E, ainda assim, eles são "guiados por uma mão invisível" a promover um objetivo socialmente benéfico que não constava em suas intenções iniciais.[25]

É por isso que o capitalismo funciona mesmo quando as pessoas não têm consciência do que fazem e são movidas por desejos egoístas. Mesmo que um empreendedor não seja um herói moral, o capitalismo o transforma em um servidor da sociedade. Os direitos de propriedade e trocas livres tornam o interesse próprio em serviço, tornando necessário que se entre no mercado com a intenção de ajudar.[26] O capitalismo é o caldeirão de alquimia em que a humanidade transforma seus instintos básicos em ouro.

CAPITALISMO CONSCIENTE

O capitalismo funciona ainda melhor quando as pessoas têm consciência. Como um engenheiro que sabe o que faz é apto a usar um computador de forma mais eficaz do que alguém que não entende de tecnologia, um capitalista consciente pode participar do livre mercado de maneira mais eficiente que alguém que não entende seus princípios econômicos.

Em vez de "fazer por acidente", capitalistas conscientes têm a intenção deliberada de lucrar a serviço dos outros. Eles buscam o próprio bem-estar promovendo o bem-estar de seus investidores, clientes, funcionários, fornecedores e todos os que trocam com eles. Compreendem que, ao fazê-lo, beneficiam muitos outros que sequer conhecem. Sua contribuição para a sociedade não é um benefício colateral dos negócios; é o *modus operandi* deles.

Há muitos anos, perguntei a John Mackey quem ele julgava ser os maiores beneficiados da Whole Foods. Previsivelmente, ele respondeu que eram os clientes. Eu discordei. Ele olhou para mim intrigado e fez uma lista de interessados: funcionários, acionistas, fornecedores etc. Continuei balançando a cabeça. "É claro que existe um impacto primordial nos investidores", expliquei-lhe. "Mas da mesma forma que uma pedra que cai em um lago cria ondulações em expansão, uma empresa na economia — sobretudo se for liderada com consciência — cria ondas em expansão de benesses." Quanto mais consciente for alguém, mais longe poderá ver o alcance dessas ondas. Dois dos beneficiados menos óbvios são os clientes e os funcionários dos concorrentes.

Clientes de outros marcadores beneficiam-se, pois a oferta adicional da Whole Foods derruba os preços e eleva a qualidade dos produtos que os concorrentes devem oferecem para atraí-los às suas lojas. Quando vivi em Boulder, no estado do Colorado, por exemplo, percebi que a Safeway onde eu fazia compras melhorou de qualidade quando um mercado da Whole Foods abriu por perto. A receita da Whole Foods na época era de 13 bilhões de dólares, enquanto a da Safeway girava em torno de 36 bilhões. Muito mais gente comprava na Safeway, por isso os impactos sociais benéficos da competição foram além dos clientes diretos da Whole Foods.

Além disso, os funcionários dos concorrentes — isto é, de qualquer empresa que queira contratar pessoas que poderiam trabalhar para a Whole Foods — beneficiam-se, pois a demanda adicional da Whole Foods eleva o patamar de compensações monetárias e não monetárias que devem oferecer aos funcionários para atraí-los. Para atrair os funcionários de que a concorrência necessita, a Safeway e outros mercados devem se tornar mais atraentes para as pessoas que possam escolher trabalhar para a Whole Foods.

Não é preciso ser empreendedor para ser um capitalista consciente. Você pode "votar" com seu dinheiro, investindo ou apoiando empresas que agem eticamente com sua cadeia de fornecedores (que possuam, por exemplo, certificados de comércio justo, sustentável, de bons tratos aos animais), funcionários, clientes e assim por diante. O capitalismo é uma democracia econômica em que cada dólar dá a você o direito de votar. Como observou Mises: "Os verdadeiros chefes são os consumidores. Eles, comprando ou deixando de comprar, decidem que devem deter o capital e as fábricas. Eles determinam o que deve ser produzido, com que qualidade e em que quantidade. Suas atitudes resultam no lucro ou prejuízo do dono da empresa. Eles transformam pobres em ricos e ricos em pobres."[27]

Cada pessoa também tem a chance de votar com nosso recurso mais precioso: nós mesmos. Devemos escolher em que empresa "investir" nossa energia. Firmas competem entre si não apenas para nos oferecer dinheiro, benefícios e oportunidades de carreira. Em um nível mais elevado, oferecem-nos projetos que conferem importância à vida. O maior chamariz não é dinheiro, mas o propósito. Cada um de nós pode decidir onde trabalhar, tornando-se funcionário de uma empresa que admira por sua liderança transcendente, objetivos nobres e princípios éticos.

Por fim, como líder transcendente, você pode expandir a consciência de seus funcionários, colegas e clientes sobre o capitalismo e o empreendedorismo. Você pode ajudá-los a compreender por que e como a liberdade e o respeito no mercado trabalham pelo aperfeiçoamento da humanidade, tem a oportunidade de ser um agente público defendendo esses princípios na vida pessoal e social e, mais importante, pode ser modelo de uma vida consciente, que inclui uma participação consciente no mundo dos negócios.

CAPITALISMO SUPERCONSCIENTE

"Trabalho é amor tornado visível", escreveu Khalil Gibran.[28] Quando uma pessoa iluminada cujo ego superou muitas angústias entra no mercado, ela substitui a mão invisível de Adam Smith pela mão amiga do pastor.

Acredito que é o ágape (apoio pelo crescimento e bem-estar dos outros) que impulsiona o que chamo de capitalista superconsciente. Essa pessoa entra no mercado com o compromisso de amenizar o sofrimento e apoiar o florescimento de todos os seres sencientes. No estágio prévio à transformação da inconsciência em consciência, o serviço é um meio para o sucesso: é preciso oferecer valor às partes interessadas para obter valor deles. Nesse estágio, o sucesso é um meio para o serviço: é preciso obter recursos para oferecer valor a cada vez mais pessoas.

Durante um retiro de meditação de um mês nas montanhas do Colorado, fiz o que chamo de "voto *sattva* dos negócios". Eu me comprometi a voltar ao mercado com mão amiga — e com essas ideias sobre liderança. Tirei um peso enorme dos ombros. Senti como era me livrar da angústia egocêntrica que havia me tornado um perfeccionista. Percebi que era movido pelo medo, um combustível sujo que entupia meu coração e minha mente. E senti como era ser movido por amor.

Ao final do retiro, caminhando em silêncio pelas montanhas nevadas, lembrei-me da história de Moisés sendo banido de entrar na terra prometida. Quando aprendi essa história na escola judaica, não entendi por que Deus puniu Moisés tão severamente por ter golpeado uma rocha. Contudo, naquele momento, fui capaz de dar uma interpretação melhor. Deus ordenou a Moisés que falasse com uma rocha para que jorrasse água. Em vez disso, Moisés "bateu na rocha com seu cajado" e assumiu o crédito diante da comunidade por ter conseguido água.

Isso me pareceu uma metáfora perfeita para o ego e a iluminação. O início da busca pelo despertar sempre é impulsionado pelo ego. Como poderia ser de outra forma? O ego é o mestre até você acordar e se dar conta de seu verdadeiro eu. O ego vaga por quarenta anos no deserto na luta por alcançar a terra que mana leite e mel. Porém, quando a terra prometida está enfim à vista, o ego não tem permissão para entrar. Ele não pode adentrar a terra prometida pois a libertação leva à dissolução — ou melhor, à des-ilusão. A liberação acontece quando se percebe que a consciência dispensa o ego e que o campo desta não possui fronteiras nítidas.

Para a mente iluminada, porém, "eu" (o ego) precisa de proteção constante e de garantias frente a um mundo perigoso que ameaça destruir sua autoestima. Os padrões de defesa característicos do ego são traços de arrogância e orgulho. Muitos de meus clientes me contam que querem que suas empresas sejam reconhecidas como "a melhor e mais admirada empresa de X no mundo", sendo o X a indústria específica. Minha resposta habitual é perguntar o que achariam de mim se lhes dissesse que gostaria de ser "o melhor e mais admirado consultor do mundo". Eles riem e respondem que eu pareceria arrogante, pretensioso e superficial. Eu também dou risada e digo que é assim que eles me parecem. Um propósito saudável não pode apenas ser reconhecido como o melhor. As duas perguntas essenciais são: pelo que você gostaria de ser admirado e para que propósito?

LIDERANÇA & PROPÓSITO

Os que querem ser admirados pelo desempenho financeiro não estão no estágio superconsciente. No estágio superconsciente, você quer ser admirado, pois, além de saúde financeira, criou uma cultura exemplar baseada em valores humanos universais, porque foi capaz de levar ao mercado produtos e serviços novos que transformaram a vida das pessoas para melhor e porque lidera de forma inspiradora, levando a população a ser melhor a dar o máximo de si.

Se você quer ser admirado para satisfazer sua sede de fama, poder, status e riqueza, terá pouco impacto e deixará um legado pouco duradouro no mundo à sua volta. Por outro lado, se quer ser admirado por possuir os meios materiais e a autoridade moral para ajudar outras empresas a fazer o mesmo e guiar pessoas em suas jornadas heroicas, fará "mesmo árvores secas florescer".[29]

O que você faria se tivesse dinheiro (sucesso, poder, status, fama, sex appeal etc.) suficiente para extinguir preocupações financeiras e não financeiras para sempre?[30] Dos milhares de pessoas a quem fiz essa pergunta, nenhuma respondeu "eu me aposentaria". Algumas (que, na verdade, têm mais dinheiro do que são capazes de gastar) responderam que não mudariam nada do que fazem. Outras se imaginaram abrindo uma empresa ou organização filantrópica para servir à humanidade.

O interessante é que quando as motivações materiais desaparecem, surgem as espirituais. Paz de espírito — que tem mais a ver com relaxamento do ego do que com a obtenção de recursos — gera um rompante de entusiasmo. As pessoas se sentem desimpedidas de manifestar seus sonhos mais queridos. Querem fazer o que amam e contribuir com o mundo através disso. No lugar de ver o mercado como um instrumento para provar sua superioridade em relação aos outros, veem-no como um meio de expressar seu amor.

Quando as pessoas fazem negócios de uma perspectiva iluminada, não há tensão entre as buscas materiais e espirituais. Negócios iluminados integram sabedoria e compaixão como respaldo ao desenvolvimento humano: através deles, sabedoria espiritual e utilidade econômica tornam-se uma única coisa.

AUTOTRANSCENDÊNCIA

Nossas atividades profissionais definem nossas identidades. Elas nos dão comunidade, senso de propósito e de sentido, desafios e oportunidades para sucesso e integridade e nos emprestam senso de poder e capacidade. As pessoas se sentem felizes no trabalho quando se sentem respeitadas, escutadas, valorizadas, apoiadas, confiadas a trabalhos desafiadores e de sentido que lhes permitem contribuir para a missão da empresa com autonomia, poder e integridade. Isso é o que o psicólogo Abraham Maslow chamou de "trabalho autorrealizador".

Maslow afirmava que a autorrealização através do compromisso com um trabalho de valor é o caminho mais viável para a felicidade humana no Ocidente — em oposição a ficar o dia inteiro sentado em uma caverna. Trabalho autotranscendente é uma forma poderosa de superar o ego, de libertar-se das amarras da preocupação egoísta: "O mundo interno e externo se fundem, tornando-se apenas um."[31]

O objetivo mais amplo dos negócios, assim, não é vencer ou fazer dinheiro, mas crescer através do serviço autotranscendente. O empenho iluminado de vencer no mercado está subordinado ao comprometimento em apoiar o florescimento de todos os seres humanos. O sucesso não é mais a finalidade dos negócios; é um meio de expressar a natureza mais elevada de alguém: o amor.

E o mundo precisa de muito amor. Bilhões de pessoas, na atualidade, não estão em melhores condições do que nossos ancestrais de milênios atrás. Metade da população mundial, por exemplo, vive com renda inferior a US$ 2,50 diários.[32] E 71% da população mundial vive com menos de dez dólares diários. (A linha da pobreza nos Estados Unidos gira em torno de 35 dólares por dia). Esses números não mostram apenas miséria. Eles sintetizam condições sociais que afetam a sensibilidade de quem quer que se preocupe com seres humanos. As oportunidades de desenvolvimento são infinitas e mal começamos a tateá-las.[33]

Conectar pessoas aos seus propósitos mais elevados no trabalho resolve o problema mais difícil que pode enfrentar um indivíduo (como atingir imortalidade simbólica?), uma empresa (como alinhar interesses individuais a propósitos compartilhados?), sociedades (como gerar paz, prosperidade e progresso?) e a humanidade (como evitar a autodestruição e coexistir em ágape?).

Líderes transcendentes constroem empresas que abarcam todo o espectro — de entidades econômicas que suprem as necessidades materiais a templos de sentido que suprem as espirituais. Uma vez obtidos sucesso e segurança, propósito é o que importa. Em nossa era de riqueza e pobreza extremas, existe uma cobrança ainda maior para que líderes de empresas transformem seu local de trabalho em uma força criadora para o bem no mundo.

A humanidade atingiu um estado de consciência em que é possível aproveitar o desejo por propósito na forma de comprometimento para servir os outros no mercado. Agora, precisamos de líderes dotados da superconsciência necessária para realizar essa tarefa. "Quando um líder demonstra que seu objetivo é nobre", observa o autor de *Flow*, Mihaly Csikszentmihalyi, "que o trabalho permitirá às pessoas se conectarem a algo maior — mais permanente do que a existência material —, elas darão o melhor de si à empresa."[34] Quando as pessoas dão o melhor de si no serviço de um propósito nobre, tornam-se os seres mais elevados que são capazes de ser e criam o melhor mundo que são capazes de imaginar.

EPÍLOGO
O que fazer na segunda de manhã.

Depois do êxtase, a lavanderia.
— Jack Kornfield

Uma vez que você tem clareza sobre quem realmente é, vem o difícil trabalho diário de se manter consciente. Para ser um líder transcendente, depois do êxtase de descobrir sua verdadeira natureza e regressar de sua jornada heroica com um presente para a comunidade, você precisa fazer a lavação de roupa metafórica. Você terá que pôr seus compromissos fundamentais em prática todos os dias. Terá que manifestar seu propósito nobre, seus princípios éticos e sua conexão com as pessoas em todas as ações. Com isso, não vai somente liderar uma empresa, mas também, graças à dinâmica do mercado, realizar mudanças bem maiores.

Qualquer empresa liderada por, além de uma cabeça, um coração transcendente inspira — e compele — os outros a adotar modelos de negócio dignos de admiração. Empresas com marcas de talento e índices elevados de comprometimento de seus funcionários, por exemplo, criam padrões que atraem talentos como um ímã e têm pouca rotatividade. São talentos que não vão para outras empresas que gostariam de lucrar com eles. Da mesma forma que a competição beneficia os consumidores no mercado de produtos, estimulando melhoras em inovação, serviço, qualidade e preço, a competição no mercado de trabalho beneficia os funcionários, estimulando ambientes de trabalho capazes de estimular o desenvolvimento pessoal.

LIDERANÇA & PROPÓSITO

Em retorno, quem se sai bem no trabalho também ajuda a empresa se sair bem. De acordo com a Gallup, as quarenta empresas que recebem o prêmio anual de ambiente de trabalho excelente "compreendem que o comprometimento dos funcionários é uma força que impulsiona resultados importantes nos negócios" e são recompensadas com "maior comprometimento dos funcionários, eficiência, qualidade e aumento produtivo". A Gallup afirma que essas empresas têm média de nove funcionários comprometidos para cada um ativamente descomprometido, "resultado cinco vezes melhor que o nível médio dos Estados Unidos e mais de 16 vezes superior ao patamar mundial".[1] Tal comprometimento gera um círculo virtuoso. As empresas com melhor nível de comprometimento segundo a Gallup atraem os melhores talentos, o que as torna financeiramente bem-sucedidas; isso, em contrapartida, permite que cresçam e atraiam ainda mais talentos, e assim por diante. Mais importante: essas empresas superam as que se recusam a humanizar seus ambientes de trabalho, da mesma maneira que inovadores extinguem competidores obsoletos no mercado de produtos.

Durante milênios, os seres humanos dependeram da comunidade como uma espécie de apólice de seguro. Você realiza "depósitos" se dando bem e ajudando os vizinhos, e conta com a reciprocidade deles quando precisa de ajuda. A mesma coisa acontece em uma empresa. Quando um líder cuida de seu pessoal e lhes oferece a oportunidade de transcender duas mortalhas morais, eles retribuem tomando conta da empresa e dando tudo de si à missão. Tomar conta das pessoas significa lhes dar propósito, missão, estratégia, senso de comunidade, bondade, atenção, apoio, orgulho e uma série de bens não materiais que desembocam em bem-estar, crescimento e felicidade duradoura.

Como isso tudo implica em nosso comportamento como líder transcendente, a começar na segunda-feira de manhã?

- *Defina os propósitos nobres de sua empresa e atenha-se a eles.* Inspire sua equipe a buscá-los de acordo com valores éticos elevados. Discuta por que sua empresa faz o que faz, quem beneficia e como deve realizá-lo. Por exemplo: a ABC Supply Company, empresa de 12 mil funcionários que venceu onze vezes o prêmio da Gallup, distribuidora de materiais como janelas, telhas e tapumes para construtoras nos Estados Unidos, foi construída com o "sonho de cuidar de nossos clientes melhor que qualquer pessoa", segundo sua presidente, Diane Hendricks.[2]

- *Descreva a missão de sua empresa de maneira que seus filhos tivessem orgulho de você ao contar para os amigos da escola.* Incentive todos a explicar com suas próprias palavras como a missão pode ser realizada. Certifique-se de que todos compreendem o propósito nobre da empresa (a ABC, por exemplo, se "dedica a promover e preservar o sonho americano, ajudando as pessoas a fazer o impossível — baseada em nossa crença fundamental de que todos têm, dentro de si, a capacidade de realizar grandes coisas") e como seu trabalho em particular contribui com isso.
- *Transforme obediência em comprometimento.* Convide as pessoas a escolherem fazer parte da empresa porque o trabalho que esta realiza faz parte de sua missão de vida, não simplesmente porque é seu trabalho.
- *Diferencie o papel e o trabalho de cada um. Esclareça que seu trabalho aparente é seu papel, mas que seu trabalho real é ajudar a equipe a vencer.* Reforce sempre essa ideia para desfazer a miragem de que otimizar indicadores locais de desempenho otimizará o desempenho global da empresa. Lembre-se do zelador da Nasa que respondeu com orgulho ao presidente Kennedy que estava trabalhando para "levar o homem à lua".
- *Estabeleça princípios éticos que promovam o bem-estar e o desenvolvimento de todos que entrarem em contato com a empresa.* Aja de acordo com esses princípios em todas as suas ações e demande que todos os colaboradores da empresa, não somente funcionários, mas também prestadores de serviço, fornecedores e mesmo clientes façam o mesmo. Nas palavras do filósofo grego Heráclito: "Faça somente aquilo que esteja em concordância com seus princípios e que suporte ver a luz do dia.

O conteúdo de seu caráter [e da cultura de sua empresa] é de sua escolha. Dia após dia, o que você pensa, escolhe e faz é aquilo que você se torna. Sua integridade é seu destino."[3]

- *Crie um grupo de irmãos e irmãs movido a missões e valores.* Estimule o senso de comunidade através de respeito, inclusão e pertencimento para todos que partilham da missão e valores da empresa. Fortaleça os laços pessoais em toda a hierarquia e para além das fronteiras legais da empresa, até todos que participam de seu projeto.
- *Garanta que todos os membros da empresa tenham alguma medida de autonomia sobre como cumprem seus deveres.* Permita-lhes servir ao propósito com o máximo de autonomia possível. Autorize-os a exercer poder no ambiente em que trabalham e a ter máximo poder de escolha na obtenção de resultados.
- *Inste as pessoas a enfrentar desafios que as forçarão a descobrir novas formas de pensar e agir.* Promova uma mentalidade de crescimento, afastando medos e incentivando os funcionários a trabalhar em fluidez. Festeje a "tomada inteligente de riscos", sobretudo quando um experimento não der certo. Converta-o em experiência de aprendizado e transforme a lição em ação do capital intelectual da empresa.
- *Compense as pessoas competitiva e equitativamente, mas não dependa de incentivos financeiros para motivá-las.* Atraia missionários e rechace mercenários oferecendo um pacote de benefícios materiais e não materiais que valorizem os primeiros. Use dinheiro somente para tirar o assunto "dinheiro" da mesa.
- *Desenvolva uma cultura de estratégia através dos quatro D's: defina os padrões, demonstre os padrões e demande os padrões.* Depois, demande que todos também demandem os padrões, *delegando os padrões* aos próximos níveis.
- *Exemplifique, exemplifique, exemplifique.* Da mesma forma que as atitudes de seus pais disseram a você o que importava de verdade em sua família, deixe que suas ações digam aos observadores quais são seus valores. Confronte com humildade quem pareça se desviar deles, sem culpar, pedindo que digam

seus motivos. Convide quem você pensa desviar-se dos valores a confrontá-lo com humildade, pedindo que diga seus motivos. Corrija qualquer desvio real.

- *Assuma resposta-habilidade incondicional diante de qualquer circunstância que encontrar.* Assuma sua parte no problema como sua parte na solução. Priorize os aspectos da situação que sejam de sua alçada. Explique os problemas como decorrentes de sua incapacidade de responder de forma eficaz aos desafios que encontrou e considere o que precisa aprender para expandir sua capacidade no futuro. Convide os demais em sua empresa a adotar essa postura.
- *Lembre que você nem sempre pode garantir sucesso, mas detém sempre o poder incondicional de garantir integridade* — que é um sucesso ainda maior. Desafie todos à sua volta a parar de se verem como vítimas das circunstâncias e se verem como senhores de suas escolhas.
- *Veja os conflitos como desentendimentos estratégicos sobre a melhor forma de atingir o objetivo.* Entenda que eles são inevitáveis em qualquer organização complexa, pois as pessoas estão lidando com seus próprios medidores subsistêmicos de desempenho e informações incompletas. Lembre que todos estão tocando apenas uma parte do elefante (organizacional) e que aqueles que observam o elefante de longe não têm como ver os detalhes. Resolva esses conflitos de forma colaborativa, usando a missão e os valores da empresa como medidores de sua nobreza.
- *Inicie conversas para resolver qualquer conflito, em especial os que têm sido evitados porque você teme desapontar ou não ser bem quisto pelos outros.* Comece essas conversas definindo em conjunto uma meta em comum. Entenda o ponto de vista de sua contraparte. Explique seu ponto de vista. Crie uma solução aceitável para os dois ou defina um compromisso de acirramento conjunto. Não termine a conversa sem o compromisso firme de implementar o acordo, independente de qual seja.

- *Estabeleça um sistema de "acirramento colaborativo"* em que as pessoas levem conflitos insolúveis à atenção de seus superiores, dando-lhes as informações pormenorizadas necessárias para a tomada de decisão global. Garanta que tais acirramentos sejam vistos como exemplos de acirramento colaborativo, não de acirramentos conflituosos. Use esse sistema para preservar as relações de trabalho frente a decisões difíceis com custos e benefícios ambíguos e descentralizados. Use-o também para expor qualquer tentativa de otimizar subsistemas em detrimento do sistema global.
- *Cumpra suas promessas sempre que possível e, quando não for possível, honre sua palavra dando a saber ao outro quais são os entraves e as consequências de sua quebra de palavra.* Estabeleça isso como regra de comportamento básica, exigindo que as pessoas filiadas à empresa vivam da mesma forma. Lembre a si mesmo e aos outros que nada dá certo sem integridade. Considere qualquer transgressão repetitiva com a mesma seriedade de uma fraude ou desrespeito abusivo.
- *Busque constantemente aprender e melhorar as dimensões do Eu, do Nós e do Isso.* Pergunte aos outros como você mesmo pode melhorar e convide-os a fazer o mesmo. Discuta com os outros — não somente com seus pares, mas com superiores e subalternos na hierarquia também — como vocês poderiam melhorar juntos a maneira de trabalhar, de se relacionar e de ajudar no bem-estar mútuo.
- *Não diga às pessoas o que espera delas.* Em vez disso, diga-lhes que têm direito de exigir de você e de sua equipe de liderança, incluindo honestidade sem limites e apoio pessoal.
- *Lembre que um verdadeiro líder não tem seguidores.* Um verdadeiro líder tem "investidores de energia". Saia da frente e seja um caminho que conecte pessoas a valores e missões. Ofereça uma plataforma pela qual realizem coisas grandes e conquistem imortalidade simbólica.
- *Dome seu ego.* Pare de se preocupar se é o protagonista mais valoroso e pare de agir de forma agressiva ou defensiva para

EPÍLOGO

> parecer assim. Quebre seus hábitos comuns para lidar com a preocupação e com a própria autoestima observando e abrandando os "beliscões emocionais".
> - *Morra antes de morrer.* Deixe a morte, a consciência de nosso breve e precioso tempo na Terra, dissolver o que não é importante e deixar apenas o que importa. Desperte do sonho de complacência e desligue o piloto automático que não deixa você sair da rota conhecida. Foque em seu legado, em seu "projeto de imortalidade simbólica" e faça disso o norte de sua existência — bem como de sua empresa. Substitua a vitória pelo propósito e o hedonismo (prazer) por moralismo.
> - *Faça a jornada do herói.* Aceite o chamado para a aventura apesar de seus medos. Adentre o submundo, conecte-se com aliados, aprenda quem é, lute sua batalha interna, volte para combater na batalha exterior e regresse à sua comunidade com um presente de consciência e sabedoria. Torne-se um aliado, auxiliando quem também está enfrentando sua jornada difícil.
> - *Volte ao mercado com mão amiga.* Seja um capitalista superconsciente, lucrando com o serviço que presta àqueles à sua volta. Inspire as pessoas a construir um mundo melhor através do ágape, o compromisso de ajudar no bem-estar e desenvolvimento de outros seres humanos.

Como disse no início, todos queremos que nossa vida tenha importância, conferir a ela algum tipo de propósito, servir algo maior que nós, fazer algo que deixe uma marca e diferença na companhia de companheiros que pensem da mesma forma. Entendemos que nossa existência é passageira e que o futuro é assustadoramente vasto. Como podemos construir importância com tão pouca energia e tempo tão limitado na Terra? Essa é a pergunta que todos os seres humanos devem enfrentar e responder se quiserem viver de forma plena.

Como líder transcendente, você vai inspirar o comprometimento interno das pessoas para sanar a fome de propósito delas através de uma missão coletiva, realizada com valores enobrecedores que criam uma comunidade de propósito.

Se fizer as coisas que defendi nesse livro, as pessoas darão o melhor de si a você e à sua empresa, e você encontrará uma felicidade que jamais imaginou alcançar. Quando se preocupar menos com desempenho e focar em sua missão nobre, obterá propósito que o tornará imortal. Nas palavras de Viktor Frankl: "Não mire o sucesso. Quando mais você mirá-lo e colocá-lo como alvo, mais errará. O sucesso, como a felicidade, não pode ser buscado: ele deve ser um resultado e isso só ocorre como o efeito colateral da dedicação de alguém a uma causa maior que si mesmo."[4]

DA ESCRAVIDÃO AO SERVIÇO

Enquanto escrevia este livro, fiz um cruzeiro pelo rio Nilo. Estive no Egito há muitos anos, mas não com minha parceira, Magda, que sempre sonhou em visitar as grandes pirâmides e os templos. Pegamos um voo até Alexandria e embarcamos. Eu me preparei para uma excursão não muito empolgante, pois já a tinha feito. *É um gesto de amor*, consolei a mim mesmo. *Vai ser bom para nosso relacionamento e para minha alma*. Para minha grande surpresa, porém, achei o passeio mais interessante que o primeiro. Vi tudo através dos olhos de Magda e de Ernest Becker. Vi projetos de imortalidade em toda parte: arquitetura, monumentos, rituais, hieróglifos, templos, múmias, pirâmides e obeliscos eram, todos, tentativas de lidar com a angústia de morte.

O que mais me impressionou foram as pichações feitas pelos soldados de Napoleão no templo de Ramsés II. Soldados ingleses também gravaram ali seus nomes. Pessoas totalmente diferentes enviaram a mesma mensagem: "Eu estive aqui." Os egípcios construíram esse templo há 5 mil anos como prova de sua superioridade imperial, e franceses e ingleses conquistaram o lugar milênios depois, inscrevendo seus nomes como prova de sua superioridade imperial. Mesmo separados por um abismo cultural, egípcios da antiguidade e europeus da modernidade tinham o mesmo desejo: ser vistos, admirados e lembrados como pessoas importantes. Enquanto eu meditava sobre a busca humana de imorta-

EPÍLOGO

lidade simbólica, orgulhoso de minha análise objetiva das civilizações passadas, fui sacudido por uma voz em minha mente: *Não se sinta tão à vontade, Fred. Não é por isso também que você está escrevendo seu livro?*

Uma revolução do propósito está sendo produzida no caldeirão do capitalismo superconsciente. Líderes transcendentes são seus catalizadores, criando projetos de imortalidade com vistas ao crescimento de todos os seres sencientes. O mesmo livre mercado que transforma interesse próprio em serviço pode, se operar em um nível superior de consciência, transformar conquista em comunidade, separação em união e medo egoísta em amor de alma. Essa revolução exigirá líderes transcendentes capazes de envolver as pessoas em um projeto fantástico: a criação de estruturas socioeconômicas em que um respeito radical por todos os seres conduza a humanidade a uma nova era.

Você está pronto para se juntar à revolução?

AGRADECIMENTOS

Obrigado a:

Jeff Weiner, que me inspirou e apoiou.
Reid Hoffman, que expandiu e depurou minhas ideias.
Sheryl Sandberg, que compartilhou heroicamente sua verdade.
Mike Gamson, que me ajudou a cruzar a linha de chegada.
Bronwyn Fryer, que me ajudou a escrever.
Steve Ross, que ajudou a transformar essa ideia em matéria.
Roger Scholl, que me permitiu fazer acontecer.

O LinkedIn é uma empresa com mais de dez mil funcionários e todos cometem erros. Não é uma cultura perfeita, mas está tentando chegar lá e está se saindo melhor que a maior parte das organizações com que tratei. Um dos motivos que torna o LinkedIn um ótimo lugar para trabalhar é que ele ajuda seus funcionários a crescer profissionalmente. Sou grato ao LinkedIn por permitir que eu compartilhasse com honestidade minhas experiências com um público mais amplo, de fora da empresa. É importante que eu diga que o conteúdo desse livro representa meus pontos de vista e intepretações pessoais, e não necessariamente os do LinkedIn.

NOTAS

CAPÍTULO 1: UM WORKSHOP QUENTE

1. Você pode ouvir a conversa no SoundCloud neste endereço: <http://soundcloud.com/ryan-block-10/comcastic-service>.
2. Disponível em: <https://branyquote.com/quotes/w_edwards_demiry_672627>.
3. David Gelles, "At Aetna, a C.E.O.'s Management by Mantra", *The New York Times*, 27 de fevereiro de 2015. Disponível em: <http://www.nytimes.com/2015/03/01/business/at-aetna-a-ceos-management-by-mantra.html>.
4. Roy F. Baumeister, Kathleen D. Vohs, Jennifer L. Aaker e Emily N. Garbinsky, "Some Key Differences Between a Happy Life and a Meaningful Life", *The Journal of Positive Psychology* 8, nº 6 (2013): p. 505-16.
5. Presenciei pessoalmente o "paradoxo da autoria" muitas vezes. Fico feliz por ter escrito *Metamanagement* (3 vols., em espanhol), *Consciência nos negócios* e *Liderança & propósito*, mas não posso dizer que desfrutei do processo de escrevê-los. Foram como nove meses de trabalho de parto depois de anos de gravidez mental. Para mim, escrever livros diminui a felicidade, mas aumenta o propósito.
6. Baumeister, Vohs, Aaker e Garbinsky, "Some Key Differences Between a Happy Life and a Meaningful Life".
7. Disponível em: <https://blogs.scientificamerican.com/beautiful-minds/the-differences-between-happiness-and-meaning-in-life/>.
8. Baumeister, Vohs, Aaker e Garbinsky, "Some Key Differences Between a Happy Life and a Meaningful Life".

NOTAS

9. Disponível em: <http://news.gallup.com/poll/154607/Americans-Emotional-Health-Reaches-Four-Year-High.aspx?utm_source=alert&utm_term=USA%20-%20Wellbeing%20-%20Well-Being%20Index>.

10. Disponível em: <http://onlinelibrary.wiley.com/doi/10.1111/j.1258-0854.2010.01035.x/abstract>.

11. Disponível em: <http://www.huffingtonpost.com/todd-kashdan/whats-wrong-with-happiness_b_740518.html>.

12. Viktor Frankl, *Man's Search for Meaning* (Boston: Beacon Press, 1946, 2006).

CAPÍTULO 2: DESCOMPROMETIMENTO

1. Brian Solomon, "Yahoo Sells to Verizon in Saddest $5 Billion Deal in Tech History", *Forbes*, 25 de julho de 2016. Disponível em: <http://www.forbes.com/sites/briansolomon/2016/07/25/yahoo-sells-to-verizon-for-5-billion-marissa-mayer/#62c080fd71b4>.

2. Arjun Kharpal, "Verizon Completes Its $4.48 Billion Acquisition of Yahoo; Marissa Mayer Leaves with $23 Million", CNBC, 13 de junho de 2017. Disponível em: <http://www.cnbc.com/2017/06/13/verizon-completes-yahoo-acquisition-marissa-mayer-resigns.html>.

3. Todd Spangler, "Yahoo's False Prophet: How Marissa Mayer Failed to Turn the Company Around", *Variety*, 24 de maio de 2016. Disponível em: <http://variety.com/2016/digital/features/marissa-mayer-yahoo-ceo-1201781210>.

4. Miguel Helft, "The Last Days of Marissa Mayer?", *Forbes*, 19 de novembro de 2015. Disponível em: <http://www.forbes.com/sites/miguelhelft/2015/11/19/the-last-days-of-marissa-mayer/#5463c48b6bff>.

5. Mike Myatt, "Marissa Mayer: A Case Study in Poor Leadership", *Forbes*, 19 de novembro de 2015. Disponível em: <http://www.forbes.com/sites/mikemyatt/2015/11/20/marissa-mayer-case-study-in-poor-leadership/#56d238e93795>.

6. Teresa Amabile e Steve Kramer, "How Leaders Kill Meaning at Work", *McKinsey Quarterly*, janeiro de 2012. Disponível em: <http://www.mckinsey.com/global-themes/leadership/hou-leaders-kill-meaning-at-work>.

7. Murray Rothbard, "The Mantle of Science", in: *Scientism and Values*, ed. Helmut Schoeck e James W. Wiggins (Princeton: D. Van Nostrand, 1960).

8. "Louise Bush-Brown", Bartleby.com, última modificação em 2015. Disponível em: <http://www.bartleby.com/73/458.html>.

9. Amy Adkins, "Majority of U.S. Employees Not Engaged Despite Gains in 2014", Gallup, 28 de janeiro de 2015. Disponível em <http://www.gallup.com/poll/181289/majority-employees-not-engaged-despite-gains-2014.aspx>.

10. "State of the American Workplace Report 2013", Gallup. Disponível em: <http://www.gallup.com/services/178514/state-american-workplace.aspx?g_source=EMPLOYEE_ENGAGEMENT&g_medium=topic&g_campaign=tiles>.

NOTAS

11. Brandon Rigoni e Bailey Nelson, "Millennials Not Connecting with Their Company's Misson", Gallup, 15 de novembro de 2016. Disponível em: <http://www.gallup.com/businessjournal/197486/millennials-not-connecting-company-mission.aspx?g_campaign=tiles>.

12. Gallup, "State of the American Workplace Report 2013".

13. Robyn Reilly, "Five Ways to Improve Employee Engagement Now", Gallup, 7 de janeiro de 2014. Disponível em: <http://www.gallup.com/businessjournal/166667/five-ways-improve-employee-engagement.aspx>.

14. Ibid.

15. Les McKeown, "A Very Simple Reason Employee Engagement Programs Don't Work", *Inc*, 10 de setembro de 2013. Disponível em: <http://www.inc.com/les-mckeown/stop-employee-engagement-and-address-the-real-problem-.html>.

16. "Chaplin Modern Times Factory Scene", YouTube, 5 de setembro de 2015. Disponível em: <https://www.youtube.com/watch?v=HPSK4zZtzLI>.

17. Elaine Hatfield, John Cacioppo e Richard Rapson, "Emotional Contagion", *Current Directions in Psychological Sciences* 2, nº 3 (junho de 1993): p. 96-99.

18. Amy Adkins, "U.S. Employee Engagement Flat in May", Gallup, 9 de junho de 2015. Disponível em: <http://www.gallup.com/poll/183545/employee-engagement-flat-may.aspx>.

19. "How Seligman's Learned Helplessness Theory Apllies to Human Depression and Stress", Study.com, última modificação em 2017. Disponível em: <http://study.com/academy/lesson/how-seligmans-learned-helplessness-theory-applies-to-human-depression-and-stress.html>.

20. A meta de uma organização sem fins lucrativos é cuidar dos doentes, alimentar os famintos ou educar crianças, mas, ainda assim, precisa atender as demandas de seus investidores e doadores.

21. Susie Cranston e Scott Keller, "Increasing the 'Meaning Quotient' of Work", *McKinsey Quarterly*, janeiro de 2013. Disponível em: <http://www.mckinsey.com/business-functions/organization/our-insights/increasing-the-meaning-quotient-of-work>.

22. James C. Collins, *Good to Great: Why Some Companies Make the Leap... and Others Don't*. (Nova York: HarperBusiness, 2011).

23. "Quotes, Authors, Humberto Maturana", AZ Quotes, última modificação em 2017. Disponível em: <http://www.azquotes.com/quote/703635>.

24. "What Drives Employee Engagement and Why It Matters", Dale Carnegie Training, 2012. Disponível em: <https://www.dalecarnegie.com/assets/1/7/driveengagement_101612_wp.pdf>.

25. A Campbell Soup Company foi fundada em 1869.

26. Terry Waghorn, "How Employee Engagement Turned Around at Campbell's", *Forbes*, 23 de junho de 2009. Disponível em: <http://www.forbes.com/2009/06/23/employee-engagement-conant-leadership-managing-turnaround.html>.

NOTAS

27. Doug Conant (@DougConant), "To win in the marketplace you must first win in the workplace", Twitter, 29 de agosto de 2015. Disponível em: <https://twitter.com/dougconant/status/3731557992224480896>.

28. Waghorn, "How Employee Engagement Turned Around at Campbell's".

CAPÍTULO 3: DESORGANIZAÇÃO

1. Veja Uri Gneezy, Ernan Haruvy e Hadas Yafe, "The Inefficiency of Splitting the Bill", *The Economic Journal* 114, nº 495 (1º de abril de 2004): p. 265-80. Disponível em: <do i:10.1111/j.1468-0297.2204.00209.x>.

2. Richard J. Maybury, "The Great Thanksgiving Hoax", Mises Institute, 27 de novembro de 2014. Disponível em: <http://mises.org/library/great-thanksgiving-hoax-1>.

3. Chris Argyris, "Teaching Smart People How to Learn", *Harvard Business Review*, maio-junho de 1991. Disponível em: <http://hbr.org/1991/05/teaching-smart-people-how-to-learn>.

CAPÍTULO 4: DESINFORMAÇÃO

1. Um tanque cheio tem três mil PSI de oxigênio, o que permite quase uma hora debaixo d'água em um mergulho normal. Instrutores de mergulho exigem que os mergulhadores voltem para a superfície quando o tanque atingir mil PSI, para que o mergulhador tenha ar suficiente para uma parada de segurança. O limite absoluto é de quinhentos PSI, ponto em que o medidor fica vermelho e começa a gritar "PERIGO!".

2. Contei uma versão desta história em *Conscious Business: How to Build Value Through Values* (Boulder, CO: Sounds True Publishing, 2006) [Ed. bras.: *Consciência nos negócios: Como construir valor através de valores*. Rio de Janeiro: Campus Elsevier, 2007].

3. Friedrich A. von Hayek, *The Fatal Conceit: The Errors of Socialism* (Chicago: University of Chicago Press, 1988).

4. Baseio isso no famoso experimento de Schrödinger com um gato, paradoxo explicado de forma bem simples aqui: <http://astronimate.com/article/schrodingers-cat-explained/>.

5. Friedrich A. von Hayek, "The Use of Knowledge in Society", *The American Economy Review* 35, nº 4 (setembro de 1945): p. 519-30.

6. Ludwig von Mises, *Socialism: An Economic and Sociological Analysis* (New Haven: Yale University Press, 1951).

7. Alfred Chandler Jr., *The Visible Hand: The Managerial Revolution in American Business* (1977; repr., Cambridge: Belknap Press of Harvard University Press, 1993).

8. Murray Rothbard, "Man, Economy and State, with Power and Marker", *Mises Institute*, 2004. Disponível em: <http:bb/mises.org/library/man-economy-and-state-power-and-market/html/pp/1038>.

9. Isaac Asimov, "The Machine That Won the War", Scribd.com, última modificação em 2017. Disponível em: <http://www.scribd.com/doc/316453610/The-Machine-That--Won-the-War>.

CAPÍTULO 5: DESILUSÃO

1. "Volkswagen's Executives Describe Authoritarian Culture Under Former CEO", *The Guardian*, 10 de outubro de 2015. Disponível em: <http://www.theguardian.com/business/2015/ost/10/volkswagen-executives-martin-winterkorn-company-culture>.
2. Joann Muller, "How Volkswagen Will Rule the World", *Forbes*, 6 de maio de 2013. Disponível em: <http://www.forbes.com/sites/joanmuller/2013/04/17/volkswagens--mission-to-dominate-global-auto-industry-gets-noticeably-harder/>.
3. "Volkswagen's Executives Describe Authoritarian Culture Under Former CEO".
4. "Former VW CEO Quits as Audi Chair as Emission-Scandal Probes Continue", Reuters, 12 de novembro de 2015. Disponível em: <http://www.reuters.com/article/us-volkswagen-emissions-audi-idUSKCN0T10MR20151112#uO2kaAmSzGO27E4g.97>.
5. Mark Thompson e Chris Liakos, "Volkswagen CEO Quits over 'Grave Crisis'", CNN Monew, 23 de setembro de 2015. Disponível em: <http://money.cnn.com/2015/09/23/news/companies/volkswagen-emissions-crisis/indez.html?iid=EL>.
6. Paul R. La Monica, "Volkswagen Has Plunged 50%. Will It Ever Recover?", CNN Money, 25 de setembro de 2015. Disponível em: <http://money.cnn.com/2015/09/24/investing/volkswagen-vw-emissions-scandal-stock/>.
7. Sarah Sjolin, "Volkswagen Loses €14 Billion in Value as Scandal Related to Emissions Testes Deepens", MarketWatch, 21 de setembro de 2015. Disponível em: <http://marketwatch.com/story/volkswagen-loses-14-billion-in-value-as-scandal-related--to-emissions-testes-deepens-2015-09-21>.
8. Hiroko Tabuchi, Jack Ewing, e Matt Apuzzo, "6 Volkswagen Executives Charged as Company Pleads Guilty in Emissions Case", *The New York Times*, 11 de janeiro de 2017. Disponível em: <https://www.nytimes.com/2017/01/11/business/volkswagen-diesel-vw-settlement-charges-criminal-html?ref=todayspaper&_r=1>.
9. Peter Campbell, "Volkswagen's Market Share Falls After Scandal", Financial Times, 15 de julho de 2016. Disponível em: <https://www.ft.com/content/35575f80-4a75-11e6-b387-64ab0a67014c>.
10. Ben Webster, "Volkswagen Emissions Scam 'Means Early Death for Thousands in Europe'", *The Times*, 4 de março de 2017. Disponível em: <http://www.thetimes.com.uk/edition/news/volkswagen-emissions-scam-means-early-death-for-thousans-in--europe-rmhcgsnrx?CMP=TNLEmail_118918_1415750>.
11. Thompson e Liakos, "Volkswagen CEO Quits over 'Grave Crisis'".
12. Tabuchi, Ewing e Apuzzo, "6 Volkswagen Executives Charged as Company Pleads Guilty in Emissions Case".

NOTAS

13. Elizabeth Anderson, "Volkswagen Crisis: How Many Investigations Is the Carmaker Facing?" *The Telegraph*, 29 de setembro de 2015. Disponível em: <http://www.telegraph.co.uk/finance/newsbysector/industry/11884872/Volkswagen-crisis-how-many-investigations-is-the-carmaker-facing.html>.

14. A professora de Harvard Amy Edmondson realizou diversas pesquisas em segurança psicológica. Ver Amy Edmondson, "Managing the Risk of Learning: Psychological Safety in Work Teams", Harvard Business School, 15 de março de 2002. Disponível em: <http://www.hbs.edu/faculty/Publication%20Files/02-062_0b5726a8-443d-4629-9e75-736679b870fc.pdf>; e Amy Edmondson, "Building a Psychologically Safe Workplace," TEDxTalks, 4 de maio de 2011. Disponível em: <http://www.youtube.com/watch?v=LhoLuui9gX8>.

15. Economistas comportamentalistas descobriram que simplesmente pensar em dinheiro pode levar a comportamentos desonestos. Ver Gary Belsky, "Why (Almost) All of Us Cheat and Steal", *Time*, 18 de junho de 2012. Disponível em: <http://business.time.com/2012/06/18/why-almost-all-of-us-cheat-and-steal/>. Ver Dan Ariely, *The (Honest) Truth About Dishonesty: How We Lie to Everyone, Including Ourselves* (Nova York: HarperCollins, 2015).

16. Eric Newcomer, "In Video, Uber CEO Argues with Driver over Falling Fares", *Bloomberg*, 28 de fevereiro de 2017. Disponível em: <http://www.bloomberg.com/news/articles/2017-02-28/in-video-uber-ceo-argues-with-driver-over-falling-fares>.

17. Mike Isaac, "Uber Flunks the Better Business Bureau Test", *The New York Times*, 9 de outubro de 2014. Disponível em: <http://bits.blogs.nytimes.com/2014/10/09/uber-flunks-the-better-business-bureau-test/?_r=0>.

18. Mike Isaac, "Inside Uber's Agressive, Unrestrained Workplace Culture", *The New York Times*, 22 de fevereiro de 2017. Disponível em: <http://www.nytimes.com/2017/02/22/technology/uber-workplace-culture-html>.

19. Mike Isaac, "Uber Founder Travis Kalanick Resigns as C.E.O.", *The New York Times*, 21 de junho de 2017, http://www.nytimes.com/2017/06/21/technology/uber-ceo-travis-kalanick-html.

20. Pascal-Emmanuel Gobry, "How You Know the CEO is a Goner", *Bloomberg*, 23 de junho de 2017. Disponível em: <http://www.bloomberg.com/view/articles/2017-06-23/uber-s-boss-wasn-t-fired-for-bad-behavior>.

21. Mike Isaac, "Inside Uber's Agressive, Unrestrained Workplace Culture".

22. "'Squish like Grape' from *Karate Kid*," YouTube, 29 de maio de 2010. Disponível em: <http://www.youtube.com/watch?v=Y3lQSxNdr3c>.

23. "Marriage and Men's Health," *Harvard Men's Health Watch*, julho de 2010. Disponível em: <http://www.health.harvard.edu/newsletter_article/marriage-and-mens-health>.

24. Aqui está a citação mais completa da professora Chatman: "Líderes que demonstram valores devem esperar que seus funcionários os interpretem acrescendo-lhes suas próprias camadas de sentido. Com o tempo, inevitavelmente ocorrerá algum evento que exporá o líder ao risco de ser visto como inconsistente com seus valores declara-

dos. Funcionários são impulsionados pela (...) tendência humana a explicar o próprio comportamento de forma generosa (...) e o dos demais de forma pouco compreensiva (...) Quando líderes se comportam de forma que parece violar os valores declarados da empresa, os funcionários concluem que o próprio líder está fracassando em fazer o que diz. Resumidamente, os membros da empresa percebem sua hipocrisia e substituem seu empenho conquistado a duras penas por um cinismo capaz de ameaçar sua performance. A situação é ainda pior, pois, como esses julgamentos interpessoais são inerentemente ameaçadores, os funcionários não dizem nada, inviabilizando que suas conclusões sejam comprovadas de forma justa e impedindo que a empresa aprenda com o evento. O processo se torna cíclico à medida em que os eventos posteriores são usados para provar a hipocrisia e, eventualmente, um número maior de funcionários pode ficar desiludido." Ver Jennifer A. Chatman e Sandra Eunyoung Cha, "Leading by Leveraging Culture", *California Management Review* 45, nº 4 (2203): p. 20-34. Disponível em: <doi:10.2307/41166186>.

25. Dwight Morrow, embaixador norte-americano no México, 1930.

26. Victor Harris e Edward Jones, "The Attribution of Attitudes", *Journal of Experimental Social Psychology* 3, nº 1 (1967): p. 1-24. Disponível em: <doi: 10.1016/0022-1031(67)90034-0>. Para mais informações sobre erros de atribuição, ver <https://en.wikipedia.org/wiki/Fundamental_attribution_error>.

27. Disponível em: <http://gandalfquotes.com/dont-tempt-me-frodo/>.

28. Dacher Keltner, *The Power Paradox: How We Gain and Lose Influence* (New York: Penguin Random House, 2016).

29. Lisa J. Cohen, "What Do We Know About Psychopathy?", *Psychology Today*, 14 de março de 2011. Disponível em: <http://www.psychologytoday.com/blog/handy-psychology-answers/201103>.

30. David Larcker e Brian Tayan, "We Studied 38 Incidents of CEO Bad Behavior and Measured Their Consequences", *Harvard Business Review*, 9 de junho de 2016.

31. Há múltiplas citações desse lugar-comum. Por exemplo, ver Victor Lipman, "People Leave Managers, Not Companies", *Forbes*, 4 de agosto de 2015. Disponível em: <https://www.forbes.com/sites/victorlipman/2015/08/04/people-leave-managers-not-companies/#464f55c347a9>; "How Managers Trump Companies", Gallup, 12 de agosto de 1999. Disponível em: <http://www.gallup.com/businessjournal/523/how-managers-trump-companies.aspx>; "Why People Leave Managers, Not Companies", Lighthouse. Disponível em: <https://getlighthouse.com/blog/people-leave-managers-not-companies/>.

32. Compartilho essa história, como outras ao longo do texto, com a permissão de Jeff.

33. "Glassdoor Announces Highest Rated CEOs for 2016, Employees' Choice Award Winners", MarketWatch, 8 de junho de 2016. Disponível em: <http://www.marketwatch.com/story/glassdoor-announces-highest-rated-ceos-for-2016-employees-choice-award-winners-2016-06-08-7160029>.

NOTAS

CAPÍTULO 6: MOTIVAÇÃO

1. Jack Zenger, Joe Folkman e Scott Edinger, "How Extraordinary Leaders Double Profits", *Chief Learning Officer* (julho de 2009): p. 30-35, 56; Daniel H. Pink, *Drive: The Surprising Truth About What Motivates Us* (Nova York: Riverhead Books, 2009).

2. Citado por Daniel H. Pink, *What Matters? Ten Questions That Will Shape Our Future*, ed. Rik Kirkland (Nova York: McKinsey and Co., 2009), p. 80.

3. Marcus Buckingham e Curt Coffman, *First Break All the Rules* (Londres: Simon & Schuster, 2000).

4. Kathy Gurchiek, "Millennial's Desire to Do Good Defines Workplace Culture", Society for Human Resource Management, 7 de julho de 2014. Disponível em: <https://www.shrm.org/ResourcesAndTools/hr-topics/behavioral-competencies/global-and-culture-effectiveness/Pages/Millenial-Impact.aspx.>

5. Whitney Daily, "Three-Quarters of Millenials Would Take a Pay Cut to Work for a Socially Responsible Company, According to the Research from Cone Communications", Cone Communications, 2 de novembro de 2016. Disponível em: <http://www.conecomm.com/news-blog/2016-cone-communications-millennial-employee-study-press-release>.

6. Adam Smith, *An Inquiry into the Nature and Causes of the Wealth of Nations* (Londres: Methuen & Co., 1776). Disponível em: <http://www.econlib.org/library/Smith/smwN1.html>.

7. Frederick Herzberg, Bernard Mausner e Barbara B. Snyderman, *The Motivation to Work*, 2ª ed. (Nova York: John Wiley & Sons, 1959).

8. Daniel H. Pink, *Drive: The Surprising Truth About What Motivates Us*, 35, edição para Kindle.

9. Frank Newport, "In U.S., Most Would Still Work Even If They Won Millions", Gallup, 14 de agosto de 2013. Disponível em: <http://www.gallup.com/poll/163973/work-even-won-millions.aspx>.

10. Alfie Kohn, *Punished by Reward: The Trouble with Gold Stars, Incentive Plans, A's, Praise, and Other Bribes* (Nova York: Mariner Books, 1995).

11. Barry Schwartz, *Why We Work* (Londres: Simon & Schuster, 2015), p. 53.

12. Uri Gneezy e John List, *The Why Axis: Hidden Motives and the Undiscovered Economics of Everyday Life* (Nova York: Public Affairs, 2013), p. 19-21. Veja também Uri Gneezy e Aldo Rustichini, "A Fine Is a Price," *Journal of Legal Studies* 29, nº 1 (2000): p. 1-17.

13. "Gresham's law," Wikipédia, última modificação em 27 de agosto de 2017. Disponível em: <http://en.wikipedia.org/wiki/Gresham%27s_law>.

14. Fred Kofman, *Conscious Business: How to Build Value Through Values* (Louisville, CO: Sounds True Publishing, 2013), capítulo 3, "Essential Integrity".

15. Equivocadamente traduzida por "felicidade", *eudaimonia* também significa "atividade que produz paz de espírito e crescimento". Veja "Eudaemonism,"

Encyclopaedia Britannica. Disponível em: <https://www.britanniza.com/topic/eudaemonism#ref273308>.

16. Jo Cofino, "Paul Polman: 'The Power Is in the Hands of the Consumers'", *The Guardian*, 21 de novembro de 2011. Disponível em: <http://www.theguardian.com/sustainable-business/unilever-ceo-paul-polman-interview>.

17. Ibid.

18. Sam Harris, *The Moral Landscape* (Londres: Simon & Schuster, 2010), p. 1.

19. Dee Hock, "The Chaordic Organization: Out of Control and into Order," Ratical. Disponível em: <https://www.ratical.org/many_worlds/ChaordicOrg.pdf>.

20. Barry Brownstein, *The Inner-Work of Leadership* (Thornton, NH: Jane Philip Publications, 2010), 54, edição para Kindle.

21. Essa estratégia, entretanto, tem limitações graves, pois, dados nossos limites cognitivos, o grupo natural com que podemos manter relacionamentos estáveis pode crescer até cerca de 150 pessoas — o que chamamos de número de Dunbar. Ver "Dunbar number," Wikipédia, última modificação em 20 de agosto de 2017. Disponível em: <http://en.wikipedia.org/wiki/Dunbar%27s_number>.

22. Yuval Noah Harari, *Sapiens: A Brief History of Humankind* (Nova York: HarperCollins, 2015), p. 27. [Ed. Bras.: *Sapiens: Uma breve história da humanidade*. Porto Alegre: L&PM, 2015.]

23. Richard Dawkins, *The Selfish Gene* (Oxford: Oxford University Press, 1990). [Ed. Bras.: *O gene egoísta*. São Paulo: Companhia das Letras, 2007.]

24. Harari, *Sapiens: A Brief History of Humankind*, p. 27.

25. Bob Chapman e Raj Sisodia, *Everybody Matters: The Extraordinary Power of Caring for Your People like Family* (Nova York: Portfolio/Penguin, 2015).

26. Ibid., p. 54.

27. Simon Sinek, *Leaders Eat Last: Why Some Teams Pull Together and Others Don't* (Nova York: Portfolio/Penguin, 2017), capítulo 2.

28. Ibid.

29. Reed Hastings, "Culture", SlideShare, 1º de agosto de 2009. Disponível em: <http://www.slideshare.net/reed2001/culture-1798664>.

30. Ben Casnocha, Reid Hoffman e Chris Yeh, "Your Company Is Not a Family", *Harvard Business Review*, 17 de junho de 2004. Disponível em: <https://hbr.org/2014/06/your-company-is-not-a-family>; e Reid Hoffman, Ben Casnocha e Chis Yeh, *The Alliance: Managing Talent in the Networked Age* (Boston: Harvard Business Review Press, 2014).

31. De acordo com CS. Lewis, o ágape é uma virtude cristã a ser cultivada. CS. Lewis, *The Four Loves* (Londres: Geoffrey Bles, 1960).

32. Veja Lee Cockerell, *Creating Magic: 10 Common Sense Leadership Strategies from a Life at Disney* (Nova York, Doubleday, 2008).

NOTAS

33. "Our Client Organizations", Gorowe. Disponível em: <http://www.gorowe.com.rowe-certified.organizations/>.

34. Entrevista do autor.

35. Edward L. Deci e Richard M. Ryan, "Facilitating Optimal Motivation and Psychological Well-Being Across Life's Domains", *Canadian Psychology* 49, nº 1 (fevereiro de 2008): p. 14. Citado em Pink, *Drive: The Surprising Truth About What Motivates Us*, p. 225.

36. Pink, *Drive: The Surprising Truth About What Motivates Us*, p. 91.

37. "Russell L. Ackoff", Informs. Disponível em: <https://www.informs.org/Explore/History-of-O.R.-Excellence/Biographical-Profiles/Ackoff-Russell-L>.

CAPÍTULO 7: CULTURA

1. "United Airlines Passenger Forcibly Removed from Overbooked Flight—Video", *The Guardian*, 11 de abril de 2017. Disponível em: <http://www.theguardian.com/world/video/2017/apr/11/united-airlines-passenger-forcibly-removed-from-overbooked-flight-video>.

2. Não foi a primeira vez que a United teve que lidar com vídeos constrangedores que se tornaram virais. Ver "United Breaks Guitars," YouTube, 6 de julho de 2009. Disponível em: <https://www.youtube.com/watch?v=5YGc4zOqozo>.

3. Ed Mazza, "Jimmy Kimmel Creates a Bruttaly Honest New Commercial for United Airlines", Huffington Post, 11 de abril de 2017. Disponível em: <http://www.huffingtonpost.com/entry/jimmy-kimmel-united-commercial_us_58ex7654e4b0df7e2044b81e>.

4. No final das contas, o voo não estava com *overbook*. Ver John Bacon e Ben Mutzabaugh, "United Airlines Says Controversial Flight Was Not Overbooked; CEO Apologizes Again", *USA Today*, 12 de abril de 2017. Disponível em: <http://www.usatoday.com/story/news/nation/2017/04/11/united-ceo-employees-followed-procedures--flier-belligerent/100317166/>.

5. Lauren Thomas, "United CEO Said Airline Had to 'Re-Accommodate' Passenger and the Reaction Was Wild", CNBC, 11 de abril de 2017. Disponível em: <http://www.cnbc.com/2017/04/10/united-ceo-says-airline-had-to-re-accommodate-passenger--and-twitter-is-having-a-riot.html>.

6. Ninguém sabe a verdadeira origem dessa frase. Ver "Did Peter Drucker Actually Say 'Culture Eats Strategy for Breakfast' — and If So, Where/When?", Quora. Disponível em: <https://www.quora.com/Did-Peter-Drucker-actually-say-culture-eats-strategy-for-breakfast-and-if-so-where-when>.

7. Ram Charan e Geoffrey Colvin, "Why CEOs Fail," *Fortune*, 21 de junho de 1999, p. 68-78.

8. Edgar Schein, *Organizational Culture and Leadership* (São Francisco: Jossey-Bass, 1996).

NOTAS

9. Jeffrey Pfeffer, *The Human Equation: Building Profit by Putting People First* (Cambridge: Harvard University Press, 1998).

10. Christopher Elliott, "Southwest Airlines Pilot Holds Plane for Murder Victim's Family", Elliott, 10 de janeiro de 2011. Disponível em: <http://elliott.org/blog/southwest-airlines-pilot-holds-plane-for-murder-victims-family/>.

11. Elias Parker, "7 Companies with Crushworthy Customer Experience," ICMI, 17 de fevereiro de 2016. Disponível em: <http://www.icmi.com/Resources/Customer-Experience/2016/02/7-Companies-with-Crushworthy-Customer-Experience>.

12. C. O'Reilly, Corporations, Culture, and Commitment: Motivation and Social Control in Organizations", *California Management Review* 31, nº 4 (verão de 1989): p. 9-25.

13. Ken Makovsky, "Behind the Southwest Airlines Culture," *Forbes*, 21 de novembro de 2013. Disponível em: <https://www.forbes.com/sites/kenmakovsky/2013/11/21/behind-the-southwest-airlines-culture/#4f7273833798>.

14. "What Are the Funniest Things Southwest Flight Attendants Have Said", Quora. Disponível em: <https://www.quora.com/What-are-the-funniest-things-Southwest-flight-attendants-have-said>.

15. Carmine Gallo, "How Southwest and Virgin America Win by Putting People Before Profit," *Forbes*, 10 de setembro de 2013. Disponível em: <https://www.forbes.com/sites/carminegallo/2013/09/10/how-southwest-and-virgin-america-win-by-putting-people-before-profit/#3338b574695a>.

16. É importante notar que uma cultura eficiente é focada. Isto é, ainda que leve em conta todos os fatores que contribuem com o sucesso estratégico, ela enfatiza o mais essencial com mais determinação. Se um líder tentar estabelecer uma cultura com todas as qualidades descritas, vai acabar diluindo tudo em uma mistura de desempenho medíocre.

17. Schein, *Organizational Culture and Leadership*.

18. John Kotter e James Hesket, *Corporate Culture and Performance* (Nova York: Free Press, 1992).

19. Disponível em: <https://www.bizjournals.com/columbus/news/2016/06/01/japans-big-3-automakers-built-more-cars-in-u-s-.html>.

20. Jennifer Chatman, David Caldwell, Charles O'Reilly e Bernadette Doerr, "Parsing Organizational Culture: How the Norm for Adaptability Influences the Relationship Between Culture Consensus and Financial Performance in High-Technology Firms", *Journal of Organizational Behavior* 35 (12 de fevereiro de 2014): p. 785-808. Disponível em: <doi:10.1002/job.1928>.

21. Mike Gamson, "Take Intelligent Risks", LinkedIn, 23 de fevereiro de 2015. Disponível em: <https://www.linkedin.com/pulse/take-intelligent-risks-mike-gamson/>.

22. George Parker, "Lessons from IBM's Near-Implosion in the Mid-1990's", Quartz, 9 de novembro de 2012. Disponível em: <https://qz.com/26018/it-companies-could-learn-how-ibm-turned-around-in-the-nineties/>.

NOTAS

23. Paul Hemp e Thomas Stewart, "Leading Change When Business Is Good", *Harvard Business Review*, dezembro de 2004. Disponível em: <https://hbr.org/2004/12/leading-change-when-business-is-good>.

24. Parece que Palmisano foi capaz de combinar incentivos materiais e não materiais sem conflitos.

25. Laura Lorenzetti, "Pfizer and IBM Launch Innovative Research Project to Transform Parkinson's Disease Care," *Fortune*, 6 de abril de 2016. Disponível em: <http://fortune.com/2016/04/07/pfizer-ibm-parkinsons/>.

26. Hemp e Stewart, "Leading Change When Business Is Good".

27. Collins, *Good to Great*.

28. "Zappos.com, Nº 86 in 100 Best Companies to Work for 2015", *Fortune*. Disponível em: <http://fortune.com/best-companies/2015/zappos-com-86/>.

29. Keith Tatley, "Zappos—Hiring for Culture and the Bizarre Things They Do", RecruitLoop, 13 de julho de 2015. Disponível em: <http://recruitloop.com/blog/zappos-hiring-for-culture-and-the-bizarre-things-they-do/>.

30. Ibid.

31. Jennifer Chatman, "Matching People and Organizations: Selection and Socialization in Public Accounting Firms", *Administrative Science Quarterly* 36 (1991): p. 459-84.

32. Jennifer Chatman e Sandra Eunyoung Cha, "Leading by Leveraging Culture", *California Management Review* 45, nº 4 (versão de 2003): p. 5-6.

CAPÍTULO 8: RESPOSTA-HABILIDADE

1. Veja Charles Duhigg, *Smarter Faster Better: The Transformative Power of Real Productivity* (Nova York: Random House, 2016) Disponível em: <https://www.amazon.com/Smarter-Faster-Better-Transformative-Productivity-ebook/dp/B00Z3FRYB0>.; e Charles Duhigg, "The Power of Mental Models: How Flight 32 Avoided Disaster", Lifehacker, 16 de março de 2016. Disponível em: <https://lifehacker.com/the-power-of-mental-models-how-flight-23-avoided-disas-1765022753>.

2. Essa seção foi escrita a partir do Capítulo 2 de Kofman, *Consciência nos negócios*.

3. O termo psicológico para esse impulso é "viés de autoconveniência", tendência que as pessoas têm de atribuir sucessos às suas habilidades e aos seus esforços, e fracassos a fatores externos. Veja W. Keith Campbell e Constantine Sedikides, "Self-Threat Magnifies the Self-Serving Bias: A Meta-Analytics Integration", *Review of General Psychology* 3, nº 1 (1999): p. 23-43.

4. Jocko Willink e Leif Babin, *Extreme Ownership: How U.S. Navy SEALs Lead and Win* (Nova York: St. Martin's Press, 2015), p. 17-18.

5. Ibid., p. 22.

6. Ibid., p. 24.

7. Ibid., p. 25-26.
8. Ibid., p. 26-27.
9. Ibid., p. 30.

CAPÍTULO 9: COLABORAÇÃO

1. Disponível em: <https://www.ncbi.nim.nih.gov//pmc/articles/mpc2791717>.
2. Expliquei-as em conscious.linkedin.com.
3. Veja o Capítulo 5 de Kofman, *Consciência nos negócios*, e conscious.linkedin.com (seção sobre comunicação).

CAPÍTULO 10: INTEGRIDADE

1. Disponível em: <https://www.brainyquote.com/authors/mike_tyson>.
2. Amendoim pode causar alergias graves em certas pessoas.
3. Você pode encontrar exemplos dessas dramatizações nas minhas sessões de treinamento em conscious.linkedin.com. Por exemplo, Kofman, "How to Establish and Maintain Commitments: A Coaching Conversation (8.6)", LinkedIn, 9 de outubro de 2015. Disponível em: <https://www.linkedin.com/pulse/how-establish-maintain-commitments-coaching-86-fred-kofman>.
4. Francis Fukuyama, *Trust: The Social Virtues and the Creation of Prosperity* (Nova York: Free Press, 1995).

CAPÍTULO 11: SUPERE A SI MESMO

1. Brandon Black e Shayne Hughes, *Ego Free Leadership: Ending Unconscious Habbits That Hijack Your Business* (Austin, TX: Greenleaf Book Group Press, 2017).
2. A carta de George Wald é citada em Jack Korkfield, *A Path with Heart: A Guide Through the Perils and Promises of Spiritual Life* (Nova York: Bantam, 1993).
3. Black e Hughes, *Ego Free Leadership*.
4. Ibid.
5. Ibid.
6. Em *Good To Great*, Collins descobriu que o pilar de uma grande empresa é a "liderança nível 5". Líderes nível 5 são aqueles que têm humildade, entre outras qualidades. "Líderes nível 5 direcionam as necessidades de seus egos para objetivos além de si mesmos, como construir uma grande empresa", escreveu. "Não é que líderes nível 5 não tenham ego ou interesses próprios. Na verdade, são incrivelmente ambiciosos — mas sua ambição está voltada primordial e principalmente para a instituição, não para si mesmos." A ironia é que a liderança transcendente é o oposto total do que a maioria

NOTAS

das pessoas presume ser um líder. Veja também Jim Collins, "Level 5 Leadership: The Triumph of Humility and Fierce Resolve", *Harvard Business Review*, julho-agosto de 2015. Disponível em: <https://hbr.org/2005/07/level-5-leadership-the-triumph-of-himility-and-fierce-resolve>.

7. Mihaly Csikszentmihalyi, *Good Business: Leadership, Flow, and the Making of Meaning* (Nova York: Penguin Books, 2003).

8. É possível chamar de "magnânimas" pessoas e instituições que tenham alma em abundância (*magnus, animus*, isto é, "alma grande") e de "pusilânimes" as que tenham pouca alma (*pusilus* quer dizer "pequeno"). Alguns sinônimos de *magnânimo* são: generoso, elevado, nobre, valoroso, correto, benevolente, altruísta, atencioso e gentil. Alguns sinônimos de *pusilânime* são: covarde, nervoso, desarticulado, hesitante, trêmulo, sem espírito e mesquinho.

9. "First Follower: Leadership Lessons from Dancing Guy", YourTube, 11 de fevereiro de 2010. Disponível em: <http://www.youtube.com/watch?v=fW8amMCVAJQ>.

10. Entrevista do autor.

11. Entrevista do autor.

CAPÍTULO 12: MORRA ANTES DE MORRER

1. Steve Jobs, "'You've Got to Find What You Love,' Jobs says", *Stanford News*, 14 de junho de 2005. Disponível em: <http://news.stanford.edu/2005/06/14/jobs-061505/>.

2. Del Jones, "CEOs Show How Cheating Death Can Change Your Life", *USA Today*, 9 de março de 2009, http://usatoday30.usatoday.com/money/companies/management/2009-03-09-near-death-executives-n.htm.

3. Rand Leeb-du Toit, "How Dying Redefined My Career", Thread Publishing. Disponível em: <http://threadpublishing.com/stories/how-dying-redefined-my-career/>.

4. Ernest Becker, *The Denial of Death* (Nova York: Free Press, 1997). [Ed. Bras.: *A negação da morte*. Rio de Janeiro: Record, 1991]

5. Para mais sobre a forma como os seres humanos lidam com o medo da morte (também chamado de "gestão do terror"), veja Sheldon Solomon, Jeff Greenberg e Tom Pyszczynski, *The Worm at the Core: On the Role of Death in Life* (Nova York: Random House, 2015); e Ernest Becker, *The Birth and Death of Meaning* (Nova York: Simon & Schuster, 1962).

6. Disponível em: <https://www.brainyquote.com/quotes/quotes/w/williamjam101063.html>.

7. Susan Dominus, "Is Giving the Secret to Getting Ahead?", *The New York Times*, 27 de março de 2013. Disponível em: <http://www.nytimes.com/2013/03/31/magazine/is-giving-the-secret-to-getting-ahead.html>. No Capítulo 14, "Capitalismo superconsciente", argumentarei que o livre mercado é o terreno em que projetos de imortalidade nos negócios, diferentemente de religiões e Estados-nações, podem competir de forma pacífica e construtiva. O livre mercado transforma o interesse próprio em

serviço e o conflito em competição. Vence-se sendo provedor mais eficiente de bens e serviços capazes de tornar a vida melhor. É por isso que defendo que fazer negócios é a melhor maneira de devolver sentido ao mundo.

8. Adam Grant e Kimberly Wade-Benzoni, "The Hot and Cool of Death Awareness at Work: Mortality Cues, Aging, and Self-Protective and Prosocial Motivations", *Academy of Management Review* 34, nº 4 (2009): 600-22.

9. Csikszentmihalyi, *Good Business: Leadership, Flow, and the Making of Meaning*.

10. Michael Pollan, "The Trip Treatment", *The New Yorker*, 9 de fevereiro de 2015. Disponível em: <http://www.newyorker.com/magazine/2015/02/09/trip-treatment>.

11. Ibid.

12. "Carlos Castaneda", Wikipédia, modificado em 14 de setembro de 2017. Disponível em: <http://en.wikipedia.org/wiki/Carlos_Castaneda>.

13. Descobri depois uma forma muito mais segura e igualmente eficiente de acessar tais estados extraordinários através de meditação e "respiração holotrópica", técnica criada pelo psiquiatra Stalisnav Groff (http://www.stalisnavgroff.com/). Recomendo meditação a todos; sobre a respiração holotrópica, seria mais cauteloso, pois ela exige mais psicologicamente. Quando aos psicodélicos, não são recomendados sem a supervisão de um terapeuta especializado ou professor.

14. Sam Harris, *Waking Up: A Guide to Spirituality Without Religion* (Nova York: Simon & Schuster, 2014), p. 4. [Ed. Bras.: *Despertar: Um guia para a espiritualidade sem religião*. São Paulo: Companhia das Letras, 2015.]

15. Pollan, "The Trip Treatment".

16. Mona Simpson, "A Sister's Eulogy for Steve Jobs" *The New York Times*, 30 de outubro de 2011. Disponível em: <http://www.nytimes.com/2011/10/30/opinion/mona-simpsons-eulogy-for-steve-jobs.html>.

CAPÍTULO 13: SEJA UM HERÓI

1. A amizade do general e presidente nacionalista argentino Juan Domingo Perón com Mussolini e Hitler nunca foi segredo.

2. Sobre o contexto da Guerra Suja argentina, veja "Dirty War", Wikipédia, modificado em 11 de setembro de 2017. Disponível em: <http://en.wikipedia.org/wiki/Dirty_War#Casualty_estimates>.

3. Vladimir Hernandez, "Painful Search for Argentina's Disppeared", BBC News, 24 de março de 2013. Disponível em: <http://www.bbc.com/news/world-latin-america-21884147>. Muitos livros e filmes foram feitos para descrever os horrores da Guerra Suja, dentre eles *A história oficial*, que ganhou em 1982 o Oscar de melhor filme estrangeiro, e *O beijo da Mulher-Aranha*. Dentre os livros, *Guerillas and Generals*, de Paul Lewis; *The Little School: Tales of Disappearance and Survival*, de Alicia Partnoy; *Revolutionizing Motherhood: The Mothers of the Plaza de Mayo*, de Marguerite Guzman Bouvard; *Nunca Más/Never Again: A Report by Argentina's National Comis-

NOTAS

sion on Disappeared People da Comisión Nacional sobre la Desaparición de Personas; *A Lexicon of Terror: Argentina and the Legacies of Torture*, de Marguerite Feitlowitz; e *God's Assassins: State Terrorism in Argentina in the 1970s*, de Patricia Marchak.

4. Ka-Tzetnik, *Shivitti: A Vision* (Nova York: Harper and Row, 1989).
5. "Psychedelic therapy", Wikipédia, modificado em 14 de setembro de 2017. Disponível em: <https://en.wikipedia.org/wiki/psychedelic_therapy>.
6. A língua ídiche é bem próxima do alemão; é bem fácil para os alemães compreendê-la.
7. Antes de tornar-se CEO da Campbell Soup Company, Doug Conant enfrentou a mesma situação na RJR Nabisco durante uma guerra licitatória pela empresa (situação que ficou famosa com o livro e o filme chamado *Barbarians at the Gate: The Fall of RJR Nabisco*).
8. Compartilho isso com a permissão de Jeff.
9. Warren Bennis e Robert J. Thomas, "Crucibles of Leadership", *Harvard Business Review*, setembro de 2002. Disponível em: <https://hbr.org/2002/09/crucibles-of-leadership>.
10. "Sheryl Sandberg", Wikipédia, modificado em 17 de setembro de 2017. Disponível em: <https://en.wikipedia.org/wiki/Sheryl_Sandberg>.
11. "Posts de Sheryl Sandberg", Facebook, 3 de junho de 2015. Disponível em: <https://www.facebook.com/sheryl/posts/20155617891025177:0>.
12. Entrevista do autor.
13. "How Sheryl Sandberg's Sharing Manifesto Drives Facebook", *Bloomberg Businessweek*, 27 de abril de 2017. Disponível em: <https://www.bloomberg.com/news/features/2017-04-27/how-sheryl-sandberg-s-sharing-manifesto-drives-facebook>.
14. Veja Kofman, *Consciência nos negócios*, Capítulo 9.
15. "What Is Servant Leadership", Greenleaf Center for Servant Leadership. Disponível em: <https://www.greenleaf.org/what-is-servant-leadership/>.
16. Veja o ato 4, cena 3. "The Life of King Henry the Fifth, Scene III, The English Camp," MIT. Disponível em: <http://shakespeare.mit.edu/henryv/henryv.4.3.html>.

CAPÍTULO 14: CAPITALISMO SUPERCONSCIENTE

1. Você pode ver imagens em Kakuan Shien, "The Ten Oxherding Pictures with Commentary and Verses," Es. (abs.), Nicht. Disponível em: <https://sites.google.com/site/esabsnichtenglisch/kakuan-shien-the-ten-oxherding-pictures-with-commentary-and-verses>.
2. John Koller, *Asian Philosophies* (Upper Saddle River, NJ: Prentice Hall, 2001), p. 253. John Koller, "Ox-Herding: Stages of Zen Practice," Department of Cognitive Science, Rensselaer Polytechnic Institute. Disponível em: <http:www.columbia.edu/cu/weai/exeas/resources/oxhearding/html>.

3. Max Ehrenfreund, "A Majority of Millennials Now Reject Capitalism, Poll Shows", *Washington Post*, 26 de abril de 2016. Disponível em: <https://www.washingtonpost.com/news/wonk/wp/2016/04/25/a-majority-of-millennials-now-reject-capitalism-poll-shows/?utm_term=.526aa75dfde7>.

4. Frederick Bastiat enviou uma "petição dos fabricantes de vela" satírica ao parlamento francês pedindo o fim da "desastrosa competição" com o sol. Ela pode ser vista em http://bastiat.org/en/petition.html.

5. Peter Drucker, *Management: Tasks, Responsabilites, Practices* (William Heinemann Limited, Londres, 1973), p. ix.

6. Eu estava mergulhando sem qualquer aparelho de respiração, ou seja, segurando o ar.

7. Honestidade completa: o LinkedIn, empresa em que trabalho, é agora subsidiária integral da Microsoft.

8. Isso não é sábio, mas é compreensível para quem acredita que intenções viram consequências. De forma geral, não é o caso (de boas intenções o inferno está cheio), sobretudo no capitalismo. "Thomas Hobbes Quotes from *Leviathan* 1651," do site pessoal de Richard Geib's, http://www.rjgeib.com/thoughts/nature/hobbes-quotes.html.

9. Para uma tentadora (e perigosamente equivocada) perspectiva marxista da exploração, veja Richard Wolff, "Marx's Labour Exploitation Theory (in Under For Minutes)," YouTube, 27 de março de 2016. Disponível em: <https://www.youtube.com/watch?v=-XED2nmCFNk>.

10. Nas palavras de Mises, "Competidores buscam excelência e preeminência em suas realizações em um sistema de cooperação mútua. A função da competição é atribuir a todos os membros do sistema social a posição em que possam servir melhor a sociedade como um todo e a todos os seus membros", (Ludwig von Mises, *Human Action* [New Haven: Yale University Press, 1949], p. 117). "É apenas uma metáfora quando chamamos a competição de 'guerra de competição' ou simplesmente de 'guerra'. A função da batalha é destruir; a da competição, construir" (Ludwig von Mises, *Socialism: An Economic and Sociological Analysis* [New Haven: Yale University Press, 1951], p. 285).

11. John Mackey e Raj Sisodia, *Conscious Capitalism* (Boston: Harvard Business Review Press, 2013), p. 13.

12. Ibid.

13. Disponível em: <https://www.brainyquote.com/quotes/quotes/m/miltonfrie412622.html>.

14. John R. Wilmoth, "Increase of Human Longevity: Past, Present and Future," Department of Demography, UC Berkeley, 2009. Disponível em: <http://www.ipss.go.jp/seminar/j/seminar14/program/john.pdf>; "List of countries by life expectancy," Wikipédia, modificado em 15 de setembro de 2017. Disponível em: <https://en.wikipedia.org/wiki/List_of_countries_by_life_expectancy>.

15. Marian Tupy, "For the First Time in History, Less Than 10% of Humanity Lives in Extreme Poverty," Postlight Mercury, 6 de outubro de 2015. Disponível em: <htt-

NOTAS

ps://mercury.postlight.com/amp?url=https://fee.org/articles/the-end-of-extreme-poverty-and-the-great-fact/>.

16. "Last 2,000 Years of Growth in World Income and Population (REVISED)," Visualizing Economics, 21 de novembro de 2007. Disponível em: <http://visualizingeconomics.com/blog/2007/11/21/last_2000-of-growth-in-world-income-and-population-revised>.

17. Steven Pinker, "Now for the Good News: Things Really Are Getting Better", *The Guardian*, 11 de setembro de 2015. Disponível em: <http://www.theguardian.com/commentisfree/2015/sep/11/news-isis-syria-headliness-violence-steven-pinker>.

18. O Capítulo 1 de Mackey e Sisodia, *Conscious Capitalism*, tem tanto a dizer sobre o assunto quanto John Mackey e Michael Strong, *Be the Solution* (Hoboken: John Wiley & Sons, 2009).

19. Hoje, 99% dos norte-americanos designados "pobres" oficialmente têm eletricidade, água corrente, descarga e geladeira; 95% têm televisão, 88% têm telefone, 71% têm carro e 70% têm ar-condicionado. Cornelius Vanderbilt, como aponta o autor Matt Ridley, não teve nada disso. Matt Ridley, *The Rational Optimist* (Nova York: Harper, 2010). [Ed. Bras.: *O otimista racional*. Rio de Janeiro: Record, 2014.]

20. Disponível em: <https://justsomeideascom.files.wordpress.com/2016/05/worldgdppercapita500bc.jog?w=656>, fornecido por J. Bradford De Long, "Estimates of World GDP, One Million B.C.–Present," Department of Economics, UC Berkeley, 1998, http://delong.typepad.com/print/20061012_LRWGDP.pdf.

21. Gregory Clark, *A Farewell to Alms* (Princeton: Princeton University Press, 2007).

22. O postulado sobre a exploração dos trabalhadores pelos capitalistas foi cristalizada por "falsos historiadores". Veja, por exemplo, o caso da Revolução Industrial, relatada de forma falsa por anticapitalistas como Thomas Carlyle e Friedrich Engels. Esses ideólogos políticos espalharam o mito, agora dominante, de que o capitalismo era uma maldição para os trabalhadores pobres, que ele os aprisionou em "fábricas ermas e diabólicas" em benefício de industriais igualmente diabólicos. Não foi o que aconteceu, como argumentou Mises fervorosamente: "É claro, de nosso ponto de vista, que o padrão de vida dos trabalhadores era muito baixo; as condições no início do capitalismo eram alarmantes, mas não porque o capitalismo recém-criado tenha lesado os trabalhadores. As pessoas contratadas para trabalhar nas fábricas já estavam vivendo em níveis praticamente subumanos. A velha e conhecida história, repetida centenas de vezes, de que as fábricas empregavam mulheres e crianças, e de que essas mulheres e crianças, antes de trabalhar nessas fábricas, viviam em condições satisfatórias, é uma das maiores mentiras da história. As mães que trabalhavam nessas fábricas não tinham o que cozinhar; elas não deixavam suas casas e cozinhas para ir às fábricas, elas iam às fábricas pois não tinham cozinhas e, se tivessem cozinhas, não tinham comida para fazer nelas. E as crianças não vinham de creches confortáveis. Elas estavam passando fome e morrendo. E toda a conversa fiada sobre o suposto horror do capitalismo primitivo pode ser refutada com uma única estatística: precisamente nos anos em que o capitalismo britânico surgiu, precisamente na era dita da Revolução Industrial inglesa, os anos que vão de 1760 a 1830, precisamente nesses anos a população da Inglaterra dobrou, o que significa que centenas ou milhões de crianças

— que, em épocas precedentes, teriam morrido — sobreviveram para tornar-se homens e mulheres."

23. A correlação entre capitalismo e prosperidade não se tornou apenas óbvia com o tempo, mas é igualmente evidente em estudos transversais, nos quais a liberdade econômica tem grande correlação com a riqueza e o desenvolvimento econômico. Talvez, porém, a evidência cabal dos benefícios do capitalismo venha de dois "experimentos controlados" em economia política: a Coreia e a Alemanha. Em algum momento de suas histórias, esses dois países se dividiram em uma parte mais capitalista e outra mais socialista. Um deles, a Alemanha, se reunificou em 1989. Os dados são incontestáveis. As porções socialistas desses países sofreram retrocessos terríveis, enquanto as porções capitalistas prosperaram e se tornaram algumas das economias mais poderosas do mundo. (Veja "South v. North Korea: How Do the Two Contries Compare? Visualised", *The Guardian*, 8 de abril de 2013, disponível em: <https://www.south-korea-v-north-korea-compared>; e "Germany's Reunification 25 Years On", *The Economist*, 2 de outubro de 2015, disponível em: <https://www.economist.com/blogs/graphicdetail/2015/10/daily-chart-comparing-eastern-and-western-germany>.)

24. Dan Sanchez, "Mises in Four Easy Pieces," Mises Institute, 22 de janeiro de 2016. Disponível em: <https://mises.org/library/mises-four-easy-pieces>; Robert Murphy, *The Politically Incorrect Guide to Capitalism* (Washington, DC: Regnery, 2007) [Ed. Bras.: *Os pecados do capital: O guia politicamente incorreto do capitalismo*. São Paulo: Saraiva, 2009.]; e *O otimista racional*, de Matt Ridley são excelentes introduções.

25. "Todo indivíduo (...) não busca promover o bem comum, tampouco sabe o quanto o está fazendo (...) ele busca apenas sua própria segurança; e conduzindo suas atividades de maneira que sua produção seja de maior valor possível, ele tem em vista apenas seu próprio ganho, e, nesse caso, como em muitos outros, ele é guiado por uma mão invisível a promover um fim que não fazia parte de sua intenção." Adam Smith, *The Wealth of Nations* (Londres: W. Strahan and T. Cadell), livro IV, capítulo II, 456.

26. Como disse Adam Smith: "Os que têm mais chance de triunfar [no mercado] são aqueles capazes de atrair o amor-próprio dos outros ao seu favor (...) 'Dê-me o que eu quero e você terá o que quer' é o significado de qualquer oferta." "Todo ato de comércio é um ato de serviço mútuo. Independentemente do nível de consciência de uma empresa, o sistema de mercado direcionará a energia autocentrada ao auxílio dos outros." "Adam Smith-Quotes," Goodreads. Disponível em: <https://www.goodreads.com/author/quotes/14424.Adam_Smith>.

27. Ludwig von Mises, *Bureaucracy* (1944; repr., Indianapolis: Liberty Fund, 2007).

28. Kahlil Gibran, *The Prophet* (Nova York: Alfred A. Knopf, 1923).

29. A frase vem de um conto de fadas japonês, "A história do velho que fez as árvores secas florescerem", de Yei Theodora Ozaki. Ver http://etc.usf.edu/lit2go/72/japanese-fairy-tales/4879/the-story-of-the-old-man-who-withered-trees-to-flower/.

30. Evidentemente, os desejos do ego são infinitos. Nenhum nível de sucesso é capaz de satisfazê-los. A pessoa egocêntrica simplesmente não para de se comparar a pessoas mais ricas, bem-sucedidas, famosas, poderosas ou atraentes contra as quais está sempre em risco de não ser melhor. A angústia competitiva para provar o valor pessoal não pode ser sanada através de conquistas.

NOTAS

31. Abraham H. Maslow, *The Maslow Business Reader*, ed. Deborah C. Stephens (Nova York: John Wiley & Sons, 2000), p. 13.

32. "Bottom of the pyramid", Wikipédia, modificado em 24 de agosto de 2017. Disponível em: <https://en.wikipedia.org/wiki/Bottom_of_the_pyramid>.

33. Como declarou o prêmio Nobel de Economia e presidente da Comissão para o Crescimento e Desenvolvimento das Nações Unidas, Michael Spence: "Priorizamos o crescimento (econômico) pois é condição necessária para uma ampla gama de objetivos com que as pessoas se importam. Um deles é a redução da pobreza, mas há outros ainda mais profundos. Saúde, trabalho produtivo, oportunidade de ser criativo, várias coisas que importam para as pessoas dependem da disponibilidade de recursos e receitas, para que elas não precisem gastar a maior parte do tempo desesperadas tentando manter suas famílias vivas." United Nations Commission on Growth and Development, *The Growth Report: Strategies for Sustained Growth and Inclusive Development*, 2008.

34. Mihaly Csikszentmihalyi, *Good Business: Leadership. Flow, and the Making of Meaning*.

EPÍLOGO: O QUE FAZER NA SEGUNDA DE MANHÃ

1. "Current and Previous Gallup Great Workplace Award Winners", Gallup, modificado em 2017. Disponível em: <http://www.gallup.com/events/178865/gallup-great-workplace-award-current-previous-winners-aspx>.

2. "ABC Supply Co.Inc. Becomes 10-Time Recipient of Pretigious Gallup Workplace Award," ABC Supply Co. Inc., 16 de maio de 2016. Disponível em: <https://www.abcsupply.com/news/abc-supply-co.-inc.-becomes-10-time-recipient-of-prestigious-gallup-great-workplace-award>.

3. "Heraclitus–Quotes", Goodreads. Disponível em: <https://www.goodreads.com/author/quotes/77989.Heraclitus>.

4. "Vikot E. Frankl–Quotes", Goodreads. Disponível em: <https://www.goodreads.com/quotes/34673-don-t-aim-at-success-the-more-you-aim-at-it>.

FRED KOFMAN é vice-presidente de desenvolvimento executivo e filósofo da liderança no LinkedIn. Como treinador executivo, trabalha com CEOs e executivos no Vale do Silício e ao redor do mundo. Nascido na Argentina, Kofman foi aos Estados Unidos para fazer pós-graduação, onde obteve doutorado em teoria econômica avançada pela Universidade de Berkeley. Ele lecionou responsabilidade administrativa e finanças no MIT durante seis anos, antes de abrir a própria firma de consultoria, a Axialent, de onde criou e ministrou workshops para mais de 15 mil executivos. Em *Faça acontecer*, Sheryl Sandberg escreveu que Kofman "transformará sua forma de viver e trabalhar".

Este livro foi impresso em 2025,
pela Cruzado, para a HarperCollins Brasil.
A fonte usada no miolo é Adobe Text Pro, corpo 11,25/14,7.
O papel do miolo é pólen natural 80g/m², e o da capa é cartão 250g/m².